現代語訳

銀行業務改善隻語

一瀬粂吉 編
長野 聡 訳注

近代セールス社

『現代語訳　銀行業務改善隻語』に寄せて

金融庁監督局長　遠藤俊英

一瀬粂吉氏による『銀行業務改善隻語』は、私にとって山頂に達することが困難な一等高い秀峰のような存在だった。膨大な隻語の一つ一つは、現代人には不慣れな流麗な文語体で書かれており、また、著者自身が語るように、「行文簡に過ぎ、往々意義の徹底せざる」ところもあった。何といっても、本書が書かれた昭和2年という時代、特に金融恐慌と当時の金融業の実態を知らずして、本書の十分な理解は困難でもあった。

その意味で、今回の『隻語』の新版は待望久しい内容だ。現代語への翻訳は原典のイメージや語感をできるだけ生かしたものになっているし、解説部分である「ここでのメッセージ」「解題」は、『隻語』の理解にきわめて有益な指針を与えてくれる。私自身も、原稿を熟読する間、思わず膝を打つような新たな発見や長年の疑問の氷解を数多く経験させてもらった。

『隻語』を読んで、改めて感じるのは「信用」と「人」の大切さだ。銀行経営の本質は信用にあるとするのは第一章の中心メッセージであるし、第八章以下の預金、貸出、手形・小切手、コール取引、商品担保など業務論を語る部分も、畢竟、銀行の信用をいかに維持するかを議論の出発点にしている。「人」については、経営者、重役、行員それぞれを別の章立てとし、資質、心構え、チームワーク、人事のあり様など、あらゆる面で至言が並ぶ。

また、「第三章　銀行家の生活と処世」、「第四章　行員の待遇および心得」などは、時代を超えた説得力をもつ内容だ。訳者の整理にしたがえば、「正道を行く大切さ」「自然の中での健康」「精神の健康と家庭円満・親孝行」「功名にはやらず、自らの実力を磨く」「運は自らひらけ」「気概を持つ　精進忍辱」等々、社会人としての基本姿勢を改めて教えてくれる。

さらに、「第五章　銀行と顧客」、「第七章　銀行と社会」では、金融庁が現在進めている新たな金融行政の中心的なコンセプトである、フィデューシャリー・デューティー、共通価値の創造、顧客本位の業務運営、コーポレートガバナンスなどの基本的な考え方も語られている。先見の明に感服するばかりだ。

このように、『雋語』の読みどころはきわめて多い。金融業に携わる人々、なかんずく、次代を担う20代、30代の若手金融マンが本書を味読され、金融業務の本質に触れられることを願ってやまない。

平成29年11月

まえがき

近代セールス社

長年にわたり「金融機関のバイブル」として読み継がれてきた『銀行業務改善隻語』を、今回、現代語訳し、また、理解を深めていただくための解説を加えて新たに出版することになった。

同書が昭和2年に一瀬粂吉氏により上梓されてから、今年（平成29年）でちょうど90年となる。また今年は、大型の金融機関倒産が相次いだ平成9年の金融危機から20年となる年である。

折しも現在の金融界は、人口減少、資金需要の停滞、マイナス金利、フィンテックの進展といった環境変化の中で、経営の難しいかじ取りが求められている。そうした今、『銀行業務改善隻語』に込められたメッセージを、金融機関の皆さんをはじめ、多くの皆さんに改めてお届けすることは意義のあることと考え、今回の出版となった。

ただ、同書については、その格調高い文語調の文体ゆえに、「読みづらい」という声も少なくなかった。現代語訳とし、解説や多くの脚注を付けたのは、そうした声に応えたものである。

過去に「読もうと思ったが、難しくて読めなかった」という経験をお持ちの方も、これにより、平易に読みとおすことができると思う。また、文語体に慣れていない若い皆さんにも、十分に読んでいただけるはずである。

前述のとおり、同書は昭和2年に発行された。初版の発行元は大阪銀行集会所（現・大阪銀行協会）であった。昭和2年といえば、金融恐慌により、わが国の金融界が未曽有の危機に見舞われた年である。一瀬氏は当時、のちに三和銀行の母体の一つとなる旧三十四銀行の副頭取であったが、金融界の混乱を目の当たりにする中で、金融界の将来を憂い、金融機関経営のあり方や金融機関で働く人たちの生き方についての警世の言葉をまとめた。それがこの『銀行業務改善隻語』である。「隻語」とは、「ちょっとした短い言葉」といった意味だ。

なお同書は、「一瀬粂吉編」ということで、一瀬氏は編者の位置付けとなっている。実際には一瀬氏がそのほとんどを執筆したものとみられるが、他に2～3名の協力者がおり、その助力を得て編さんを行ったことから編者という位置付けになっているようだ（ただし、初期の版では著者となっている）。

同書は当初、大阪銀行集会所内の関係者にのみ配布された非売品であったが、その内容が評判を呼び、広く頒布されることになった。昭和5年の第12版からは定価が付けられ、販売もされるようになる。ちなみにそのときの定価は38銭であった。

以後も版を重ねた同書であったが、やがて絶版となる。そのあたりの事情は定かではないが、戦争の影響があったことは間違いないだろう。そして年を経て、昭和42年12月に縁あって小社から装いも新たに再刊される。その後は小社が発行元となり、数度の改装を経て、今回の「現代語訳」発行に至っている。

「『銀行業務改善隻語』の現代語訳版をつくろう」という企画は、これまでも幾度かあったが、なかなか実現しなかった。今回それが実現したのは、長野聡氏という格好の訳注者を得ることができたからである。日本銀行で長年、地域金融のあり方を見つめてこられた長野氏が訳注と解説をご担当いただいたことで、本書は、原著の単なる現代語訳を超えるものとなった。厚く御礼を申し上げたい。

目次

『現代語訳　銀行業務改善隻語』に寄せて　金融庁監督局長　遠藤俊英・1
まえがき・3
凡例・9
現代語訳　銀行業務改善隻語
緒言……12
第一章　銀行の経営……16
第二章　重役の責任……68
第三章　銀行家の生活と処世……74

第四章　行員の待遇および心得……100
第五章　銀行と顧客……135
第六章　不当競争……156
第七章　銀行と社会……171
第八章　預金および利息……178
第九章　貸出と貸越……199
第十章　手形・小切手・為替……263
第十一章　コール取引……287
第十二章　商品担保……294
第十三章　調査……303
第十四章　銀行の検査……313
第十五章　公債および日銀……320
第十六章　銀行の合併……334
第十七章　雑感一束……344

第十八章　金解禁問題……392
第十九章　昭和二年の恐慌……403
第二十章　結論……413
特別寄稿　『銀行業務改善隻語』とその時代　甲南大学経済学部　永廣　顕・418
訳注者あとがき　温故知新　長野　聡・428

凡例

一、本書の底本には、近代セールス社発行の昭和56年（1981年）の版を用いた。

二、原著の内容を理解しやすくするため、次のような編集を行った。

1　各章の最初に、その章の要旨を「本書のポイント」として端的に記した。

2　読みやすさを考え、原著の各章を内容のまとまりごとに区切って掲載した。そのうえで、各まとまりに見出しを付け、そこで編者（一瀬粂吉氏）が最も言いたかったと考えられることを「ここでのメッセージ」としてまとめた。また、そのまとまりごとに「解題」として解説を付けた。

三、訳注にあたっては、次のような方針をとった。

1　原文の持つ格調や雰囲気を損なわない範囲で、現代においては難解と思われる文語調の表現を現代語に訳す。

2　単語は基本的に原文を生かし、現代語訳が必要と思われる言葉や、時代背景の説明があったほうが理解しやすい言葉、故事成語などで説明があったほうがよい思われるものについては脚注を付ける。脚注のある言葉は※印を付して示す。

3　難解な漢字はひらがなにするか、もしくはふりがなを付ける。また、難解とまでは言えない漢字であっても、読みやすさを考え、必要に応じて適宜ふりがなを付ける。

4　脚注は、対象の言葉が各章で最初に出てきた箇所のみ記し、同じ章に繰り返し出てきた場合は、そこでの記載は原則として省略した。ふりがなは、対象の漢字が続けて出てくる場合、最初の箇所のみ振った。

5　原著には、現代では不適切な言葉遣いが文中に一部見られるが、文章の勢いを削がないよう、そのまま訳出する。

四、原著は「一瀬粂吉編」となっているが、実際にはその内容のほとんどが一瀬氏の著によると考えられている。そのため、「解題」等のなかで一瀬氏のことをいう際には「著者」という表現を使っている。

現代語訳

銀行業務改善隻語

一瀬粂吉 編

緒言

一、全編の要旨は、銀行はいかにして堅実なる経営を実行すべきかにある。

一、本書では、このたびの恐慌※によって得た経験により、脳裡に浮かぶ感想と、ならびに平素いささか考究している自分個人の卑見《ひけん》※を、極めて素直に述べた。しかも、あわただしい極限で筆を走らせたため、たとえば経営方針、当事者の心得、研究事項、改善方法等のようなものを、ただ雑然と配列したに過ぎない。したがって奇想新説があるわけでもなく、当然のことを当然に述べたまでで、強いてその特異な点を求めれば、すべての言葉はことごとく実感より生まれ来たものだということだけである。

一、現在のように、不当然のことがむしろ当然とされつつある世の中においては、たとえ、その言は旧套《きゅうとう》※に属するものであっても、なおか

このたびの恐慌…昭和2年（1927年）に発生した金融恐慌。詳しくは特別寄稿（418頁）参照

卑見…自分の意見のことを、へりくだって言う言い方

旧套…古くからある、ありきたりなこと

つ最も新しい内容と認識されることがあるだろう。まして（経済や金融が）病体となるに及んでは一層痛感する所があるに違いない。

一、一般的に言って、筆に口に、巧辞《こうじ》を呈する※ことは最も賢明なやり方である。しかし、すでに斯業《しぎょう》※の通弊《つうへい》※に慊焉《けんえん》たる※ものがいて、その真相を指摘し、もってその根底を改善しようとするのであれば、忌諱《きき》に触れること※を恐れるべきではない。思うに現下の状態は、一切の遠慮を捨て、進んで進言しなければ何らの意義もないと信じる。願わくば、編者の直言を広い心でお許し願いたい。

一、この書は文字の修補※に時間をかけていないだけでなく、文章が簡潔に過ぎて、往々にして意味の徹底しないものがありうることを遺憾に思う。もしその趣旨において、一節だけでも採択すべきものがあるならば望外の幸である。

一、本書は銘々※の立場から見て、あるいは適合しない点が多いに違いないと思われるが、これを大局高処より見れば公平無私と首肯《しゅこう》※できることを疑わない。万一、その当を得ない※ものがあったなら、それは孑孑《けっけつ》たる居士《こじ》※の浅はかなものの見方ゆえにそうなっているのだとして、ひと

巧辞を呈する…たくみな言葉を示す
斯業…この分野・業界の事業
通弊…よく見られる誤り
慊焉たる…不満をもっている
忌諱に触れる…人の嫌がることを言ったり行ったりして、その機嫌を損ねること
修補…補って、よくすること
銘々…おのおの、一人ひとり
首肯…納得
当を得ない…理屈に合わない。道理に合わない
孑孑たる居士…ちっぽけな一民間人。居士は、仕官をしないで民間にいる読書人のこと

えに読者の寛容を願い、併せて教えを賜わることを切に望む。

一、銀行は預金を歓迎すると同時に、貸金についても大いに力を尽くすべきことはもちろんだが、本編は貸金の利点を説かずに、その裏面に伴う弊害をのみ指摘して、戒慎《かいしん》※に資することを主眼としている。読者に乞う、その点を心して閲読されることを。

一、居士《こじ》、浅学菲才《せんがくひさい》※を顧《かえりみ》ず、深まった一片の赤心《せきしん》※に促され、あえて鄙文《ひぶん》※を草《そう》※し、時代の参考に供する。しかし拙速《せっそく》※に偏し、わずかに骨を説いて肉に及んでいない。かつ、すこぶる粗笨《そほん》※杜撰《ずさん》で、もとより荒《こう》墟《きょ》※の瓦礫《がれき》に過ぎない。もし読者諸君において、懐抱《かいほう》※される意見を随所に加筆して頂くと、必ずや瓦は変じて玉となるに違いない。また、文中に会心《かいしん》※の個所があれば、ご自身で圏点《けんてん》※を付されることを望む。

一、本書の記載事項中、今や着々と改善が進んでいるため、贅文廃句《ぜいぶんはいく》※に帰すべきものが多々あるに違いない。これは編者の最も本懐《ほんかい》※とする所である。今後幸いに版を重ねる機会があれば、その都度、極力増補訂正したいと考えている。従って事実の前後があるのはやむを得ない所である。

戒慎…いましめ、慎むこと
浅学菲才…学問が未熟で知識が浅いこと
赤心…偽りのない心
鄙文…田舎くさい文章
草し…書き
拙速…下手だが、はやいこと
粗笨…大まかなこと
荒墟…荒れ果てること
懐抱…心の中に抱くこと
会心…なるほどそうだと思うこと
圏点…注意すべき場所を示す傍点
贅文廃句…無駄な文章、削除すべき語句
本懐…そうなってほしいと願うこと

一、　標題については、これを内容の断片的な各項に照らしてみると、必ずしも銀行改善の内容ばかりとは認めにくいものもあろう。あるいは一種の人世観、もしくは改善より見た雑感とも言うべき点が少なくないが、今日わが国の通弊は精神の欠如にあることから、ここに編者は精神的改善を図ることを第一要義と信じ、自分勝手に「改善」という文字を使用した。読者に乞う、全編を通じて流れている精神を酌んでいただけることを。

一、　この冊子は最初、研究資材として単に部内※にのみ配布したところ、図らずも各方面より慫慂《しょうよう》※があり、広くこれを頒布《はんぷ》することとした。もとより研鑽を尽くしていないものが多く、誠に望洋の感※に堪えない。願わくば、大方の諸賢※、単に個人の余業《よぎょう》※とみなさず、ともに斯業《しぎょう》講究※の誠意により、遠慮なく批判叱正※いただくことを願う。

昭和二年五月　金融界大動乱の直後

摂陽　六甲山麓において

淡々居士識《しる》す

部内…ここでは、大阪銀行協会内のことと思われる
慫慂…すすめられること
望洋の感…対象があまりに広く、自分の力の無さを感じること
諸賢…多くの人に敬意をもって呼びかけるときの言い方
余業…余技
斯業講究…この分野の事業（ここでは銀行業）についての深い研究
叱正…叱って正すこと

第一章　銀行の経営

本章のポイント

金融機関経営の本質は信用にあるとし、担い手である経営者・職員・組織全体の誠実、正直の大切さ、和の重要性を説いている。

そのうえで特に金融機関は、世の中を知り、時流に流されず、慎重（プルーデンス）に経営されるべきであること、経営を数字で見ることは必要だが、それで十分ではないこと、分不相応なことはすべきでないこと、流動性が大切であること、政治とは距離を置くべきであること、金融機関の数・規模・店舗数は経営者のみが決めるものではなく顧客次第であることを説く。

信用と人

雋語第一章 一〜六

ここでのメッセージ　**金融機関経営の基礎は信用。その信用を固く守る中庸で自立した人であることが金融機関のすべての役職員には求められている。**

一、　銀行の要素は人にある。人の本領は意思の強固さにある。意思の強固さは不抜《ふばつ》※の信念にある。健全なる経営の盤石《ばんじゃく》※の基礎はここから生まれる。

二、　銀行の経営は、まず銀行の本義※を会得《えとく》し、勇気と力のある誠をもって、これを実地に実行することにある。いわゆる良心を経営手法に活《い》かせ。

三、　銀行は信用を基礎として立つ、信用は生命にして万事の本《もと》である。「信を失えば、すなわち立たず」。

四、　銀行経営者は、人格識見が高いことはもちろん、常識に富み、中道をそれることがないようにする必要がある。中庸※に「中は天下の大本《おおもと》

不抜…固く変わらないこと

盤石…揺るがないこと

本義…本来の意義

中庸…中国の古典。四書の一つ

なり、和は天下の達道《たつどう》※なり、中和を致して天地位《くらい》※し、万物育つ」とある。

五、 銀行は根本の備えとしては他力を頼まず、あくまで自立自尊の精神により、本来ある主義方針を厳守し、平素から不時の時に備える経営をする必要がある。

六、 従って、銀行経営の任にあたる役員幹部は、一意専心《いちいせんしん》※、銀行と運命を共にする覚悟に裏付けられた自信と真面目さを持ち、常住不断《じょうじゅうふだん》※の努力と忍耐とを忘れず、その精神が経営の上に実現し、おのずから内外の絶対信頼を受けるに至るようにすることが求められる。

達道…人が歩むべき道
位…その正しい位置にあること
一意専心…一つのことだけに心を向けること
常住不断…途切れることがないこと

解題

著者が全編を通じて繰り返し述べている、①金融機関の本質は、信用であり、②その信用は人（経営者と職員）を通じて実現する、③そのためにも、金融機関で働く人は、強固に信用を守る信念を持つことが出発点であり、平時から不時にも備える必要がある、との主張を要約した冒頭部分である。

金融機関のサービスが、いくら機械化・IT化が進んで効率化しても、最後はお客様にどのようなサービスを提供するかである。金融業は定型化できないサービス業であることから、職員が最大の財産であり、人の道に叶うことがすべての出発点であるとの著者の強い信念が表れている。

特に金融機関経営者については、人格識見に加えて、中庸であることや、不断の努力や忍耐を忘れないことを強く求めている。

数字と中身

雋語第一章　七～十二

ここでのメッセージ 金融機関は地味な商売である。経営指標等の数字は必要だが、それだけでは十分でない。数字の中身こそ大事である。

七、 元来、銀行は地味な商売であって、努めて虚飾を避け、体裁にとらわれず、主として内容の充実と基礎の強固とを図り、一歩一歩たわまず、急がず進むことが必要である。決して己を削って虚飾をする愚に陥ってはならない。砂上の楼閣は風雨に耐えるはずがない。無駄に規模を拡大する競争は、後に禍根《かこん》※を残す。

八、 ゆえに資本金、預金高、配当率等、必ずしも数字の多いことをもって尊しとはしない。また、建物のようなもので競って広大さや立派さの美を装うことなく、一に内容の充実、信用の増進、資金の活動いかんを考慮して、その間、少しも不純なことや無理なことがあってはならない。

九、 銀行の権威、信用を傷つけ、危機を招く事態に至るのは、裏面に不純が潜んでいるような行動と無理をあえてすることから始まる。

十、 その内容を調査せず、ただ外に現れている各銀行の預金額、収益額の数字を比較して、直ちに銀行の盛衰、または信用の厚薄《こうはく》を品定めするようなことは、実際には甚《はなは》だしく軽率な判断であって、陥りやすい誤りを推しすすめ、かえって無理をせざるを得なくなる一因になる。

十一、 資本金、預金、貸出もしくは担保のいずれも、実質的に意味があり、活きているものもあれば、実質的に意味がなく死んでいるものもある。数字の比較のみで速やかに理解できない場合には、実際にあたっ

禍根…災いが起きる原因

てみて、本当のところが明らかになる。

十二、数字はすべての構成の基礎として大切であるが、同時に数字ほど人を明らかにだますものはない。心して見ないといけない。

解題

金融機関経営においては、建物、イベントなどで虚飾を競うこと、ましてその虚飾で競争することは、本来お客様へのサービス向上に使うべき資源を浪費することになり、厳に戒められるべきであるとの主張が述べられている。

経営指標などについても、経営の状況を判断するための必要条件ではあるが、十分条件ではない。各種ディスクロージャーや、規制などにより金融機関経営にかかる数字は氾濫しているが、大切なことはその先にある事実、実際であり、しかも過去のデータではなく、未来への行動変化、組織の変化である、との著者の主張が、資本金、預金、貸出を例に書かれている。

数字ではなく、信用についての総体的な中庸を得た判断が必要であることを説くことで、前パラグラフの「信用が基礎で、その信用を守る人が鍵である」との主張が実現されない場合に、陥りやすい落とし穴を具体的に述べている。

合理性と応分　　隻語第一章 十三〜十八

ここでのメッセージ　**不合理、不自然、分不相応は良い結果を生まない。それが社会の鉄則である。**

十三、　何事も不合理、不自然に始まるものは、その終わりにおいて、必ず悪い結果になる。これは当然の帰結で、ときに遅い速いはあるが、結局、ものは落ち着くべきところに落ち着く。いわゆる因果応報ということである。

十四、　銀行も顧客も、共に実力相応を守ることがよい。破滅の根源は、結局、分相応を超えることにある。これも古今の一貫した鉄則である。

十五、　外国では、何事も分相応を超えることは禁物で、例えば衣服、飲食、娯楽、交際などに至るまで、あえて自分の分を超えてはせず、また借金する場合でも返済能力をわきまえて、決して実力を超えた借金はしない。その結果、社会の慣習的組織が、自然に強固確実に保持されるのである。

十六、　古来、泰平の世を歌ってこう言われてきた。「一味《いちみ》の水※も草木叢林《そうりん》※、皆各々《おのおの》分に応じてその潤いを受く」と。分《ぶん》※に従えば、すなわち天下はすみずみまで安泰である。

十七、　信用の濫用、手形の濫用は、ひとり自分の分不相応を超えるのみならず、ひいては社会に大きな害毒を及ぼす。便利と危険との分岐点は、ただ始めに慎むかどうかにある。

十八、　他銀行を凌駕しようとしたり、または対抗しようとするために、急激な拡張をすると、その間にいわゆる無理を生じ、それが禍《わざわい》の源となって遂には困厄《こんやく》※に陥ることがある。その実例は多い。それゆえに、急がず、焦《あせ》らず、休まず、進むことで、最後の勝利者になることができる。

一味の水…一様に降る雨
叢林…林。木が群生しているところ
分…身の程。力量
困厄…困難で厄介なこと

解題

金融機関経営、信用供与における貸し手、借り手、すべて最初に慎重さを欠き、分不相応があると、どこかに無理が生じて、経営破綻や不良債権を生むことを明確に指摘している。書かれたのが昭和2年の昭和金融恐慌のただ中であり、著者が銀行（三十四銀行。後の三和銀行。現在の三菱東京ＵＦＪ銀行）の副頭取として見てきた多くの実例や実感に基づくものである。

著者は、分相応は金融機関経営だけでなく、社会全体の鉄則であり、金融機関経営の基礎は人にあるとの主張を踏まえて、経営者や職員の普段の行動全般に対する戒めも述べている。何事も始めの段階での「慎み」＝プルーデンスこそ信用のもとであるとの著者の強い信念が書かれている。

信用リスクにとどまらず、急激に残高を伸ばすときには、それに見合ったリスク管理やコスト管理、資本や引当の備えが必要であり、これは現代の金融機関役職員が肝に銘じるべきことである。無理のある競争は、長続きしないということも現在への厳しい忠告になっている。

経営者と人の和

雙語第一章　十九〜二九

ここでのメッセージ　金融機関役員の平素の方針・態度、行内の人の和が金融機関の盛衰に大きく関わっている。

一九、　およそ、銀行を危険な場所に陥れるのは、役員および幹部の平素の方針、態度、ならびに内部の和衷協同《わちゅうきょうどう》※の中身いかんを原因とするものが多く、全責任は実に経営者その人にある。たまたま一行員の不正、もしくは過失による出来事があったからといって、恐らく銀行の基礎を覆《くつがえ》すほどの大事に至ることはない。上に立つものの場合はまさしくそうではない。必ずや、銀行の本来のあり方からずれることなく、渾身《こんしん》の努力を傾注し、拮据《きっきょ》※経営、誠心誠意を貫くことが必要である。至誠《しせい》※は万世不朽《ばんせいふきゅう》※の人道である。

二〇、　ここにおいて行員もまた、この役員の精神を基準とし、緊張し

和衷協同…心を一つにして力を合わせること

拮据…忙しく働くこと

至誠…きわめて誠実なこと

万世不朽…永遠に滅びないこと

て職にあたり、規則を守り、能率を高め、上下を問わず、完全に一体となることで、初めて整然とした営業振りを発揮することができる。重役は経（たていと）であり、行員は緯（よこいと）である。共同事業の盛衰は、何より人の和にかかっている。

二一、天の時も、地の利も、人の和に勝ることはない。人の和があり、誠意があれば、その他は二の次、三の次である。他に何を語る必要があろうか。

二二、単に誠意があるに止まらず、理智に富み、打算※に長じ、進むにせよ、守るにせよ、時運の進展に伴い、機敏に時勢を洞察する明るさを兼ね備え、また周到な思慮と、練達した手腕に加えて、沈毅《ちんき》※と果断※とをもって何事にも取り組み、奮って大機小機《だいきしょうき》※に当たるべきことは言うまでもない。

二三、役員は部下に対し、投機を戒め、素行をたしなめ、節約を勧め、勤勉力行《きんべんりっこう》※、時はこれ金なりと訓誡《くんかい》※すると同時に、自分がまず範を示さなければならない。これは常務以上の役員に止まらず、平の役員（平取締役）においてもまた同じである。

打算…損得を見積もること

沈毅…落ち着いていて、物事に動じないこと

果断…思い切りよく事を行うこと

大機小機…大きな働きと小さな働き

勤勉力行…仕事や勉強に努力して励むこと

訓誡…教え、戒めること

二四、　およそ千言万語の訓示よりも、役員自身が言行一致の生きた典型となってこそ、景仰《けいこう》※すべき真価がある。故事にも「百言は一行に如《し》かず」とある。あたかも富士山は雄大秀麗の実があるからこそ、はじめて尊いのと同じである。

二五、　ひとり役員のみならず、一般行員や用務員に至るまで、常に自らを責め、自らを重んじ、自らが最良の模範となる信念がなくてはならない。役職の上下を通じ、一貫してこの精神が必要である。

二六、　上に立つものに模範として欠けるところがあれば、部下の賞罰を明らかにするのは難しく、賞罰が明らかでなければ、威令《いれい》※は行われず、いかなる規則訓令も空文に帰することになる。

二七、　およそ何事をなすにあたっても、単なるわずかな振る舞いに止まらず、常にその趣旨と目的とに対し、真摯《しんし》忠実な精神の発露がないということがあってはならない。

二八、　行員においても、得意先においても、常に巧辞《こうじ》※を使って、我に追従するものがいる、注意すべきである。権力者を取り込もうとする奸《かん》者《しゃ》※もいる。上長の好む道に迎合しようとするものもいる。心すべきで

景仰…仰ぎ見ること

威令…威力をもった命令

巧辞…巧みな言葉

奸者…悪知恵に長けた者

ある。たとえ朴々《ぼくぼく》※であっても、豊かな交驩《こうかん》※、誠意あふれる忠言こそ望ましい。

二九、　小人《しょうにん》※は、人の顔色を窺って陰日向《かげひなた》※のある仕事をする。また、同類の人間で集まるものである。深い警戒心を要する。

解題

頭取、理事長の平素の行い、姿勢こそ、組織が整然と機能する出発点であり、そのうえに、役職員の人の和があることが金融機関経営でもっとも大切なことであると著者は説いている。

役員の一挙手一投足を従業員が見ていることは、今も昔も変わらない。上に立つものは、襟を正さなければ、末端まで規律は保たれない。一時的にビジネスが成功しても、一時的にパフォーマンスがよくても、それが長く続くためには、不正はもちろん、天に恥じることのないように行動することが重要であると説かれている。これなくして、経営方針の策定やその実施も可能ではない。「重役は経（たていと）にして、行員は緯（よこいと）である」とある。著者は、「至誠は万世不朽の

朴々…素朴なこと
交驩…打ち解けて親しく交わること
小人…徳のない人間。小人物
陰日向…人が見ているところと見ていないところで言行が違うこと

人道である」と説き、金融機関職員である以前に、人の道の当たり前を行うことの大切さを強調している。

もっとも、だからといって、かけひきや交渉をしてはいけないということではなく、「時運の進展に伴い、機敏にして時勢洞察の明をかね、又周到なる思慮と、練達せる手腕に加えて、沈毅と果断とを以てし、奮って大機小機に当るべきは論を俟たない（原文）」と述べ、情勢判断を行い、知恵を働かせ、準備を怠らず、過去の経験を踏まえて、臨機に対処することも当然だと述べている。ただし、その根底には、至誠、信用があるのであり、テクニック、戦術だけがあることは強く否定をしている。

まして阿諛追従《あゆついしょう》（おもねり、こびへつらうこと）の輩《やから》や、強いものにこびる態度に対しては警戒せよと述べている。組織内でも、取引先との関係においても、弱い立場の者が強い者にへつらうことがまま見られるが、そうしたことで人事や融資規律がゆがめられたり、緩んだりすることがあれば、それは長い目でみて組織の自壊につながることになる。

人事と同族会社

隻語第一章 三〇〜三五

ここでのメッセージ　金融機関経営の要諦の一つは人事にあり、組織に横串を差すことも重要である。同族がこぞって役員になることには注意を要する。

三〇、 銀行の盛衰は人にかかっている。外国の学校において銀行論を講ずるに当たり、まず第一に銀行の経営は人にありと説くのも、まさに理由があると言うことができる。

三一、 従って、人事行政は銀行の最も大切な仕事であって、これがうまくいくかどうかは、行運※の消長に関するところ大である。

三二、 英国では、金融機関に人事を司る一つの課をおき、これに監察官のようなものを配置し、各地方の支店などを分掌して管理している。

三三、 銀行に能率課を設け、業務の進展改良、人事の整理、経費の節約を図るのも一つの方法である。

三四、 また、英米の取締役会、および営業の衝《しょう》※にあたる取締役、ま

行運…銀行の運命

衝…かなめ。一番大切なところ

たは頭取、副頭取の組織分掌は、わが国と大いに趣を異にしている。

三五、銀行業務を知らないで、一実一門《いちじついちもん》※、こぞって役員となるようなことは、よくよく考えて行う必要がある。

一実一門…一つの系統にある同族一門

解題

第一章ではここまで、信用と人の大切さから始まり、数字も重要だが中身こそ大切だということ、合理性と分相応で慎重な態度の重要性、トップの高潔さと組織内の和の大切さを説いてきた。それを受けて、このパラグラフでは、人事が金融機関の命運を決める重要問題であること、また同族経営についてはよくよく考える必要があることを説いている。

人事が重要であることは言うまでもないが、オーナーの経営支配についての記述には歴史的背景もある。日本の銀行、金融機関の歴史を振り返ると、明治政府が江戸幕府の分権的ながら整然としていた貨幣制度を全否定し、混乱の中で国立銀行、中央銀行を設立して、日清戦争で金本位制を導入、ようやく欧米に伍する銀行制度を作りあげていく。この過程で、国立銀行は消長し、資本主義の下で台頭した富裕層が銀行を設立することが多かった。また、国立銀行にも士族の出資が多かったことから、戦前にはオーナーのいる銀行、金融機関が多かった。こうしたことから、人事の重要性を説くだけでなく、オーナー支配について、ガバナンスの観点から慎重であることを求めている。

今では、取締役会は監督、頭取以下執行役員が執行という英米流の形は、会社法の改正による社外役員制度、委員会設置会社など選択肢が広がったことで普通にみられるようになったが、昭和2年当時はオーナー銀行も多かったことが、著者が同族経営に警鐘を鳴らす背景にある。

今の時代は、オーナー企業のほうが経営判断が早いということもあり、実際、優れた経営者も多い。合議によったとしてもオーナーの判断によったとしても、いずれにせよお客様を軸にした経営こそが大事であるが、往々にして権力は腐敗することを戒めていると読むべきであろう。

経営者の資質　　雋語第一章　三六〜五〇

ここでのメッセージ　銀行経営は簡単なものではない。それには、永遠にわたり誤りのない正義の実行が求められる。その経営者は、正直、公正廉潔、不偏不党でなければならない。

三六、　銀行会社の破綻を見るたびに、経営者その人およびその周囲を、平素調査する必要があることを痛感しないことはない。古い言葉にもある。「その人を知らんと欲せばまずその友を見よ」と。

三七、　もし、休業銀行の内容を発表することがあるなら、その原因となった禍根について、活きた教訓とすべき格好の資料は、恐らく五つや六つにして止まることはないだろう。

三八、　このたびの恐慌に際し、いたるところで綱紀粛正を絶叫するものが少なくない。現在の世相を反映するものでなくて何であろうか。猛省しなければならない。

三九、　銀行経営は、難事中の至難事である、ゆえに架空の議論は許されない、永遠にわたって誤りのない正義の実行を要する。すなわち真の責任を理解する人を待って経営に当たらせるべきである。正義は永久不滅であって、たとえ形に現われなくとも、芳香は馥郁《ふくいく》※とするものである。

四〇、　昔から、金のなる木の幹は正直であると言われてきた。今も昔に変わることはない。

四一、　一般的に言って、貸出あるいは行員の採用その他につき、仮にも情実がからむことをして、いまだかつて、その弊害が暴露しないことはなかった。私心私情を去り、清風颯々《さつさつ》※、公正廉潔《こうせいれんけつ》※、第一に銀行の利害を基点として、考慮決定するのがよい。行員は有力な推薦者によるものほど、緊張味を欠き、成功の可能性が乏しいとの説がある、十分考慮すべきことである。

四二、　普通選挙において、清き議員は清き一票を叫んでいる。われらは清き預金と、清き貸金と、そして清き経営者とを絶叫してやまない。

四三、　自分の銀行の金を自分の事業に使用するものは、悔悟《かいご》※の日が必ず来る。

馥郁…よい香りがすること

清風颯々…清らかな風がさわやかに吹くこと。ここでは澄み切った態度を表している。
公正廉潔…公正で私欲がなく、心や行いが正しいこと

悔悟…過ちを悔いること

四四、　およそ、破綻は流動資金の枯渇を原因としている。しかし、銀行は開業している間、預金という流動資金が流入して来るので、破綻の日は遅くなり、従って、一旦破綻すると、その害が拡大することになるのが通常である。

四五、　個人銀行、もしくは個人的銀行において、その経営方針を誤ると、単に祖先伝来の資産を失うだけに止まらず、多数の預金者に迷惑を及ぼす例がはなはだ多い。要するに本邦屈指の富豪ならばともかく、ひと通りの富豪もしくは俄《にわ》か富豪が、競って銀行業を経営することは、最も考えものである。

四六、　ことに自分は銀行業のことを知らず、または知っているとしても熱心に従事せず、私心が多い常務役員または支配人に一任し、積弊《せきへい》※の極みとして、結局、倒産した実例は少なくない。

四七、　金融業者は、事業会社との系統および特殊な機関関係を離れ、かつ相手方と同一事業の競争関係を有することなく、超然として不偏不党の地位に卓立《たくりつ》※し、もって公明厳正な態度を持ち続けるべきである。これは、地元の経済界を指導する責任ある地位にあるからである。

積弊…積み重なった弊害

卓立…抜きん出て高く立つこと

四八、（事業会社と同一資本の）機関銀行は、営業母体である事業会社と同一系統の縁故者を経営者に充てるがゆえに、結局、母体と同一の運命に陥らないものは稀である。

四九、超然として独立し、巨大なる資本と、偉大なる信用とを有するものが、すなわち我等の理想とする銀行である。

五〇、外国の銀行は、純然たる株式組織であって、何らの背景をあてにせず、一に経営者の人格を基としている。わが国の銀行は必ずしもそのようにできない事情がある。むしろ過渡期の道程にあると言うべきではないか。

解題

経営者には、正義を行い、正直で、公正廉潔であることが求められるという考えが述べられている。政治に対する不偏不党の大切さ、情実採用への批判、機関銀行の弊害などを具体的に挙げている。

成功した事業者が、蓄積した資本を活用して銀行を作ること、そのこと自体は問題ではないが、往々にして本体事業が傾くと、金融機関から条件の甘い資金を事業会社が引っ張ることが当時も多く、このことは金融機関経営の大きな弊害と認識されていた。

このことが、外国の銀行を例に挙げ、資本調達は、株式市場において大衆の資金からするもので、何らの背景をあてにせず、一に経営者の人格を基としている、ということを理想としている背景になっている。そして、昭和初期のまだまだ大衆の資本や預金蓄積が十分でなく、事業家の資金に依存している現状をみて、銀行は過渡期の道程にある、と結ばれている。

一方で、最近の大銀行などは、大衆資本、預金を背景に、頭取以下の経営者のガバナンスが働きにくい状態になっている。このことは著者の理想の状態となっているのであろうか。そうではないと思われる。そもそも株式市場は、資本調達や資本返還のためにあるのであり、長年資本調達をしない上場企業は、もはや上場の意味はないというべきである。正義、正直の旗の下に、不断によいサービス、商品を提供するために資本を活用することが企業には求められていることを忘れるべきでない。

加えて特徴的なのは、正義についての、「芳香は馥郁《ふくいく》とする」という文章である（原文は「芳香馥郁たり」）。正義は論理や理屈ではなく、よい香りがする、香る、ということだ。経営者が、建て前でなく、心底そのように行動するためには、心からそういう人間にならねばならない、ということだろう。容易ではないが、金融機関という存在が社会への影響力を持って銘ずべきことを深く自覚できるかどうか。このことは、現在の金融機関経営者にとっても、心すべき第一のことである。

流動性、経費節減の重要性

雋語第一章 五一～五九

〈ここでのメッセージ〉金融機関にとって、支払いの準備のための流動性確保は忘れてはならない重要なことだ。ただ、それでは収益を上げることは難しいため、その分、部門別・支店別の採算を把握して、メリハリをつけた経費の節約を図ることが必要となる。

五一、　銀行は雨が降るのに先だって、あらかじめ雨具の用意がないということはあってはならない。

五二、　積立金および手許資金を豊富にするのはもちろん、準備用の公債、社債類は、平素他に使用もしくは貸与すべきでない。

五三、　世間には、手許現金、預け金、コールおよび有価証券をもって支払準備として、直ちに各銀行の比較評価をする人がいるが、適当でない。すなわち有価証券の中にも、他へ担保として使用し、または他へ貸与しているものもある。これに対して、貸付金といえども、立派に準備となるべき一流の担保的価値のあるものもある、また割引手形の中にも一流の商業手形であるものもある。結局、右の比較は表面的な観察であって、真実に迫るものになっていない。

五四、　積立金、すなわち準備金の全部および払込資本金の全部、またはその一部は、必ず公債類に換え、完全に準備用として留保することが必要である。英国には、秘密積立および内部積立の例がある。

五五、　手形、証書、委任状その他担保物附属書類等において、権利の保全に欠缺《けんけつ》※なく、完備整頓している銀行は、支払準備においてもまた相当用意があり、確実な銀行と見ることができる。

五六、　公金預金等に対し、もし担保品を差し入れる必要があるときは、準備用以外のものをもって充てるべきである。これらの担保付預金は、常に借入金を有するに等しいからである。まして、その他に担保付預金があるとしたら、なおさら準備用の担保を供することは不可である。

五七、　銀行は種々の方面に諸準備を必要とし、また奉仕的犠牲を払う必要も起こり、十分な利益を得るのは難しいので、すべて原価は努めて低下させることが必要である。

五八、　常に原価計算を採用して、収支の調節を図るべきである、原価が高すぎることは、経営困難に陥る原因である。蛸配当※もまた、高い原価に基因することが多い。

五九、　低率預金を選ぶと共に、一方で、人件費、物件費、その他諸経費の節約を図らないということがあってはならない。経費が尨大であることは、経営の粗慢《そまん》※を意味している。

欠缺…欠けていること

蛸配当…蛸が自らの足を食べるように、会社が自分の財産の一部を収益に代えて配当して目先の業績を繕うこと

粗慢…やり方が粗く、しまりがないこと

解題

金融機関にとっての流動性管理の重要性を述べている。現在のように金利がゼロの期間が長くなっている日本では、流動性はタダだと勘違いしている向きもあるが、金利はいつまでもゼロではない、流動性は、信用がなくなれば、あっという間になくなる。

大数法則に基づき、預金者が一斉に預金引出しを行うことはないという前提で、短期調達、長期運用により利鞘を稼いでいる金融機関にとって、流動性のある資産を持つことは不可欠のリスク管理である。言うまでもなく流動性は、実際に現金に換金できる時間の短さ、タイミングが問題なのであり、資産の形式で決まるものではないことを明確に説いている。

貸債や貸株に対して厳格な態度を取っていることは、レポ市場やフェイル慣行などが未確立であった昭和初期に書かれたことを勘案すると現代にそのまま当てはめることはできないが、現代であっても、レポや貸株も相手方や市場の状況によっては換金に時間がかかる可能性はあるので、換金可能性を契約やシステムを含む実際の事務、売却できる相手方の層の厚さなど、あくまで現実に即して考えることの重要性を示唆していると読むことができる。

また、そうした流動性管理のための準備（往々にしてそうした準備資産は流動性が高いゆえに収益性は低い）が必要であるゆえに、その分、不断に経費節減をすることの必要性が説かれている。原価計算の必要性を説いているが、現在でも金融機関実務では、原価計算の手法、特に部門別の収益管理と管理に基づく金利や各種価格設定、それに基づく資源配分については確立したとは言い難く、金融機関経営者は今も著者の問題提起を受け止める必要があろう。

フェアプレー、正々堂々の重要性　雋語第一章 六〇～六四

ここでのメッセージ　経営者は矜持を持つ必要がある。その矜持とはフェアプレーであり、時流に流されず、正々堂々であるべきだ。

六〇、　すべての銀行家は、自分はかくかくとした主義方針を信奉し、今や現にこれを実行しつつあり、これに対する忌憚なき江湖《こうこ》※の批判を待つ、との高潔な態度を示す気概をもつべきである。

六一、　外国人はプレーそのものよりはフェアを尊ぶ。銀行の取引は外《がい》間《かん》※に対し、秘密を守るべきことはもちろんであるが、その相手方および内部においては、正々堂々たる至公至明《しこうしめい》※の取扱でないことがあってはならない。

六二、　たいがいの場合、貸金をするに当たって、内部において役員が秘密裡に決定することは、大いなる禍根となる。

六三、　近時、ややもすれば大勢順応がよいと言う。人がもし一定の方針なく、みだりに時流に迎合し、風のまにまに、あるいは右に向き、あるいは左に向くようなことがあってよいだろうか。そのようなことをするのは附和雷同《ふわらいどう》※の甚《はなは》だしいもので、泛々《はんぱん》※な無定見者である。

六四、　人が皆、東に向かったならば、我は適切に西を顧《かえり》みるべきである。すなわち、何事もその反面を見る必要がある。

江湖…広い世間

外間…当事者以外の人たち

至公至明…このうえなく公平で、隠しだてがないこと

附和雷同…自分の考えがなく、他人や周囲の言動にすぐ流されること

泛々な…軽々しい

解題

組織体としての金融機関は、預金、貸出、預かり資産販売、為替と、どの面をとっても世間と広く関わっている。このため、世間以上に謙虚に世間を知り、お客様の意見を聞くことが必要である、と説いている。

このためには、姑息なこと、一部の幹部で秘密に決めることなどフェアプレーでないことは強く戒められるべきこととして例示され、しかも、世間の流れに付和雷同せず、慎重に構えることが求められると主張している。

正々堂々とは、もともとの言い方は「正々の旗、堂々の陣」であり、旗印（理念）を乱すことなく掲げ、威厳を持って軍隊が進む様子を意味する。公明正大に経営を行い、取引先と接することが、金融機関経営の王道であり、王道を行くことこそ近道であるとの著者の思想が端的に述べられている。

プルーデントな経営

雋語第一章　六五〜八七

ここでのメッセージ　ハイリスク・ハイリターンは金融機関の道ではない。高利貸しとならないためにコストを抑え、配当を抑制し、充実した資本を持ち、流動性管理を怠ってはならない。そのためにも支払準備を厚くし、大口与信を規制し、いったん銀行が破綻したときに備えて銀行休業整理のための制度があることが望ましい。

六五、　資金は、鉱山、船舶、その他不動産貸に固定するのを避けるのはもちろん、商業手形の精選、優良担保品の選択、担保付コールローン等の短期物で、直ちに現金化できるものを運用先に選ぶ点に注意を要する。従って金利の低いことは、当然我慢しなければならない。

六六、　高利を目的とする無理な貸付を避けるために、銀行はなるべく配当を少なくし、平素より隠忍《いんにん》※して積立の増加に努めるべきである。積立は必ずしも支払準備のためのみではなく、一面では営業を堅実なものとする基礎である。

隠忍…じっと我慢すること

六七、 当然資本金をもって充てるべきである建設費、その他の事業資金に対し、商業銀行の活動資金を使用することは、会社も、銀行も共に誤っている。一朝《いっちょう》※事あるときはすぐに行き詰まりとなる。

六八、 銀行は銀行以外から借入金をして、または担保用に有価証券の借入をしてはならない。経営上および体面上、あってはならないことである。

六九、 商業銀行としては、直接工業資金を供給し難い場合があっても、社債という証券によって結局、工業資金を放出し援助することとなる。

七〇、 銀行の積立金および支払準備の種類いかん、また預金に対する支払準備の比率、預金と貸金との比率いかん、また銀行の資本から見て、一会社および一人に対する貸出高の割合等を、常に研究し、かつこれを厳守する必要がある。従来、預金に対する支払準備は、多くが薄弱であったことと同様である。

七一、 新銀行法※には、預金支払準備のこと、一人に対する貸出率、および積立金をいかなる方法で備えおくべきかについて何ら規定はないが、追って相当の方法により、制定されるものと信じている。

一朝…ひとたび

新銀行法…昭和2年に、銀行条例に代えて制定された銀行法。昭和56年に制定された現在の銀行法に対し、現在、旧銀行法と呼ばれているもの

七二、　米国において、一九二七年二月に制定されたマクファデン法案※を見ると、国立銀行の一会社、一個人に対する貸出集中の制限については相当厳重なものがある。

七三、　預金額よりも貸出額が多いのは、支払準備が欠如していることを示すものである。

七四、　また支店にあっても、平素、支払準備金等に対し相当の考慮を払い、ここがもし支店ではなくて、独立している一個の銀行であるならば、その首脳としていかに経営すべきかに思いが至れば、みだりに貸出を増加させるべきものではない。

七五、　英国の銀行ではコールが支払準備である。しかも十分なコール資金があるにもかかわらず、英蘭銀行※に対し常に十億円の預金をしている。

七六、　同じく資本と称していても、現実に払込済のものは、未払込の資本金である権利を有するより、実質的資本が大きいという意味において、また確実に資本を有するという意味において、はるかに優れている。あるいは、銀行は全額払込済のものをもって資本額とすべきではないか。

マクファデン法案…米国における金融機関の支店設立について定めた法案。原文では1925年成立となっているが、1927年の誤りと思われる。

英蘭銀行…英国の中央銀行であるイングランド銀行

最近は、未払込株金は債務の引当保証として信頼しがたい事例が多い。そうであればすなわち、公称資本なるものは、畢竟《ひっきょう》※、無意義に化するということはないだろうか。一般事業会社においても、またその通りである。外国には額面金のない株券もある。

七七、　未払込株金の数字を見て、直ちに債務の保証があるように考えるのは誤りである。適切にその株主の内容を調査しなければ、こうした場合には往々に仮装の株主であることがあり、ほとんどその実がないことがある。

七八、　英国では、株主の選択に、承諾制を採用している。ゆえに未払込があったとしても、確実にしてわずかも不安がない。

七九、　また英国においては、取締役は就任後一ヵ月以内に多数の自行株式を所有することを要し、なお一般多額の株式所有者には投票権に制限を付している。

八〇、　都会の銀行は、地方の銀行より準備率が特に高い必要がある。これは、親銀行として、多方面の銀行より準備預金を集中委託され、責任を多く負担しているからである。

畢竟…事の帰結として

八一、　しかしながら、その準備はいかなる方法により保有すべきであろうか。コールの利用は少なく、そうだからと言って無理なる貸付はすべきでない。いきおい、これを公債に放資※する以外にはないだろう。ただし、公債の増発は恐ろしいことで、今後の整理をいかにすべきかを憂うるところだが、これは公債の根本論であり、その可否については自ら別の問題である。

八二、　現行法の公債償還基金率は、当時公債発行額が、今日の半額にも及ばなかった時を標準として制定したものなので、これを改定する必要がある。ことにその公債額の内には、ある種の除外されたものがあり、また他に借入金がある場合もあり、共に適切な償還率ではない。

八三、　米国では、損失が資本金以上に至れば、直ちに解散する。わが国では、欠損が資本金の半額に達するときは、株主総会に報告し、また債務を弁済できない時は、自ら破産申請をする義務があり、これに反するときは過料の制裁があるものの、実際は有名無実の死法になっている。

八四、　また米国では、銀行のバランスが符合しない※場合に預金を受入れたときは罰せられるため、預金者に迷惑を及ぼさない。わが国でも、

放資…資本を投ずること。投資

銀行のバランスが符合しない…債務超過の状態にある

不都合を発見したときは、新規取引を停止して、整理を命ずることにすれば、その効果は大きいに違いない。

八五、 解散または休業銀行の整理に対し、レシーバー※またはレシーバー・アンド・マネージャー※制を採用しようという説がある。これは英国の衡平法《こうへいほう》上※に発達したもので、英米では盛んに行われているが、わが国には未だこの制度はない。追って休銀整理法※を制定し、整理の促進と、資産散逸防止を講ずることは、共に必要な案件であると信じる。

八六、 制度の改正もさることながら、当務者※がまず、形式よりも根本精神第一主義であることを要する。肉体あって精神がないのは生きた屍《しかばね》である、ゆえに、いたずらに規則を立派にし、周到※な文字を並べ、多数の組合員を一律に網羅し、しかも実際には空文※となってしまうよりは、むしろ少数であっても自信を有する中堅を作り、奮って模範を示す気概が必要である。いわゆる、紳士協約の類《たぐい》といえようか。

八七、 預金利子協定のようなものも、各段階を一団とするよりは、数行のみで堅い結束をなすほうが、かえって目的を達成するものになるのではないか。

レシーバー…管財人
レシーバー・アンド・マネージャー…収益管理人
衡平法…イギリスのコモンロー裁判所の判例の積み重ねである判例法（コモンロー）に対し、それで対応しきれない事案を大法官が個別に救済したものが集積した法原則。
休銀整理法…休業銀行を整理する法律
当務者…その事務にあたる者
周到…手抜かりのない。行き届いた
空文…役に立たない文章

解題

昭和2年の金融恐慌では、多くの銀行が、不良債権とそれに端を発する資本不足、そして取り付けによる流動性不足で破綻し、日銀特融が相次いで実施された。そうした状況で書かれた本書は、銀行経営が慎重になされるべきことを重ねて説いている。高金利のハイリスクな貸出はすべきではなく、担保も現金化しやすいものであるべきと説いている。

また、昭和2年にそれまでの銀行条例を廃止して新たに制定された銀行法では、議会などで、銀行融資の減少を恐れ、銀行に慎重な行動を求めることを条文化することに反対する議論が強く、法制のための金融制度調査会などでの議論が十分反映されなかった。

この点、著者は、支払準備、大口信用規制、銀行破綻時の休業、整理の制度を作ることが待たれると説いている。さらに著者らしく、制度はもちろん大事だが、当事者が信用秩序を守るために行動することが重要であるので、預金利子協定といった銀行界がお互いに補償するような協定を結ぶことも一案としている。

これらの制度は、戦前は作られることはなく、大口与信規制や支払準備などについては、行政指導などにより銀行に対して慎重な経営をするように働きかけがなされた。準備預金に関する法律は昭和32年、銀行法13条に大口与信規制が設けられたのは昭和49年、機能しうる管財人（金融整理管財人）による銀行の整理休業の制度が金融再生法により整えられたのは平成10年のことであった。著者の先見の明が偲ばれる。

金融機関の支店数、合併

隻語第一章 八八〜九五

ここでのメッセージ
金融機関の支店数や合併は、金融機関を利用するお客様が決めるものである。競争すればよいものではなく、また、大きければよいものでもない。

八八、　銀行数については、かねてからの問題である。現に支店、出張所を濫設している弊害はないだろうか。また、支店の数が多いことで、いったん事あるとき、かえって苦しむことがある、よく考慮すべきである。現実のように出張所、派出所を多数設置するよりも、実際上、かつてのような集金制度の方が、大いに経費を節約し、かつ顧客の便宜と、事情の疎通において、はるかに優れていると説くものもある。いずれも過渡期の問題であるだろう。

八九、　預金争奪のために設ける支店は弊害があるが、時運の進歩に伴い、銀行業務の機能を全《まっと》うするため、彼我《ひが》※の連絡上、必要な支店の設置は拒否すべきものではないと考える。ただし、この二者、ときどき混同している憾《うらみ》※がないか、要は根本の精神（なんのために設けるのか）にある。

九〇、　英国で、盛んに支店、出張所を各所に設けるのは、預金争奪のためではなく、公衆の便宜を図る趣旨である。

九一、　銀行の数および支店の数が多いことは、競争の種となる。しかし、守るべきを守れば、あえて不可ではない。ゆえにその設置が、真に

彼我…あちらとこちら。ここではお客様と金融機関のこと。
憾…おそれ

その土地に必要であるか否かによって判断すべきである。合併問題はおのずから別である。だが、設置の当初より、すでに誤った観念があって不合理な競争を行うものがあるならば、その根本精神こそ真に誤っていると言うべきである。

九二、　合併をしても、その店舗数を減らさなければ、競争は依然として減らない。

九三、　また、銀行としての支店の設置場所について、研究の必要がある。たとえば、場末や盛り場のような場所に支店を置くと、経済変動時に、軽卒な融資が焦げついて損をすることが多い。将来を見据えた慎重な考慮が必要である。

九四、　地方にあっては、土地の名望家※が、本店がどこにあるかもわからないような銀行の代理店を引き受け、そのために迷惑を蒙《こうむ》る実例が少なくない。

九五、　常に本支店間の連絡を密にし、方針の一貫、意思の疎通があることが必要である。

名望家…地域で名声が高く、人望のある人

解題

金融機関の支店数は、多寡が問題ではなく、過当競争こそが問題であり、顧客ニーズに合うことが重要であると喝破している。このため、店舗がなくても集金のほうがよいこともあると述べている。

また金融機関数についても、不合理な競争をするようなら、その根本こそが問題なのであり、金融機関数の多寡の問題ではないとする。結局、顧客ニーズがあればその金融機関は生き残るのであり、ニーズがなければ整理淘汰されるというのが本質である。

昨今の人口減少、地域経済の縮小から、地域金融機関の統合再編は不可避との論調がままみられるが、営業基盤とする地域において必要とされる金融機関は生き残ることは間違いない。

また、地域に必要な店舗を削減することはお客様のニーズに反することになる。結局大事なことは、顧客が求めるニーズをよく検討し、それに応えるためにはどのような店舗配置やそれに代わるサービスを提供すべきか、またそのための経営形態としては単独がよいのか、他行などと統合や提携するほうがよりよいサービスを提供することができるのか、顧客を軸に考えることが大切であるということであろう。そして顧客が求めるニーズがあれば、地域に合った規制緩和を行政などに求めることも自然なこととなる。

合併や経営統合は、手段であって目的ではないということは、昭和の始めから何も変わっていない。

金融と政治

雋語第一章　九六〜九九

ここでのメッセージ　**金融機関は政治に関与すべきでない。政治と関係を持つことには弊害が多い。**

九六、　金融業者は、断じて政党政派と関係を有すべきでない。役員も政党政派を避けるべきである。とかく種々の弊害に陥りやすい。今なお、地方において多数の実例を見るのは、誠に遺憾である。

九七、　政党に関係しているために、反対党より故意に苦しめられることがある。慎むべきことである。

九八、　実業と政治とは一体であるべきことが理想であるが、いかんせん、わが国の政党政治の現状では、両者を完全に分離すべきである。平素の営業はもちろん、銀行の合併整理等にあたり、政党関係によって支障を来した実例が少なからずあると聞いた。まことに恐るべきこと甚だしい。

九九、　英国には、政党員にして銀行頭取である例があるといっても、この間には截然《せつぜん》たる※区別があって、寸毫《すんごう》※の弊害もない。さすがは先進国と言うべきである。

截然たる…明確な
寸毫…ほんのわずか

解題
ここでは、金融機関が政治に関与することを強く戒めている。
一方、現在では、営業基盤である地域のかたちを地方創生などで議論するために地元自治体などとの関係を密にしていくことも重要と考えられる。結局大事なことは、政治と全くつきあわない、距離をおいて対話をしないことではなく、地元地域の在り方について情報共有や積極的な意見交換をしながらも、決して癒着したり、便宜を図ったり図られたりしないということである。

昭和2年頃の二大政党である政友会と民政党の党派的対立に銀行が巻き込まれていたことを示唆しているが、当時の癒着やそれによる経済的な便宜は論外としても、現在において、政治勢力、なかでも地元首長とコミュニケーションしないことは適切ではなく、コミュニケーしつつも不偏不党、政治自体へのコミットはしないという独立姿勢を貫くことが問われていると読むべきであろう。

学ぶ姿勢と平素からの努力　雋語第一章　一〇〇～一二八

ここでのメッセージ　金融機関は臨機応変に事に対応することが重要であるが、先進国のルールを他山の石とすることも必要である。そのうえで、最後は役職員、人が大事であり、その役職員が平素から常識をもって、不断に努力することが重要である。

一〇〇、常に、中央銀行の預金および貸出額をバロメーターとして、これに変化が生じたときは、金融界の陰晴《いんせい》※があるものとみて、警戒を怠るべきでない。

一〇一、消極的取締※は大いに可である、しかし、堅いことだけが能力ではなく、他面では積極的に進歩改善を図り、公共機関および産業助成機関として公益民福※を図り、精進して新境地を開拓し、大いに金融業者としての本分を尽くすべきである。すなわち、守るべきは守り、進むべきは進むことを必要とする。畢竟《ひっきょう》※、健を積んで雄をなす※の謂《いわれ》である。

一〇二、物みな屈伸がある。屈しなければ折れ、伸びなければ廃《すた》れる。屈伸自在でなければ妙所※に至らない、銀行は積極、消極共に必要であるのみならず、その間に屈伸の理《ことわり》※を会得《えとく》するべきである。また、静中に動あり、動中に静ありと言うことがある。

一〇三、万物はことごとく方円《ほうえん》※の理に支配されている。銀行の妙《みょう》諦《てい》※もまたそうである。一言で言うなら、方円の調節を誤らないことが大事である。

陰晴…曇りと晴れ
消極的取締…法令違反に対して注意、是正を事後的に求める一方、経営判断など経営者の自主性には介入しない取締のこと
公益民福…公の利益と民の幸福
畢竟…結局
健を積んで雄をなす…長い間の積み重ねにより優れたものになる。「積健為雄」という中国の成語。
妙所…たいへん優れたところ
理…物事の筋道　道理
方円…四角形と円形。「水は方円の器に従う」という中国の故事から、人は環境によって変化することが重要であるという意味で使われている。
妙諦…優れた真理

一〇四、　詳言すれば、社会に処するに当たっては、時に高く、あるいは低く、またあるいは大きく、あるいは小さく、更に、あるいは強く、あるいは柔らかく、機に応じて取捨加減の運用を適切に行うことを忘れてはならないということである。ただし、あえて千変万化を勧めるものではない。また、いかなる場合にも、誠意が一貫していなければならないのは当然である。

一〇五、　宇宙の森羅万象は、ことごとく数理を脱却することはできない。

一〇六、　実際の商売は、書物に示されているように容易に行われるものでないことは、我も人も共に唱えるところである。しかし、銀行に関することは、欧米先進国が苦い犠牲を払った結果、この事業の永遠のため、社会のため、このようにあるべきだ、と経験の記録が書籍上に教示されている。また、欧米先進国の銀行が改善実行してきたことは、共にこれに従うのがよい。そうでなければ、歴史は繰り返すというように、彼らの覆轍《ふくてつ》※を我もまた踏むことになる。そうしたことになれば、誠に愚の至りというべきではないか。

覆轍…先人の失敗。「覆轍を踏む」で、先人の失敗を繰り返すこと。

一〇七、　規則は実際と別であると唱える人がいるが、真理は体験より得られるのと同じで、規則は実際経験の帰結であって正しいものであり、容易に破るべきでない、あたかもゴルフや玉突※のやり方のようなものだ。ただ実際の適用は修練を待つほかないということである。

一〇八、　外国においては、わが国のように空論に走らず、実際的精神的に作った規則協定であるため、これを擁護し、法の真髄を発揮させるが、わが国ではそうではない。裏側から違反に努める利己的背徳行為があるのは慨嘆《がいたん》※の至りで、何事においても協同一致を欠き、進歩改善を阻害する理由がここにある。その根本に遡《さかのぼ》って深く猛省すべきである。

一〇九、　ある人が、銀行の信用条件を左のように述べたものがあった。特殊な場合を除き、大体首肯《しゅこう》※できるものである。

イ、危険性の貸出をなすような不謹慎の行為がないこと。
ロ、頭取はしばしば変更しないこと。
ハ、頭取は社会的に真に有力であること。
ニ、頭取は他に事業を兼営しないこと。
ホ、頭取は若年者でないこと。

玉突…ビリヤード
慨嘆…いきどおり、嘆くこと
首肯…うなづくこと。同意すること

へ、その銀行の株式は市場売買価格が高いこと。
ト、その銀行のバランスシートは確実に実際を反映していること。
チ、ある富豪の各種事業の機関銀行でなく、独立自存し、かつ積立金が豊富であること。

一一〇、　以上、各項に述べられた精神を基礎とし、誠実と努力とを経（たていと）とし、敏活※と果断※とを緯（よこいと）とするものは、我等の理想とする銀行家である。

一一一、　更に平易に言えば、銀行家は常識に富み、注意深く、私なきを以てようやく条件を満たす。思うに、常識は経験より生まれる。

一一二、　英米の銀行家のほとんどが異口同音に言う。「銀行の経営は、概ね左の要点を守ることにある。しかし、一言でもってこれをまとめれば、ただ常識の発達いかんにある」と。誠実、公明、深き注意、周到なる調査、先を洞見※すること、一致和合※、情実撃退、支払準備の豊富、固定貸の回避、利益を争わないこと、不当競争を避けること、積立金の増加がその例である。

一一三、　また、有名なる銀行家は言う。「銀行の機能は、何等面倒な

敏活…頭の回転や行動がすばやいこと
果断…決断力があること
洞見…見抜くこと
一致和合…一つになって仲良くすること

仕事を包含するものではなく、ただ慎重、誠実、忍耐を要求するに過ぎない、そこにあえて秘伝があるといったことはない」と。

一一四、　本書では到るところに「平素」の文字を使用している。これは堅実なる地盤を作り、真の信用を得ることは一朝一夕《いっちょういっせき》の業ではなく、まさに平素の用意いかんにより、平素の修練が事に触れ、時に臨み、六感の活動となって、機宜《きぎ》※の処置となり、また機鋒《きほう》※となるものであって、あたかも兵法は平素においてこそ、よく鍛練修得しておく必要があるのと同じである。即ち、多年にわたり不屈の忍耐と、不惑の信念と、不断の努力とを要する。ローマは一日にして興《おこ》らず、しかもこれを亡ぼすは一朝で十分であることを思わないわけにはいかない。

一一五、　いくたび外国の銀行を視察研究しても、実際に臨んで守るべきことを守らなければ、結局銀行は破綻するしかない。ゆえに曰《いわ》く「一にも人、二にも人、三にも人なり」と。

一一六、　配当率が低減しても、将来の健全に資する実質を保留する場合は、むしろ歓迎すべきである。単に配当率の高低によって、目先の株価を上下させることは、世の中の人を誤らせるものである。ことに銀行

機宜…その時に最適なこと
機鋒…最先端

株価の低下は、誤解を生じさせることが多い、静かに資産状態に照らし、歩調が堅実であることを望む。元来銀行の株主は、朝夕浮動するものと選択を異にすべきものである。

一一七、高率配当は、多くは暫定的株主の希望する所であり、恒久的株主の意に反する。

一一八、いわゆる蛸配当のような自殺行為は、断然排除するべきである。かりに弥縫《びほう》※と虚栄とにより、それを継続できる間は何とかできるとしても、これを重ねれば重ねる程、いよいよ破滅の日は近づきつつあるのである。もし十数年も継続することになれば、恐らく資本金ならびに積立金の全部は、雲散霧消するに至るに違いない。真に恐るべきことであり、本当に侮ってはならない。

一一九、貸出利子の収入なく、高率預金の利子は現実に支払い、なおかつ一方に蛸配当をなし、年と共にますます困難を加える。何とか破綻しないように望んでも、できるわけがない。株主も預金者も、よくよくこの理《ことわり》※を理解しておくべきである。

一二〇、無理な高率配当を装い、一方でまた無理な報酬賞与を支出し、

弥縫…その場を繕うこと

理…道理

両方が相重なって、遂に無理往生※を遂げる銀行が少なくない。

一二一、　世には役員が自分の借入利息を支払うため、もしくは借入担保株の時価を維持しようとして、殊更《ことさら》に蛸配当を行うものもある。

一二二、　銀行の配当減は、各事業会社の減配を誘導し、すべての堅実味を増し、一方、金利低下の標準を示し、またよく物価を低下させ、購買力の節制を調《ととの》える。従ってその銀行の株式もまた、自然に真価を現わすべき筋合※である。

一二三、　不景気の際は、減配を行うと同時に、進んで減資が必要になる場合がある。速かに整理したものは、速かに回復する。

一二四、　銀行会社に限らず、個人においても虚栄虚飾は禁物である。これがあるために、万事堅実な歩みをすることができない。しかし、その根源は、わが国民が総じて、独立自信の念に欠ける所があるためである。

一二五、　あるいは高率配当を制限するため、毎期純益に伴う一定の配当率を規定することも、またよいのではないか。これは社会政策の一面である。

無理往生…無理を重ねて、遂に死に至ること

筋合…物事の道理

一二六、米国の中央銀行である準備銀行※においては、配当はわずかに六分（６％）に制限され、英蘭銀行※もまた六分を超えない。

一二七、役員は単に事業を完成して、これを後者に引き継ぐほか、経営の精神を胎する※心掛がないようではいけない。この心があってこそ、経営もまた、完全となることができる。

一二八、最後に極言する。経営者よ、人は金にあらず。芳《かんば》しきは※人格である。

準備銀行…連邦準備制度（FRB）

英蘭銀行…英国の中央銀行であるイングランド銀行

胎する…次世代につなげる

芳しきは…高い評価が与えられるのは

解題

本章のまとめのパラグラフである。金融機関は臨機応変が大事であり、屈伸できる必要があると述べる。屈むからこそ伸びることができる。この屈むときに何を学ぶかが大事だと説いている。そのうえで、欧米銀行の失敗事例をよく学ぶことが重要であると説く。

さらに、金融機関の役職員に求められるものを一言で極言すれば、人格であると言う。平易にまとめれば、金融機関経営者の条件は常識に富み、注意深く、私心がないこと。そしてその常識は、経験より生まれる、と述べている。そのうえでさらに畳みかけるように、「銀行の経営は、概ね左の要点を守ることにある」として、「誠実、公明、深き注意、周到な調査、先を洞見すること、一致和合、情実撃退、支払準備の豊富、固定貸の回避、利益を争わざること、不当競争を避くること、積立金の増加」を挙げており、これまでのパラグラフのまとめとなっている。

また、当時の銀行において、経営を繕ってよく見せるために行われた高率配当や蛸配当に対しては、これを強く批判し、一時的に良くても長続きしないこと、それよりもむしろ当面の配当を抑制して、短期間のうちに資本力を復元することを推奨している。

第二章　重役の責任

本章のポイント

経済界のリーダーでもある金融機関の役員（重役）が、自ら保身を図り、地位利用を図ることは論外であり、金融機関経営を掘り崩すものだ。昭和恐慌時の多数の銀行破綻を念頭に、あまりにも多かった無責任な役員を踏まえて、役員の経営責任の重さ、特に社会的責任を説き、退任後の責任追及の仕方についても議論の必要性を訴えている。

保身、地位利用、利益相反の戒め　雋語第二章　一〜一四

ここでのメッセージ　金融機関の社会的責任を考慮すると、金融機関の役員は、保身や地位利用はもちろん不適切であるほか、取引先の役員になるなど利益相反行為も厳禁である。役員の無限責任は成り手がなくなるので

賛成しないが、私財を投げうつほどの責任感こそ役員には必要である。

一、　銀行は経済の羅針盤である。東道《とうどう》※である。いわゆる経済の組織・機関の真髄であって、また、商工業者の心臓を司る重要な役目を担うがゆえに、銀行の役員であるものは、つねに崇高なる理想を有し、よく正道を固守する者でなくてはならない。既に公共事業として銀行の看板を掲げた以上は、銀行のための役員であって、役員のための銀行でないのは明々白々である。従って社会に奉仕こそすれ、決して一身※のためを図るべきではない。ところが多くの通弊※として、自已に対する奉仕のみを謀る。すなわち従来の役員の中には、自己の地位を利用し、これくらいのわがまま勝手をすることは当然であると心得るものが少なくない。こうしたことは戒めないわけにはいかない。

二、　役員の中には、銀行を喰い物とし、またははじめより喰い物として出生したものも絶無ではない。思うに、その血、その筋、その肉、その骨は、概ね銀行、会社より搾取《さくしゅ》※したるものである。

三、　英国では、役員の責任をすこぶる重大視し、取締役責任法のよう

東道…東方へ行く旅人をもてなす主人のことで、来客の世話や案内をする者をいう。中国の古典である『春秋』の中の言葉

一身…自身

通弊…一般に見られる弊害

搾取…しぼり取ること

な、極めて厳重な法律を制定している。また、実際その衝《しょう》※にあたる責任者は、何れも人物が確かであって、堅実な伝統的精神を発揮することができている。

四、　銀行の常務役員の他の会社役員との兼任は、新銀行法※の原則として禁じられている所である。ここで注意すべきは、表面上は同一人の名ではないが、裏で同一系統の脈をひく※ものがある。ゆえにその系統と素質について、常に実際的に観察を怠ってはならない。

五、　役員を各地支店へ配置して、直接実務に当たらせるのには一利一害がある。その制度の運用については、慎重な考慮を必要とする。役員が多すぎることは一つの禍根※になる。

六、　銀行より資金を供給しながら、その常務役員が、一方で取引先の顧問または相談役となって、報酬を受けている例が少なからずある、慎むべきことである。

七、　以前は、銀行業務を知らない華族※を、雇い頭取に据えたことがある。しかし、この種のやり方はもはや陳腐に属し、今日では通用しない。銀行を見る世間の目は、昔のようではない。

衝…重要な役割

新銀行法…昭和2年に、銀行条例に代えて制定された銀行法。昭和56年に制定された現在の銀行法に対し、旧銀行法と呼ばれているもの

脈をひく…ここでの意味は必ずしも明確ではないが、金融機関役員について、他社の役員に形式的にはなっていないが、六、にあるように相談役や顧問などになり、他の会社役員に対して実質的に強い影響を及ぼしうる関係にある場合などを指していると思われる

禍根…災いが起こる原因

華族…明治以降、昭和28年（1947年）まで存在した日本の貴族階級

八、　銀行の役員には、経済的な責任以上の大きな責任がある。そうであるならば、一片の辞表提出により免責とするのは軽きに失するのではないか。たとえば退任後一、二ヵ年は、在職時と同一の責任を持たせるべきか相当の研究が必要である。

九、　自ら種を蒔きながら、自ら刈り取らずに、善後の策※を講じないで、身をまず退くのは、道義に反している。いわゆる、道心惟微《これわずか》にして、人心惟《これ》を危くするもの※ではないか。

一〇、　一説には、貯蓄銀行と同様、普通商業銀行の役員の責任も無限責任とする説があるが、これには同意することはできない。なぜならば、普通商業銀行と貯蓄銀行とは、全く性質を異にしている。もし普通銀行においても無限責任としたとしよう、恐らく資産家役員はことごとく辞職し、少数持株の無資産家の役員のみとなり、勤労役員※もまた辞去し、かつ良好な株主も遂《つい》に得がたくなるであろう。ただし、就任当時から私財提供を覚悟するほどの責任感をもって職にあたれば、思うに、過ちはないことに近くなろう。今日の最大の時弊《じへい》※は、まさしく責任感の欠乏にある。どうして独り銀行のみの問題だと言えようか（経済界全体の問

善後の策…後始末をうまくつける方策

道心惟微にして、人心惟を危くする…公的な道義心が薄ければ、もともと欲望に負けやすい私的な人心は、ますます不安定なものになる。中国の古典『中庸』のなかの「人心惟危　道心惟微」が出所と思われる

勤労役員…株式を持たないサラリーマン役員

時弊…その時の弊害、悪習

題なのである）。

一一、そもそも役員の責任を、職に就く時に覚悟せず、また推薦者も株主も軽々に責任を取り扱い、その後、休業等の起こった後に、責任をうんぬんするのは既に本末を誤っているものである。すでにこの誤りがあるのだから事故を生じるのは当然である。

一二、ここで注目すべきは役員の責任問題である。今や責任感とか、私財提供とか、内外の刺激により、資産家役員の観念に変化が起こり、徐々に旧習を脱して面目一新、名実共にようやく正真正銘の役員に変わろうとする趨向《すうこう》※がある。あるいは、これは一時的な現象に止まるものなのだろうか。

一三、一般に、経営者が、自身に対する義務の観念と、社会に対する義務の観念とを自覚したならば、自然、職務に対して忠実となるものである。わが心に欲ある時は義務を忘れる。

一四、銀行家であるか事業家であるかを問わず、一般に責任観念の教育を徹底させることは現在の急務である。またその半面において、背信行為に対する法律ならびに社会的制裁を厳しくする必要がないだろうか。

趨向…ある方向への流れ。ある方向に向かうこと

解題

金融機関は経済界をリードすべき導きの星なのであるから、その役員が、地位利用や利益相反行為をすることは論外で、通常の事業会社の役員以上に責任感が必要だというのが著者の考えである。

さらに著者は、昭和恐慌時にあまりにも役員の責任逃れや無責任が目立ったことをふまえてか、無限責任を求めることを否定しつつも、私財提供や退任後の一定期間の責任についても言及している。

戦後の商法、会社法では取締役の忠実義務、利益相反行為の禁止は法制化され、責任についても明確化されたことから、現在では経営責任に対して当然に私財提供などを求められることはなく、民事・刑事の法的責任の下で、それを果たすための義務履行が求められるというのが法的理解であろう。

もっとも、金融機関の社会的責任の重さは著者の指摘のとおりで、そうした立場にあることから、金融機関役員は、地位の私的利用については特に世間から厳しく見られることに留意しておく必要がある。

第三章　銀行家の生活と処世

本章のポイント

金融機関役職員の人としての道を説く。健康、その前提としての家庭の平和、世の中への感謝――。見た目よりも人間としての中身が大切であることを説いている。

正道を行く大切さ

雋語第三章　一～九

ここでのメッセージ　金融機関の経営者やそこで働く者に求められるのは、志高く、謙虚な行動である。特に戒めるべきは、威張ること、怒鳴ること、自分ひとりの功名を図ることである。

一、　銀行家は常に脚下を照顧《しょうこ》※し、自ら慎み、自ら省みることが肝要

照顧…脚下照顧で、自分の足元をよく見よという意味

である。もとより卑屈に流れよ、というのではない。また一方で、沈《ちん》重《ちょう》※の裏には、躍如《やくじょ》※たる生気がなくてはならない。古人は言う、「心は高く、行は謙遜なれ」と。

二、　健全なる銀行は、健全なる経営者を待ってはじめて実現できる。健全なる経営者は、清浄潔白なる人を待ってはじめて実現できる。人は常に公明正大にして、俯仰《ふぎょう》※天地に愧《は》じることなく、また白昼坦々※とした大道を闊歩すべきである。ダークサイドは禁物である。

三、　万事において、心正しく、行い清く、己《おの》れに曇りがなければ気は自ら安らかになり、頭脳もまた明晰である、従って判断を誤ることは少ない。深夜、人が寝静まって万籟寂《ばんらいいじゃく》たる※時に、ほどよく独り座って自己の心を観るのがよい。また、「汝《なんじ》自らを知れ」と言うことがある。いわゆる、内面を省みて疚《や》ましくなければ、「千万人といえども、吾《われ》行かん※」の気概があるべきである。

四、　人は良心に反し、不道理な行動をするときは決して栄達せず、子孫もまた繁栄しない。その行動についてはあの天が知るというが、実は己がまず知るのである。天罰と言うが、実は自分が自分を罰するのであ

沈重…落ち着いている様子
躍如…生き生きとしている様子
俯仰…うつむくことと、あおぐこと
坦々…平らな
万籟寂たる…すべての物音がひっそりと静かな
「千万人といえども、吾行かん」…自分が正しいと考えるなら、反対者や敵対者がどんなに多くとも、信じる道を進もう。孟子の言葉

る。「人の真心こそ真の宝なれ」ということだ。

五、　そもそも正しい道を歩まないものは、いまはまだ天の咎《とが》めがないとしても、生涯のうちには必ず自滅の時期に至る。これは天則※である。明治大帝※の御製《ぎょせい》※に「世の中にあやうきことはなかるべし、正しき道を踏みたがえずば」とある。

六、　自己本位の人は、とかく目前の利欲に走って己れ一人の功名をひけらかし、自分自身の宣伝に努め、排他主義をとり、永遠の謀《はかりごと》※に出ない。これを第三者より見れば、その心情の陋劣《ろうれつ》※は唾棄《だき》すべきものであり、到底永く人の上に立つことはできない。人を愛するということが、結局、己れを愛することに帰結するのはこうした理由からである。人を恐れさせるだけで道がないものは必ず亡ぶ。

七、　権威を振りかざす者には助けは少なく、己れの心の満足だけを追求する者は、優れた人であっても、終りを全うしない。自分のことを後回しにして、その本分に向かって精進すべきである。

八、　人がようやく上に立つようになったときには、己れの力を力とせず、人の力を力とする器の大きさがないといけない。これは、将がまさ

天則…自然の法則。全宇宙の秩序を保つ原理
明治大帝…明治天皇
御製…天皇のつくった詩文・和歌
謀…物事がうまくいくように、あらかじめ考えた計画
陋劣…いやしく軽蔑すべきこと

に将であるための要《かなめ》の道である。

九、銀行家は、憂色※や怒色※を帯《お》びるべきではない、かといって楽天家を任ずべきでもない。常に心を平らかに持ち、胸中霽月《せいげつ》※のごとく、安心の境涯《きょうがい》※を保つべきである。「むっとして戻れば門の柳かな」※。

解題

著者の金融機関役職員への期待が書かれている。深夜自らを省りみて、天地に恥じることなく、堂々と大道を歩くべし、道理に反することをするな、それは子孫まで影響すると述べている。正々堂々とは、「正々の旗、堂々の陣」という言葉から来ている。なかなか容易ではないが、金融機関役職員は、誇りをもって、謙虚に仕事に当たることが、まずもって第一に重要なことであり、この原点なくして、すべての営業施策、事業計画、中期経営計画も砂上の楼閣となる。

道理に反したり、自らを偽ったりすることは、天が知る以前に、自分が知っているものであり、そのことが自分や子孫の帰結につながっているというのも、天を意識したうえで、人間社会の成り立ちを深く

憂色…心配そうな表情
怒色…怒った表情
霽月…雨上がりの月
境涯…置かれた立場　境遇
「むっとして戻れば門の柳かな」…井伊直弼が不遇時代のある時、外出先で非常に立腹することがあったが、帰宅して庭に植えられた柳を見て、「むっとして　戻れば庭に柳かな」という句を読み、心を落ち着けたと言う。直弼自身の句とも、直弼が好きだった俳人・大島蓼太の句とも言われる。落語「天災」にも、ご隠居が心を常に平静に保つことを示す例として、この句を詠む場面がある

洞察した著者ならではの記述である。

フランスの音楽家が言っている「一日練習しなければ自分に分かる。二日練習しなければ批評家に分かる。三日練習しなければ聴衆に分かる。」との言葉も同じである。お客様への至誠も、その時手を抜けば、客は分からないかもしれないが、自分は知っている。その時のやり方を翌日もまた行っても、その客は分からないかもしれない。しかし、それが続けば、どの客からも信頼を失うことになる。

さらに、上司になれば、自らの力をたのむのでなく、部下や組織の力を力とする器量が大事であると説く。至誠を貫きつつ、上司になれば、それを部下に見せ、部下に学ばせ、それを実践させ、組織の力としていく。あくまで、原点は己れの至誠であり、それを部下が学ぶ。自己の立身出世のみの上司は、結局己れはもちろん、部下にも悪い影響を及ぼし、世の中に害をなす。天は決してそれを許さないであろう。

自然の中での健康

雋語第三章　一〇～一九

ここでのメッセージ　**具体的な健康法を説いている。特に大事なこととして、自然の中で心身を養い、宇宙の大気に触れることを挙げる。銀行員には精神疾患が多いと言われるが、これに対しても屋外運動、特に散歩が有効である。**

一〇、健康は無形の富であって人生第一の資本である。エマーソン※も、キリストも、カーライル※も皆、このように力説している、「願わくは健康に輝け」。

一一、銀行家は常に衛生に注意し、健康を重んじ、体力を旺盛にし、頭脳を明晰とすることが必要である。健康は自身のためであって、また銀行のためにもなるからである。ゆえに休日は、努めて気を転じ、天地大自然の風光に接し、宇宙の大気に触れて心身を養うべきである。流水は腐敗しないという。土曜日※の頭を月曜日に持ち越すことがあってはならない。

エマーソン…米国の思想家（1803～1882）
カーライル…英国の歴史家、思想家（1795～1881）
土曜日…言うまでなく、当時の土曜日は休日ではなく、営業日であった。

一二、大気の力は霊妙《れいみょう》※不可思議であり、万物を生殺《せいさつ》※する。人は必ずオープンエアの恵みに浴すべきである。ことに銀行員についてはその必要性を感じる。ひとたび歩を郊外に移せば、天下皆春、山色も新たで、気も自然と新たとなる。

一三、人は、食物の不足から来る病よりも、過食から来る病が多い。過当なる借金もまた同じである。

一四、文明の進歩に従い、ナーバス・ブレークダウンという一種の神経衰弱症を発して、これに罹《かか》るものは銀行員のような精神労働者に多い。注意すべきことである。そうであるならば、その予防法としては、屋外運動が第一である。

一五、米国婦人はその夫を指してGolf Bagとののしることがあるが、郊外運動としてはゴルフが最も適している。その他にも野球、テニス等、種々あるとは言え、歩くことは誰もが毎日行うことができるものであり、よくすべての条件に適合している。ニューヨークにはかなり以前から、Two miles a day keep doctor away※という金言がある。ニューヨーク市長ハイラン氏、モルガン商会の有力者デビソン氏、ギャランティ・ト

霊妙…奥深く優れていること
生殺…生かすことと殺すこと

Two miles a day keep doctor away…1日2マイル歩くことで、医者にかかることはなくなる

ラスト・カンパニーの頭取セーピン氏、チェース・ナショナルの取締役会長ウィギン氏、米国第一の大銀行たるナショナル・シティ銀行の頭取ミッチェル氏などは、毎日二哩《マイル》※ないし三哩《マイル》先から徒歩通勤していると言われている。

一六、　ニューヨークのみに限らず、ロンドン、ベルリン、パリ、ローマのような都市では、徒歩により一日の行楽を自由に楽しむ者が多いという。徒歩で山野を逍遥《しょうよう》※すれば、真に清新の空気を吸うことができるだろう。わが国の青年諸君、今や各種の運動が盛んだが、日常の健康法の実行は不十分ではないだろうか。あえて早起きと徒歩通勤とを勧める理由である。

一七、　ある銀行の遠足会の信条は以下の通り。

イ、剛健質実の気風を養成し、併せて堅忍不抜《けんにんふばつ》※の気力と体力とを練成する。

ロ、皇陵※寺社に参拝して、皇室を尊崇《そんすう》※し、祖先を崇拝する思いを強くし、古くからの史跡を訪れては偉人傑士《いじんけっし》※の崇高なる人格を偲び、もって品性の陶冶《とうや》※に努める。

哩…マイル。1マイルは約1600メートル（陸上の場合）

逍遥…ぶらぶら歩くこと

堅忍不抜…困難や誘惑にも耐え忍び、心を動かされないこと

皇陵…天皇の墳墓

尊崇…尊び、あがめること

偉人傑士…立派な仕事を成し遂げた人、すぐれた人物

陶冶…育て上げること

ハ、自然の極みない恩恵を享受し、浩然※の気を養う。
ニ、家族的団結の強固を図り、和親協同※の実を挙げる。
ホ、空論を排し、主義に基いて、まず実行を期す。（知行合一《ちこうごういつ》※）

一八、 ここで注意すべきことは、現代の健康法は、偏頗《へんぱ》※的にして流行カブレの多いことである。生命の基調は、精神と肉体との二者よりなる。心を離れて肉体なく、肉体を離れて心なく、二者は全く一如《いちにょ》※であることを忘れるべきでない。この二者を共に養う、これが真の合理的健康法である。

一九、 カーライルは、（一）体力、（二）胆力、（三）判断力、（四）断行力、（五）精力、この五ヵ条を具備するものが真の健康であると高唱した。

解題

「健全なる精神は健全なる肉体に宿る」。デキムス・ユニウス・ユウェナリス（60―130年、古代ローマ時代の風刺詩人、弁護士）が残した有名な言葉だ。著者もこれと同様のことを言おうとしている。そし

浩然…心が広く、ゆったりしていること
和親協同…仲良く力を合わせること
知行合一…陽明学の根本思想の一つで、知識と行為は一体であるということ
偏頗…かたよっていること
一如…絶対的に同一である

てその健康のためには、陽の光にあたり、宇宙の大気に触れるべし、と屋外での活動、中でもゴルフを推奨する。

わが意を得たりという金融機関役職員も多いのではないか。ただし、取引先とのゴルフとは書いていないことに注意を要する。「(取引先との）密着はいいが、癒着は禁物」とは、九州のある市長の言葉である。

また、肥満、過食に注意せよと説き、散歩を勧めている。耳の痛い金融機関役職員も多いのではないか。いまや一億総過食で成人病の多い時代だが、平均寿命が50歳前後であった昭和初期当時になされたその予言は鋭い。現在のように平均寿命が80歳以上になったのは乳幼児死亡が激減した効果が大きいが、健康寿命となると、80歳以上の人が皆そうとは限らない。

金融機関役職員が元気でお客様に尽くし、中庸、やり過ぎず、気を鬱屈させず、休日には発散する、今こそ傾聴に値する。

精神の健康と家庭円満・親孝行

雋語第三章 二〇～三四

ここでのメッセージ 健康とは肉体の健康だけでない。精神の健康も不可欠だ。その精神の健康は、睡眠、家庭の平和から来る。そのためには、怒るな、心配するな、感謝せよ、親切にせよ、である。また笑うこともよい効果がある。

二〇、 血湧き肉躍るのは、当世の運動競技だけに限らない。自己の職務に対してもまた、そのような熱心な気分の現れがなければならない。

二一、 自己の性格および才能に一致している職業を選び、加えて趣味を持つことは、健康法の一つである。人間には絶えず感情の動揺あり、これを訓練し自制することは、これまた健康法の一つである。

二二、 不健康な支配人は、常に気分に陰晴があって、部下もまた、その機嫌を窺って執務するため、成績の良否に影響する。

二三、 心清く、思い平らかに、行い正しければ、毎夜よく熟睡できるに違いない。これは第一の健康法であり、成績の良否、能率の増進に影響するところが大きい。

二四、ある人が健康の秘訣として言うのは、「怒るな、心配するな、感謝せよ、親切にせよ」ということだ。誰もが服膺《ふくよう》※すべき価値がある言葉である。

二五、銀行家の家庭は、和気藹々《わきあいあい》、常に春風が堂※に満ちていることが必要である。これは仕事と関係のないことのようだが、仕事と関係ないことではない。執務に影響する所が少なくないからである。「笑う門に福来る」という。笑いは愉快という心的作用の現れであって、健康のもとである。人はよく笑って暮らせ、笑いを高く叫べ、笑い声の起こるところ、必ず昌平《しょうへい》※のきざしがある。

二六、ある人が家庭日常の心得を書いて言うには、（一）身軽く、（二）気軽く、（三）今すぐに、（四）愉快に、（五）微笑して、（六）感謝して。

二七、家庭の円満は、親に孝であることと、夫婦の和合《わごう》※とよりなる。

二八、人は常に天に感謝し、己れが事業に感謝し、上長《じょうちょう》※に感謝し、またよく下僚《かりょう》※に感謝し、更に自己に感謝すべきである。感謝は信仰の第一歩であって、すなわち、この心があって初めて人生の平安を得られ、

服膺…心に止めて忘れないこと
堂…住居、居室
昌平…繁栄し平和なこと
和合…仲良くすること
上長…年上、目上の人
下僚…部下

円満和合を保つことができる。

二九、 ある人が能率増進法を説いた一節として言う。「能率の増進は家庭の円満和合に基づく」と。自ら真理ありと言うことができる。思うに家庭の円満は、まず主人の修養から始まる。

三〇、 親に孝であるものは必ず職に忠であることは、古今を一貫する事実であって、いわゆる、孝は百行《ひゃっこう》の本《もと》※である。古いことわざは、「忠臣は孝子の門より出ず※」と言っている。

三一、 世界の平和、人類の共存共栄は、孝道※より生まれる。

三二、 親に孝でないものは、人類愛を口にする資格がないものと知るべきである。欧米においては孝行者を、人格の標準としている。

三三、 身近な親に孝でないものが、社会に出て、上役に従順に、職に忠実になるとは考えられない。親に心配をかける人は、上役に心配をかける人である。

三四、 孝は高なり、孝は天よりも高い。母は十人の子を育てても、子は一人の母を養わないということもある。心すべきことである。

孝は百行の本…親孝行はすべての善い行いの基本。中国で後漢時代に編纂された『白虎通』の中の言葉

「忠臣は孝子の門より出ず」…主君に忠義を尽くす者は、親にも孝行である。

孝道…親孝行の道

解題

個人主義が原則となった戦後、さらに結婚や子育てについても、多様な生き方に対する社会としての許容度が広がった現代においては、家庭の和を説くことは、昭和初期の社会道徳を背景としているようにも読める。夫婦の和合、親への孝行についても、そのように感じる読者もいるかもしれない。

しかしながら、著者の説くところは、個人主義を前提としても、一段と深いところにあると思われる。特に項番第二十八では、周りの人、仕事、ひいては天への感謝を説いている。

無私の愛があるのは両親であり、家族であることは、いつの時代においても変わりはない。結婚していなくても、子供がいなくても、親がいない人はいない。親がなくなっても、周りの人に感謝して、和することができる。さらに社会においてこれを実践できれば、それはより大きな愛を社会と育むことができる。ほとんどの宗教はそのようなことを述べている。

こうしたことから著者は、感謝は信仰の第一歩と述べている。家庭や親との関係は、人間が愛情を感じ知る第一歩であるということは昔からそう変わってはいないと思われる。このことは個人主義とは何ら矛盾するものではないだろう。個人主義は、自分だけよければよいという利己主義とは異なり、他人の嗜好や考え方を尊重するところにその本分があるものであるから。

もちろん、これらのことは、金融機関役職員にだけそれがあてはまるわけではなく、すべての人にあてはまる。物質的に豊かでも精神的にはどうか、この段落も、まさに今の時代にこそ読まれるべき内容があると思われる。

先憂後楽、貯蓄、無借金、勤倹

集語第三章 三五～四六

ここでのメッセージ まず働き、余生を楽しむ先憂後楽をすすめ、貯蓄をして、月払いであってもなるべく借金はせず、勤勉と倹約に努めることをすすめる。

三五、　すべて人はよく働くと同時に、いかに一生を楽しく暮らすべきかを考えるべきである。真の清き快楽こそ、人生に意義がある所以《ゆえん》である。余暇を得ないものは終生享楽を得ることができない。

三六、　真正《しんせい》※の快楽を享受するには、まず代価をその以前に払う必要がある。働きは人生の総《すべ》てであるが、同時にその総《すべ》てではない。働きの裏に楽がある。

三七、　ほとんどの買掛、あるいは月賦払等の習慣は、努めてこれを避ける必要がある。ことに服装に対しては、その必要があるかどうかをよく見るべきである。形は第二であって心が第一である。ゆえに心は強く、遠く、かつ大でなくてはならない。底に実があって光を自ら発するのではないか。「万化の根本は一心に存す」※。

三八、　一般男女の服装は大いに進歩したが、心の装いはむしろ退歩していると言ってはばかることはない。尊ぶべきは、品性の美、霊性の美、真情の美にある。

三九、　青年は、ややもすれば時代が違うと唱え、また、時代錯誤と称

真正…本物

「万化の根本は一心に存す」…あらゆる変化の根本は、心一つにかかっている。

して新しいものに走る者がいるが、それは単に形の上の流行にすぎない。真理と人情は今も昔も変わらず、またこれを外国に見ても、外観を取り去れば、やはり人情は共通性を有し、東西その軌を一にしている。

四〇、 世がいかに推移しても、知恩報徳《ちおんほうとく》※の大道は、これを体得し、これを実行するべきである。我らは道徳美が、日々衰退するのを嘆かないではいられない。

四一、 東洋道徳は西洋に比べ、優るとも劣ることはない。その他、形《けい》而上《じじょう》※、形而下《けいじか》※において、わが国が優れているものは非常に多い。

四二、 金銭を使用させる遊覧設備は進歩したが、産業を開発する設備は遅れているのと同じである。たとえば遊覧電車よりも産業道路の開発が遅いのは、国運の発達が遅々としていることを証明するものでなくて何であろうか。

四三、 家計においては、入るを計って出《い》ずるを制し、収入金よりまずはその一部を貯蓄に回し、その然《しか》る後に生活費に充当するよう、明確なる予算を家族に明示し、これを実行することは、英国人一般に行われている最善な習慣であり、まことにサウンドかつヘルシーな方法である。

知恩報徳…恩を知り、恩徳に報いること

形而上…形がなく、感覚的な経験を超えたもの

形而下…形をもったもの。物質的なもの

資本経済組織の世に生きている者は、大いに考えないわけにはいかない。米国のような金が横溢《おういつ》※する国においてすら、なおかつこの分を守る良風がある。

四四、　仏国では、国民性として勤倹《きんけん》※に富むのみならず、昔から現金払を主とし、手形を使用しない習慣がある。

四五、　月給の全部を蓄えても、その額は知れていると言って、貯蓄を実行しない人がある。思いが足りないのも甚だしいものである。人は往々にして、拝金※の意義を誤解することがある。

四六、　今もし月収が百円あるもので貯蓄する余裕ないと言うものは、恐らく月収二百円となっても、同じく貯蓄できない人にちがいない。「一銭を惜しむ人は百銭を積む人なり」。

解題

昭和初期は、資本主義が急激に発達し、貧富格差が大きく拡大した時代である。この時代、金融機関は多く倒産もしたが、給料は高く、数少ない大学卒の金融機関役職員は、エリートであった。

横溢…あふれること

勤倹…勤勉で倹約すること

拝金…お金を世の中で最も大切なものとすること、というのは誤解であり、お金を人に尽くした結果得られたものとして、大事なもの、「有難い」ものとして敬意をもって取り扱うというのが本来の意味。

そこで著者は、国民一般の模範となるべく、金融機関役職員に対し、質素な生活を送り、借金をなるべくせず、節約に努め、貯蓄をすることを強くすすめ、生活を安定させることの重要性を、当時の先進国である英仏を手本に説いている。服装も華美に流れず、質素であることを説き、人間としての中身こそ大事だと説いている。

人は見た目が9割と言われるなど、プレゼンテーションが重視させる現代とは隔世の感があるが、もともと金融機関は、預金を預かるためにプルーデント（慎重）に経営することが求められる。リスクを取りすぎて、リスク管理の枠を超え、破綻することで預金者という国民全体に大きな迷惑をかける可能性を考えると、万事、慎重で華美に流れずという著者の主張も合理性があり、顧客の信頼を出発点に考えれば、今日的な理解が可能と思われる。

利口者の立身出世主義を排する　雋語第三章　四七〜七〇

ここでのメッセージ　金融機関役職員は、愚直であるくらいでよい、言葉を選び、行動を慎み、急がず、おごらず、決して利己的になり、自らの利益や栄達を先にしてはならない。

四七、　銀行を踏み台として、自己の栄達を図るものは危険である。営業振りが派手で、手腕を示そうとするものもまた危険である。むだに拡張することだけを知って、まとめることを知らないものも危険である。責任ある職務や事務に当たる者は適切に金融機関の忠僕※として、終始かわらず、誠意一貫、もって本来の使命を尽くせばよい。端心※で道を守るものは愚者のようだが結局は賢者なのである。

四八、　智慧《ちえ》があっても邪曲《じゃきょく》※であれば害がある。また策士策に倒れるということがある。なおまた小細工を弄するのも禁物である。銀行家としてはむしろ無智であって、純真であるのがよい。

四九、　銀行家が自ら甘んじて愚を守ることは、思うに、本当に大賢《たいけん》※

忠僕…忠実なしもべ
端心…かたよらない心
邪曲…心がひねくれていて、素直でないこと
大賢…非常に賢い人

でないと、なすことができない難しいことである。縁の下に隠れた沈勇《ちんゆう》者《しゃ》※がいて、基礎は始めて磐石になるのである。

五〇、銀行家が素行を慎むべきことは、あたかも教育家、宗教家と違わない。単に手腕のみで信用を維持することはできない。適切に自己を正視し、行蔵《こうぞう》※を慎み、高雅なる品性を養い、崇高なる人格を保つべきである。

五一、およそ銀行であろうと、会社であろうとを問わず、人の価値を判断するには左の点を注視すべきである。

（一）本人の業績、（二）本人の品性、（三）協同精神、（四）一般的常識、（五）特殊な知識技能、（六）管理者たる技量、（七）本人将来の価値

五二、銀行家は交際上、飲酒が必要であると認めることはできない。米国においては禁酒の功績は大いに見るべきものがあって、能率も出勤率も共に高まり、マンデー・スイサイドと言われる月曜日の自殺という言葉も、今や自然になくなろうとしていると聞いている。

五三、人に敬意を表し、人に推譲《すいじょう》※をすることは、交際上の要義《ようぎ》※であって、また社会共同生活の秘訣である。銀行員は常にこの心掛けがなくて

沈勇者…沈着で勇気がある人

行蔵…出処進退

推譲…人を推薦して、自らは譲ること

要義…大切な意義

はならない。「誰も見よ、盈《み》ちれば、やがて虧《か》く月の、十六夜の空や、人の世の中※」。

五四、　客を重く見よ、仕事を重く見よ、「敬能《けいよ》く聴明を生ず※」と言うことがある。

五五、　およそ何事に限らず辣腕《らつわん》をふるい、または野心をたくましくし、もしくは陰険陋劣《ろうれつ》※な手段を弄《ろう》する等、正道《せいどう》によらないものは、たとえ一時の勢力を得ることがあったとしても、いわゆる、天定まって人に勝つ※、結局終りを全うすることはできない。しかも、ひとたび失脚したならば、蛟竜《こうりょう》※もついに再び風雲に会することはできない。

五六、　銀行家は、人を欺いてはならないのはもちろん、同時に人に欺かれることがないことが必要である。

五七、　仮に人に欺かれることがあったとしても、己れに邪がなく、欲がなければ、断じてこれに陥れられることはない。論語に曰く、「君子は坦々蕩々《たんたんとうとう》である、小人はとこしえに戚々《せきせき》である※」と。

五八、　銀行家は、日常の事務を渋滞なく処理すると同時に、平静沈着であって深慮遠謀《しんりょえんぼう》※が必要である。

「誰も見よ……十六夜の空や、人の世の中」…『甲陽軍鑑』に残された武田信玄の句。「誰もが見てみよ。満ちればやがて欠けていく月の十六夜の空。人の世の中も」といった意味

「敬能く聴明を生ず」…敬う心を持つことが、色々な知恵や聡明さを生むもとにある

陋劣…卑劣であること

天定まって人に勝つ…一時は悪人が栄えることがあったとしても、天の道理が整えば、悪は滅び、善が勝つ。『史記』の中の言葉。正確には、「天定まって亦能く（またよく）人に勝つ」

蛟竜…中国の想像上の動物である「みずち」のことで、竜になる前の幼生。転じて、時運がなく、志を得ていない豪

五九、心に緩みがあれば、すなわち過ちが多い。銀行員は絶えず緊張を保ち、造次顛沛《ぞうじてんぱい》※つかのまも油断があってはならない。

六〇、かつまた驕《おご》らず、慢心せず、常に戒慎《かいしん》※を怠ってはならない。職にあるものは終生、修業中と心得るべきである。

六一、静かに急げよとは、銀行家がつねに忘れてはならない金言であって、簡潔かつ明瞭である。

六二、急ぐことは過ちの原因であって、勉《つと》めて倦《う》まない※ことが大切である。いわゆる人の一生は、重き荷を負って遠い道を行くが如し。

六三、「蝸牛《かたつむり》そろそろ登れ富士の山」※。

銀行家は、怯懦《きょうだ》※に陥ってはならない、ただそれは用意周到になるべきということである。昔の剣士のように、心に一寸の隙もないことを必要とする。

六四、およそ、人が混同しやすいものは概ね左のとおり。

自由と我儘、自由と放任、活発と乱暴、謙遜と卑屈、慎重と優柔、果断と短慮、温厚と因循《いんじゅん》、勇気と粗暴、磊落《らいらく》※と放縦《ほうじゅう》※、鋭敏と軽率、機智と狡猾《こうかつ》、監督と干渉、調査※と繁文《はんぶん》※、施与《せよ》※と売名、自信と強情、意見と

傑。「蛟竜雲雨を得」で、英雄豪傑が時運を得て、その才能を発揮すること

「君子は坦々蕩々……とこしえに戚々である」…人格者は穏やかでのんびりしている。取るに足らない人物はいつまでも心配事が絶えない。

深慮遠謀…遠い将来のことまで考えて、抜かりのない計画を立てること

造次顛沛…わずかの間

戒慎…戒め、慎むこと。気を付け、用心すること

倦まない…あきて嫌にならない

蝸牛そろそろ登れ富士の山…小林一茶の句

怯懦…臆病で意志が弱いこと

磊落…気が大きく、小事にこだわらないこと

放縦…わがままなこと

抗議、求助※と強請《きょうせい》※、運用と濫用、説明と遁辞《とんじ》※、希望と不平、自信と自惚《うぬぼれ》。

六五、　清廉潔白の人は他人を受け入れる量に乏しく、聴明鋭敏な人は明を用い過ぎる嫌いがある。直情径行《ちょくじょうけいこう》の人は正面衝突のおそれがある。寛仁大度《かんじんたいど》※の人は決断する勇気を欠き、正直な人は機微※を見落とす憾《うら》※みがある。もとより天稟《てんぴん》※であるといっても、人は適切に一方に偏ることなく、自己の長短を省み、中正を考えるべきである。バランスの取れないものは必ず傾転《けいてん》※する。

六六、　人の己れに対する忠告または噂は、全部を聴くべきである。その結果、その半ばを採用すべきである、おそらく、間違っていないことだろう。

六七、　追悔《ついかい》※は向上の第一歩であって、奮闘の第一段である。

六八、　銀行内部のことは、一切家族に語るべきでない。害あって益はない。これと同時に家族からの銀行に関する依頼、その他の容喙《ようかい》※には一切、耳を貸してはならない。

六九、　容儀《ようぎ》※がどうであるかは、銀行内部を推測される材料となる。つ

調査…あることを明確にするために調べること
繁文…細々して煩わしいこと
施与…恵み、与えること
求助…助けを求めること
強請…無理やりに頼むこと。ゆすり
遁辞…責任逃れのために言う逃げ口上
寛仁大度…寛大で慈悲深く、度量が大きいこと
機微…微妙な事情や趣き
憾み…残念な点
天稟…生まれつきの性質
傾転…傾き、転がること
追悔…後になって悔むこと
容喙…口を出すこと
容儀…礼儀作法にかなった姿や態度

とめて端正でいるべきである。

七〇、言葉は人格の表現である。注意すべきである。

解題

金融機関役職員は、愚直なくらい普段からの行いを慎むべきであることを説いている。行動、言葉遣い、服装などあらゆる分野に著者の目配りがされている。

昨今、預金取扱金融機関であっても、ハイリスク・ハイリターンを許容するかのような見方があるが、著者は、後の章でもサウンドバンキング、プルーデントな業務運営を説いている。リスク管理能力が高いとはどういうことか、個々の金融機関役職員の素行や普段の言葉遣いや身なりから説き起こすことで、金融機関の組織文化、役職員の心構え、生活から慎重でなくては、業務運営もそのようにできないことを著者は述べている。

金融機関では、こうしたことはコンプライアンスなどによりチェックされることも増えているが、それ以前に、社是、創業訓、どのような金融機関でありたいかということを掲げた中期計画などに謳われることが多い。

ルールを作るよりも人格陶冶することが、お客様から信頼され、営業にもよい効果が出てくる近道であることは、成功した経営者が常に説くところである。

第四章　行員の待遇および心得

本章のポイント

金融機関職員が日々心すべき軸を説いている。大きな仕事は最初からできるものではなく、志を立てて、日々現場で一つ一つのことを悩みながら解決する過程を経ることが大切だ。組織はそうした職員を応援し、支店長などの役席はそれを導くものである。それ以外に金融機関が顧客からの信用を築く道はない。

功名にはやらず、自らの実力を磨く　雋語第四章　一〜一四

ここでのメッセージ　金融機関職員に対し、金融機関の信用とは、つまりは職員の信用、信義であることを説き、一人一人が功名心にはやらず、顧客のために誠実に働くことこそ、金融機関の礎であると説く。順境も逆境

も楽しむべし。

一、　役員を選定するにあたり、長年功労ある行員を抜擢《ばってき》することは、真に人を遇する道であって、本人に責任を感じさせることはもちろん、一般行員の奨励となり、奮発※となり、有形無形に能率を増進するところが大である。

二、　また、上役が行員の存在を認めることは、本人の奮発心および向上心を導く効果が極めて大きい。加えて、誠実で職務に熱心な者は、その存在を認められないことは決してない。受持の仕事をきっちりこなすことが試金石《しきんせき》※である。

三、　上役が絶えず人材を求める程度は、むしろ行員が上達を求める欲《よく》念《ねん》※以上のものがある。行員はまず上役を信じよ。そうすればやがて自分も信じられることになるであろう。

四、　人に功名心があるのは通有性《つうゆうせい》※であるが、あまりに功を急ぎ、名を売ろうとするため、甚《はなは》だしいのは自家広告《じかこうこく》※に腐心《ふしん》※するものがある。元来広告の多いものは粗製品であり、確実性を欠き、剥げやすいもので

奮発…気力をふるい立たせること
試金石…人の力量を図ったり判断する基準となるもの
欲念…ものを欲しがる気持ち
通有性…一般に共通してある性質
自家広告…自分で自分のことを吹聴すること
腐心…目的を成し遂げようと苦心すること
「大道は無名、上徳は無徳」…大いなる道には名づけるべき道などない。徳の高い人は徳を意識することなどない。

ある。焦らないでも力があれば、その名を求めないでも自《おの》ずとそうなる。老子に曰《いわ》く「大道は無名、上徳は無徳※」と。至言《しげん》というべきである。

五、人間の妙致《みょうち》※は、心を順逆※を超えた所におき、思いを栄枯《えいこ》※を超えた所に立てることである、と言う。

六、また曰《いわ》く「道を得たる人は、順逆共に楽しむ」と。「日々是好日《ひびこれこうじつ》※」という禅の言葉もある。

七、およそ仕事を愛せないものは、仕事に捨てられる。当然に自己の職務を敬愛し、己れの従事する仕事は、自分のものとして働くのがよい。他人のこととして働いても、労多くして効は少ない。禅家《ぜんけ》※が言うところの「随処《ずいしょ》に主となる」※ものか。「我ものと思えば軽し傘の雪」※。

八、もし損失を生じた場合には自分で弁償すべきである、と豪語する者がある、これは一見奇特であるように見えるが、このような人は、常に損失事件にかかわりやすい人である。

九、紳士と紳士でない人との差は、他人より秘密、すなわち徳義上の慎みを守るべき依嘱《いしょく》を受けて、これを守れるか否かにある、という説がある。味わうべき考え方である。「語るなと人に語れば亦《また》人が、又語

（無徳ではなく不徳とされることが多い）

妙致…非常に優れた趣き

順逆…万事がうまく進む順境と、思うようにならない逆境

栄枯…栄えることと衰えること

日々是好日…毎日が人生で最良の日である

禅家…禅寺、禅僧

随処に主となる…どのようなところにあっても自分のこととして考える

「我ものと思えば軽し傘の雪」…傘に積もる雪も、自分のものと考えれば軽く感じる。自分のためであれば苦労も感じないというたとえ。宝井其角の句

「語るなと人に語れば……世の中」…新渡戸稲造『修養』の一節

るなと語る世の中※」。

十、　行員を採用し、またこれを登用するにあたっては、単に学歴のみを重視するのでなく、人物、実力、性行※およびその家庭に注意することが肝要である。

一一、　行員は、わが銀行を愛すること、まさにわが身を愛するのと同様で、全員挙《こぞ》って相互に戒飭《かいちょく》※し、正道を踏み、美風良俗《びふうりょうぞく》※を発揚《はつよう》※し、着実勤勉であり、取引の機密を尊び、規律ある言動を守らないことがあってはならない。銀行の利害得失は、すなわち行員の利害得失である。

一二、　徳は才能の主である。どんな仕事についても親切心のないものは成功しない。

一三、　銀行の信用は、畢竟《ひっきょう》※、その組織を構成する個人の信用の集積であることを忘れるべきでない。

一四、　行員は軽佻浮薄《けいちょうふはく》※を避け、質実剛健の気風を尊び、品性の向上涵養《かんよう》に努め、目前の名利《みょうり》※に走らず、永遠の目的に向って全力を尽くし、一路精進すべきである。畢竟、名は実の賓《ひん》※である。

性行…性格と普段の行動

戒飭…戒め、慎むこと
美風良俗…美しいならわし、良い習慣・風俗
発揚…盛んにすること。盛り上げること

畢竟…つまるところ
軽佻浮薄…浮わついて、行動が軽はずみなこと
名利…名誉と利益
名は実の賓…表に表れる形より、中身が大切であるという中国のことわざ。賓は主たるものに従うもののこと

解題

行員、職員の心得について説く。サラリーマンはポストがなければ大きな仕事ができないので、単なる名誉欲、権力欲は論外としても、上を目指そうとし、そのためにも上司に認めてもらおうとして目立とうとする。その気持ち自体が悪い訳ではないが、功名心が過ぎると、他人を蹴落としたり、ずるいことをしたりして、どんどんずれていくことがある。

それでも上司はちゃんとみているから大丈夫というのが、著者の主張だが、大概はそうだとしても、必ずしも立派な上司ばかりとは限らない。やはり自分に逆らわない部下がかわいいということはある。しかし、そうした情実人事は、横行すると業績の低下という形で次第に顧客からの信用がなくなるので長続きしないというのも事実であろう。

役所など公共部門はそうでないとも考えられるが、役に立たない存在に世の中は厳しい。大蔵省が１３００年以上続いたのは、世の中に必要だったからであり、そうでなければ官庁や公共機関もどんどんなくなるというのが世の中である。

「天網恢恢《てんもうかいかい》疎にして漏らさず」を信じて、目の前の顧客、仕事を、「まあ、これくらいでいいや」ではなく「これしかない」という確信が持てるまでやりきってみよう。きっと仕事人生が変わってくる。そうなると、著者が言う「順境も逆境も楽しめる」境地に達する。

不平を言う者たちへ

雋語第四章　一五〜二七

ここでのメッセージ　不平を述べず、自ら顧みて毎日誠実に努力することと、一方で大きな視野を持つことを説く。しかし、個性が重要で、個性に反してまで無理をしないことが大切であるとも説く。興味をもつことが、不平不満を抱えないコツであり、不平不満は、発奮材料とならなければマイナスしか生まない。

一五、　人は日常の執務については、兀々《こつこつ》と専念して事に当たり、いわゆる「茶裡《さり》、飯裡《はんり》、別処《べっしょ》に向わず」※の心掛けを持つことはもちろんであ

「茶裡、飯裡、別処に向わず」…お茶とご飯から目を離さずに、よそ見をしないでしっかりいただきますという意味

るが、一面で気宇《きう》※を大きくして、あたかも洋上に朝日が昇るのを見るような気持ちでなくてはならない。願わくば、富士の頂上より太平洋を望む心地を持ちたい。明治天皇の御製《ぎょせい》※に「あさみどりすみ渡りたる大空の広きをおのがこころともがな」がある。

一六、　人の心は面のようなもので、それぞれ特異な個性を有する。ゆえに自然に備わる特質を発揮すべきである。己れの個性に適しない他人を模倣することは決して適当でない。毅然として自恃《じじ》※の態度を守るべきである。あたかも金は金である、鉄は鉄である、木は木である、石は石である、という特質を発揮するが如くであり、決して鍍金《ときん》※的迷想を挟んではならない。まさに模倣は自殺である。「明月や烏《からす》は烏、鷺《さぎ》は鷺」※。

一七、　一時の流行はあたかも小鳥飼のようで、その盛衰が速いことは驚くに堪えない。しかし、人情世態《せたい》※は皆このようなものである、精神を統一し、一定の主義方針を守り、自分の本領を失うことがないようにするのがよい。静かに達観すれば、流れるべき流れは、流れつつあるのである。

一八、　不平不満の多くは働かないものの世迷言《よまいごと》である、自信をもって

気宇…気がまえ

御製…天皇のつくった詩文、和歌

自恃…自分自身を頼みにすること

鍍金…めっき

「明月や烏は烏、鷺は鷺」…二宮尊徳『道歌集』の中の句

世態…世の中のありさま

仕事に専念すれば、不平が起きるはずはない。まさに働かなければ食うべからずとの覚悟を持つ必要がある。「好きこそ物の上手なれ」と言うように、興味をもって働くときは、進歩は速かで苦労はなく、かつ働きの中に必ず自分の全人格を認めるようになるはずだ。人格はすなわち力である。

一九、　堪忍《かんにん》※しないで後悔することはあるが、堪忍して後悔することはない。

二〇、　人は働くのも働かないのも、結局は自分の覚悟次第である。すなわち心の置き様、気の持ち様のいかんによる。つまるところ、立つも、倒れるも、生まれるも、死するも、これは皆、自らが求めたものだ。人を殺すものは、勤労でなく煩悶《はんもん》※である。力の限り努力することなしに休養はなく、娯楽はない。「うつし見よ向う心の水鏡、仰ぐも俯すも身よりなす影」。

二一、　やっている事が志と違うということはある。志を抱いていてすら、なおそのようなのであるから、まして志を抱かず、日々目前の不平に囚われつつある者は言うまでもない。このように自信のない者はいか

堪忍…こらえ、我慢すること

煩悶…もだえ苦しむこと

なる機会に遭遇しても、好運を捉えることはできず、到底、本舞台に雄飛する器ではなく、結局落伍者となるほかない者である。

二二、 勇敢で試練を尊ぶ人は、我に八難苦厄《はちなんくやく》※を与えたまえと、神仏に祈願するという。「憂きことのなおこの上に積れかし、まことある身の力をためさん」※。

二三、 不平は、それによって発奮すれば進歩の一階段であり続ける。しかし多くの不平は、自分をいつまでも使用人の境地において考えるところから来る。どうしてそんなに志が小さいのか。新陳代謝は世の習いであり、運命の進路は刻々に展開されつつあり、やがて自分も万人の上に立って一切を主宰し、経営の重任を双肩に担うものと考え、大きな抱負を持って、縁の下の力持であることを覚悟のうえとし、嫌になってはならない。一尺努力すれば一尺の報いがある、百尺努力すれば百尺の報いがある。天は人を遇するのに決して不公平ではない。必ずや未来の光明が輝くであろう。「求めよ、さらば与えられん」。

二四、 不平の多くは自己否認となり、新天地が拓《ひら》かれることはない。人間は当然のこととして他人のために尽くせ。ここに我が活路は開かれ

八難苦厄…八難は八つの災難（飢、渇、寒、暑、水、火、刀。兵）。苦厄は苦労と災い。

「憂きことのなお……ためさん」…辛いことがこの身に降りかかるなら、どんどん降りかかれ。自分の力でどこまでできるか試してみようではないか、という意味。陽明学者・熊沢蕃山の作という説と、戦国武将の山中鹿介の作という説がある。「まことある身」ではなく「限りある身」が本来の句

る。

二五、 借問《しゃもん》する。※不平を言う者よ、いかなる目標を立て、いかなる信念といかなる工夫と、いかなる努力とに基づいて、いかなる良い結果を見ようと求めているのか。現在には当然のように満足し、将来には満足してはいけない。とかく不平と希望とは混同しやすい。人は必ず希望に生きよ。断じて自ら墓穴を掘ることがないように。

二六、 人にもし不平があるなら、既に魔道※の岐路に立っているということだ。深く猛省しなくてはならない。

二七、 ここで、不平を言う者に向かい、まず簡単な注文を試みたい。曰く、四六時中日記をつけることである、思うに、終生日記を怠らない人は超凡《ちょうぼん》※にして意志が強く、忍耐と希望とに富む人である。日常の会計帳※をつける人もまた同じである。

借問…仮の質問

魔道…悪しき道

超凡…凡人より抜きん出ていること。非凡

会計帳…家計簿

解題

サラリーマンというものは例外なく、処遇や人事に対してはもとより、日常の取引先や上司の対応、その発言などに不平不満を言いたくなるものだ。金融機関職員も例外ではない。しかし、それが単に不平不満で終わってしまえば、自らのエネルギーを奪うことになる。発奮の糧、とまでいかなくとも、自分が受けた処遇や言われたことを何か意味あるものとしてとらえ、そう言われる、そうなる意味を考えてみることが重要である。そこまでいけば、そのことはもはや意味のあることであり、不平や不満の対象である嫌なことではなくなるからだ。

人間関係もそうした心構えで対応すれば、大きな摩擦は起きようはずもない。そうした心構えを、著者は「兀々（こつこつ）」.と書いている。北関東のある信用組合の職員手帳には、「兀々（こつこつ）」と大書してある。職員は毎日、その手帳をみて、誠心誠意顧客のために尽くすことを誓うという。

こうした精神性を古いとみる向きもあるが、信なくば立たず、という。迷ったとき、仕事がうまくいかないとき、人生に行き詰ったときに帰れる原点があることは、日常の立ち居振る舞いも規定する。こうしたバックボーンがないと、人生が少しずつずれていき、結果、大きな落とし穴に陥ってしまう例は非常に多い。

運は自らひらけ

雋語第四章　二八～四四

ここでのメッセージ　天命、運命を信じるにしても、自らを信じて努力することも同時に重要である。信じて努力する信仰（＝信念）こそが、健康と並んで成功の秘訣である。

二八、　古語に「人事を尽して天命を待つ」と言う。近頃は、人事を尽さないで天命を待つ棚牡丹党《たなぼた》が多い。いやしくも運命が拓けることを望むのならば、ただ自身の腕を頼みとするほかないことを知れ。「天は自ら助くる人を助く※」。

二九、　成功の秘訣は、ただ成功しようとする決意いかんにある。自ら求めて信用を失墜し、行いと言うことが相反するようなことでは、神様も人も共に味方してくれない。

三〇、　自らを鞭打って発奮する気力がなく、まず人に求めようとする

「天は自ら助くる人を助く」…英国の作家であるS・スマイルズの『自助論』の一節

ものは、独立心がない卑怯者であって、将来発達の見込みがない人と知るべきである。おしなべて、成功する人には必ず共通の素質がある。

三一、何人も勇気と、忍耐と、誠意とをもって、要所に力を集中し、必ず成し遂げる信念を固めれば、成功は求めずしてすでに来る。「冬来りなば、春遠からじ」。

三二、たいがい人の成功は、健康、努力、信仰の三者よりなる。

三三、信仰があるものは、よく真理の実行に向い、一路驀進《ばくしん》※し、もって世に勝つ。勝利はすなわち我らの信仰である、信仰は人の天性※に適《かな》い、慰安があり、幸福がある。

三四、信仰は万能に対する不抜《ふばつ》※の信念であって、信じる力は成功の力である。

三五、信仰があれば、迷わず、疑わず、恐れず、すべてに打ち勝つことができる。

三六、純白清浄の心は、信仰より掘り出される。これはすなわち天意※の閃《ひらめ》きである。

三七、信仰は生きるためのものであって、目的ではない。ゆえに宗教

驀進…まっしぐらに進むこと
天性…天から与えられた生まれつきの性質
不抜…変わらないこと
天意…天の心。自然の道理

に縛られる必要はない。

三八、　米国の宗教は活力の素である、ゆえに進取的信念となる。

三九、　わが国の現状は、信念なき散文的人物の集合体というべきか。

四〇、　軽挙妄動《けいきょもうどう》※はもとより戒めるべきであるが、周密※な調査の上、ひとたび信念として固まれば、敢然と万難を排して決行する勇気がないといけない。東郷元帥《げんすい》※が好んで書かれた句に「熟慮断行」とある。

四一、　日月の運行、※四季の循環、これほど堅実な成功のステップはない。堅忍、努力は底力強く、泛々《はんぱん》※たる運命に優るところ大である。しかもその運命というものは「運は練って待て」と言うように、結局は自らの力によって自らの運命を開拓するものであって、理由なく来て、理由なく去るものではない。

四二、　世のいわゆる天才と言われる者も、つまるところ研究努力の結果より生じている。エジソンは言う。「天才は九十九％の流汗である」と。

四三、　僥倖《ぎょうこう》※を期待してはいけない。奇利《きり》※をあてにしていけない。勤《きん》勉力行《べんりっこう》※、漸《ぜん》をもって※大成を期せ。

四四、　茫洋《ぼうよう》たる大海原を、船がいかにして目的地へ進行するかは不可

軽挙妄動…深く考えずに、軽はずみに行動すること
周密…細かな点まで行き届いていること
東郷元帥…東郷平八郎。日露戦争で連合艦隊司令長官として日本海海戦を指揮
日月の運行…月日が進むこと
泛々…川の水が流れる様を示す言葉
僥倖…偶然の幸運
奇利…思いがけない利益
勤勉力行…勤勉に働き、努力して仕事に励むこと
漸をもって…少しずつ進めて

思議なことである。ただこれは、一に羅針盤を信ずることと、機関の正しい努力とによる。

解題

精神論だけでなく、現実の金融機関の日常において、研究努力を怠っては、運命を開拓することはできない。「宿命に耐え、運命と戯れ、使命に生きる」とある財界人が言っているが、生まれ持った宿命は変えようがなく、これには耐えるほかない、しかし、運命は拓くことができるのであり、楽しんで、自ら拓いていくのがよい。そして相応の年齢になれば、自分で思い描いていた通りではないかもしれないが、使命が実感され、それに向かって生き抜く覚悟ができてくる。

そうした使命はどのように形成されるか。結局は、目先の仕事を一生懸命に務めるところからヒントが生まれ、考え方も確立される。さらに大きいのはお客様とのやり取りである。預金者にせよ、借り手企業にせよ、人生の先達たちの思いや考えから学び、自らの使命を自覚していく。金融機関職員の醍醐味はそこにあるという先輩が多い。

気概を持つ　精進忍辱

隻語第四章　四五〜五一

ここでのメッセージ　はつらつとして、気力を充実させ、仕事を務めることが大切である。元気を出すことが大事で、不平や不満を言っても前進はない。こうした見方からすれば上積みも下積みもなく、仕事に軽重はない。辛抱強く務めることが成功のもととなる。

四五、　わが国の今日の青年は、画一教育の通弊※のせいか、ややもすれば意気消沈の色がある。溌剌《はつらつ》とした勇気に欠けるのを残念に思う。この点を米国人に見てみよ。気宇《きう》快活※であって覇気満々、奮闘力に富み、日々に新たであること世界に冠たるものがある。しかも秩序があり、正義があり、かつ合理的である。米国の国運が隆々としているのは、まことに理由がないことではない。人は、米国人を指して拝金宗と言うが、むしろ拝勤宗と言うべきである。勇気に富むものは不幸を知らず、生気《せいき》※の発

通弊…一般に共通して見られる弊害
気宇快活…気がまえが快活
生気…活力。生き生きした気分

するところには青山《せいざん》※がある。

四六、　節度を重んじ秩序を守るのは当然であるが、一面では、あたかも無人の土地を行くような浩然《こうぜん》※とした気概がなくてはならない。また、先頭に立つ勇気がないのが、どうして最近は甚《はなは》だしいのであろうか。

四七、　ある米国教師は、かつてわが学生を鼓舞して言った。Boys! Be ambitious!※と。大いに味わうべきである。願わくば、若くして朽ちる木となってはならない。

四八、　秩序を破壊して不法を行うものは、勇者ではない。秩序のために我慢する勇気がない、単なる怯惰《きょうだ》※の徒輩《とはい》※である。

四九、　任地や担当事務につき、かれこれ言う者は、自分の昇進を自ら阻害するものであって、思うにその父兄と共に覚悟の足りないものである。英国においては何係にいても、何支店にいても、同一事務に勤務年数が長いことをもって誇りとしている。特に、父も、祖父も、この銀行に従事したと言うことは、一層の名誉とするところである。

五〇、　ここにおいて職務に高い低いはなく、適材を適所に配置し、各その担当事務に忠実に、かつ永続的に熟練するものを尊いとし、信用が

青山…自分の骨を埋めるところ
浩然…物事にとらわれない、おおらかな気持ちを表す
ある米国教師…札幌農学校（現・北海道大学）の初代教頭だったW・Sクラーク博士
Boys! Be ambitious!…少年よ、大志を抱け
怯惰…臆病で意志が弱いこと
徒輩…やから、連中

益々厚くなる。もとより待遇もその人によって異なる。まさしく上積みも下積みも、共に同じく重要なる役目を負うものであって、その間に軽重はない。

五一、　他に依存する身分にありながら、忍耐を欠くものは、結局不成功に終わる人である。精進忍辱《にんにく》※は勇※の本義※であって、忍辱の力はその人の伸長に比例する。知るべきである、忍辱は成功の門であると。

忍辱…屈辱や苦しみに耐え忍ぶこと
勇…強い心
本義…本来の意味

解題

米国と比べて、日本の若者に活気がないことを叱咤している。クラーク博士の「少年よ大志を抱け」も例として挙げられている。昭和初期の日本の青年が、明治期や躍進する米国の青年と比べて覇気が実際に見劣りしたのかどうかは何とも言えないが、著者からはそのように見えたのであろう。

人と話すのが苦手で、スマホやコンピュータの画面が得意という最近の金融機関職員を見て、著者はどのように言うであろうか。もともと金融機関は、信用で人と人をつなぐ仕事であり、人とのコミュニケーションこそが信用の出発点であることから、人間嫌いでは金融機関職員は務まらない。人と人をつなぎ、信用を媒介することに対する誇りが、気概にもつながっていくことになる。

そのうえで、当時も今も、人事処遇はサラリーマンの不満の種である。この点、その不満は何の益にもならないし、職務に貴賤がないことも変わりはない。精進忍辱が成功の鍵であることも変わりはない。

成長は段階を踏むもの

隻語第四章　五二～七〇

〈ここでのメッセージ〉収入は、最初は少ないかもしれないが、だんだん人として成長することが重要で、それに従って金銭もついてくる。無駄遣いをせず、かといってけちにならず、物を大事にして、意識して大切に使うことが重要である。

五二、 健実《けんじつ》※な進歩発達は階段的であり、その間、停頓《ていとん》※または下降を

健実…考え方がしっかりしていて確実なこと
停頓…行き詰まって止まること

せず、常に進歩して止まらないことを必要とする。

五三、 人はだんだんと成長し、春秋を重ねるに従い、ますます有望視されるようでなくてはならない。

五四、 いわゆる新思潮※は喜ぶべきものか、悲しむべきものか。人智の進歩か、退歩か。我々はわからない。ただ、かの担板漢《たんばんかん》※の一を知って二を知らないような皮相《ひそう》※に陥ることなく、よく全般を咀嚼《そしゃく》して過誤がないことを望む。マルクスの本場であるドイツにおいては、ほとんどマの字も口にしない現状ではないかと、思わないではいられない。ある人は言う。「マルクスを唱える人は、世界の夜が明けたのを知らない人である」と。

五五、 マルクスは量を説いて質に言及していない。権利を説いて、義務に言及していない。これが彼の成功しなかった理由である。

五六、 かの霊虫《れいちゅう》※である蜜蜂を見たことがないのか。何ら新学問もないが、営々努力してやまない、王を立て、規則あり、秩序あり、賞罰あり、一族のためには犠牲を払い、温順にして同情もある、外敵と戦って勇敢である、精励努力して、嫌になることも怠けることもない。終始一

新思潮…新しい思想の流れ。ここではマルクス主義のことと思われる
担板漢…ものの一面だけを見て、大局を見ることができない人のこと
皮相…うわべしかみていない浅はかな判断のこと
霊虫…神聖で不思議な虫

貫、任務を尽くす。新人だと自ら任ずる者は、果たしてどういう感想を持つだろうか。

五七、　青年諸君、とかく昇給の遅いのに不満を抱くものが多いが、あのナポレオン大帝といえども、かって無昇給のまま七年間、中尉に甘んじたのではなかったか。

五八、　人は常に収入の少ないことを嘆くが、物には皆順序がある。かつ今の世はその少額の収入すら甚だ困難となっている。一般的に、収入増加に従い、知らず知らずのうちに空費《くうひ》※が増えるのは、誰もが自分を省みて否定できないところであり、これは心の緩みである。

五九、　聖賢《せいけん》※、富貴《ふうき》※、皆これ、勉の一字より出現して来る。「道心に衣《え》食《じき》あり、学ぶや禄その中にあり」※、人はあやまって衣食の獄《ごく》※に繋がれてはならない。

六〇、　文明は生活の複雑向上であると言うことがある。収入が増加するのに従い、生活が向上することは必ずしも排斥すべきことではないが、生活の向上は奢侈《しゃし》※を意味しない。故にその分に応じ自律自制を忘れてはならない。まず生産もしくは節約に向かって、懸命の勇《ゆう》※あることが必

空費…無駄遣い
聖賢…知徳が最も優れた聖人と、聖人に次いで知徳のある賢人
富貴…富に恵まれ、地位が高いこと
道心に衣食あり…道を求めて努力を重ねる向上心があれば、必要な衣食住は自ずと付いてくる。天台宗の開祖、最澄の言葉
学ぶや禄その中にあり…学ぶことで人間ができてきて、収入は自ずと得られるようになる。論語の言葉
獄…牢獄、とらわれること
奢侈…ぜいたく
勇…強い心

要である。「大人《だいじん》※は志を養い、小人《しょうじん》※は肉を養う」。

六一、　およそ今時の人は、たとえば時間にせよ、食事をするにせよ、紙を使用するにせよ、あるいは電燈または水を使うにせよ、何事に限らず、浪費を意に介さない風潮がある。心する必要がある。

六二、　ことに時間の空費は金銭を失うよりも、奢侈《しゃし》の度合いが大きいものである、なぜならば時間は再び得ることはできないからである。今日この時は千載《せんざい》の一遇《いちぐう》※である。「逆さまに年は流れず年の暮れ」。

六三、　更に反面より言えば、仕事の前には時間はない。願わくば時間に使われることがあってはならない。

六四、　これを外国に見よ。特にドイツに見よ。その勤勉であって節約すること、一事一物をも無駄にせず、一日一刻をも無駄にせず、すなわち一滴の水も一片の麺麭《めんぽう》※類も粗末にしないことを唯一の信条として、徹底的にこれを実行している。しかも老若男女を問わず、国民みなこの心に帰一《きいつ》※している、この国の強い理由は、まさにここにある。

六五、　ドイツ産業の十戒の第一には「一銭の金を支払うにも、必ずドイツ国のためになる様、注意しないことがあってはならない」と書いて

大人…徳の高い立派な人
小人…徳のない人

千載の一遇…二度と訪れることのない機会、出会い

麺麭…パン類

帰一…一つになること

ある、すなわち一銭の金も国家社会の金であって、積んでは社債となり、株金となり、産業資金となることを言っているのである。

六六、 米国大統領フーヴア氏が一九一九年頃に食糧大臣であった時、節約宣伝の演説中に、日本語を使って「勿体《もったい》ない、冥加《みょうが》が尽きる」※という言葉を引用して、称揚《しょうよう》※したことがあった。その本家本元の現状はどうであろうか、忠孝の二字を某国※に向かって問うのと同じような状態ではないか。

六七、 顧《かえり》みれば、およそわが国民ほど奢侈《しゃし》に流れ、金銭を軽んじ、何物も粗末にし、華に走って実につかず、労せずして収入の多いことを望むなど、本末顛倒するもの宇内《うだい》※に比べるものがない。ましてや大借金国である国の状態については、特に反省しないということがあってはならない。

六八、 空費濫費をするものは謀《はかりごと》を秘密に進めることがなく、志もまた大きくない。到底大事を託すことはできない。

六九、 倹約は、吝《りん》※ではない。よく蓄えて、よく使う方法を知らないようではいけない。経済の要道《ようどう》※は、利用厚生《りようこうせい》※にある。

冥加が尽きる…神仏の加護から見放される。冥加は神仏の加護・恩恵のこと
称揚…ほめたたえること
某国…論語が書かれた中国のこと

宇内…世界

吝…けち
要道…要点
利用厚生…物を役立たせ、世の中を豊かにすること。『書経』の言葉

七〇、節倹《せっけん》※に偏りすぎてはいけない、擬富《ぎふ》※に迷ってもいけない、「人は有るべき様に」。

解題

成長は段階的であること、金銭を大事にして浪費は戒めなければならないが、必要な場合にはけちにならないこと、など金融機関職員の心得を説く。志を立て、段階を踏んで、それを実現する必要がある。その過程で自らを甘やかして、ぜいたくに流れないことが重要である。

金融機関のみならず、すべての職業に言えることであり、基礎段階をおろそかにして、いきなり大きな仕事はできない。金融機関職員であれば、企業の資金の流れ、それを支える制度、慣習、法律、会計、経済、さらにはＩＴの知識は必須であろう。そのうえで、その業界のしきたり、言うまでもなく人情、こうしたことを若いうちに支店の現場で学ぶことこそ一生の財産になる。

節倹…出費を控えて質素にすること
擬富…みせかけの富

行員教育の要諦

集語第四章 七一〜一〇四

ここでのメッセージ 銀行の効率化は人の問題に帰着する、人は実務で鍛えてこそ成長するものであり、学校教育だけでは不十分である、このため行員教育を実地で行うことが重要で、そこでの支店長の役割は大きく、本支店一体となって取り組む必要がある。

七一、 人はややもすれば能率増進を説くに当たり、すぐに人の不足を訴えて口実とすることがあるが、これは質の問題であって、必ずしも数の問題ではない。数が多いと心の弛緩を招き、かえって能率が減退することがある。能率の増進、統制の合理化は、むしろ事態が窮まって初めてその方策が発見される場合が多い。

七二、 米国の繁栄は、誰であっても、いつであっても、何等《なんら》の情実にとらわれず、直ちに解雇できることによって競争心を鼓舞し、もって能率を増進することにあると言われている。

七三、 米国は能率の増進を主眼として、最少の時間により、最大の効果を挙げるべきであると高唱している。人が能率機能を発揮するところに合理化が現われる。

七四、　合理化とは、度合いを計ってうまく処する方法であり、内的、外的、立体的、平面的方法がある。

七五、　なお詳しく言えば、政治の合理化、消費の合理化、経営の合理化、生産の合理化、分配の合理化があるが、今やそこから進んで人間の合理化が必要とされるに至っている、要するに、結局は「人の問題」である。

七六、　わが国の人の能率が低いのは、人口過剰と労賃が低廉であった時代の惰性※である。

七七、　銀行の繁栄は、待遇条件が能率の指標となり、また人材を重用することが必要であることは論じるまでもない。英国の行員は、多くは十五歳くらいから採用し、その後十五ヵ年間は試用で鍛錬させ、三十歳頃より大いに増給、または抜擢することが一般的だと言われている。ちなみに高等学校※の卒業生は、ほとんどの場合、すぐに採用することはない。

惰性…これまでの習慣や流れ

高等学校…戦前の旧制高等学校。現在の大学に相当

七八、　高等学校出身者は、ひとたび学窓を離れると※、読書研鑽を疎《おろそ》かにしてしまう風潮がある。真に実力を養おうとするならば、適切に実地の経験を得ながら、更に潜心《せんしん》※読書すべきである。「街頭より書斎へ」と言うことがある。部屋にいながら世界の情勢、万物の理《ことわり》を知ることができるものとして、読書に優るものはない。

七九、　たとえ高等学校出身者でなくても、広く知識を求め、常識の発達に努め、実務に加えて学修※の心掛けがあるものは、二者を併せ持つこととなり必ず立身出世する。努力は天才を産み、精神の集中により事は必ず成就する。

八〇、　外国の学校では、いかにして実社会に有用な人物を造るかを主眼とし、実務家に学問を授けることが確実かつ効能が多いということで、実務と学問、学問と実務、すなわち学びと鍛えとの二者交互の教養を与えて、鬼に金棒式の方針を採っている。ゆえに日本のように、高等教育を受けたものが就職難を叫ぶことはない。

八一、　わが国では学校と実社会とは何等の関係がなく、単に学校だけの形式的系統を作り、しかも試験地獄の誹《そし》り※がある。「本読みの物知らず」

学窓を離れる…学校を卒業する

潜心…心を落ち着けて、没頭すること

学修…学問を学び修めること

誹り…非難される点

を養成する傾向を免れない。読書の要は自習自得にある。今後の教育制度は、系統の開放はもちろん、実社会で活動する人物を適切に養成することを必要とする。今社会はすぐに役立つ人物を求めている。ドイツの諺には「先ず活きよ」というのがある。

八二、　同じ小僧※上がりと言っても、外国においては実務家に学問を授け、あるいは大学を卒業させ、あるいは博士となれるなど、日本のそれのように指先の修養のみで頭脳の修養がないものとは異なる。銀行の頭取、会社の社長、大学の学長、さらには大統領に至るまで、小僧上がりの例は少なくない。大事なのは第一に人である。

八三、　例を米国大統領の過去の十人の中に見ると、その六人までが小僧上がりである。また、英国五大銀行の頭取のうち、四人までが小僧上がりである。世の中は卒業証明よりも、忍耐克己《こっき》※の人を求める。要は、実力いかんにあるだけだ。

八四、　学問であっても実務であっても、創意ある研究思想を持っていないものは決して成長しない、日々の事務は事務として、仮にも軽んじることがあってはならないのはもちろんであるが、一方では、常に大小

小僧…商店などに奉公している年少の男子。ここでは、高等教育の卒業者でないことを言う

克己…自分の欲望に勝つこと

の意見を上長に提出する意気がないようではいけない。

八五、　行員を陶冶《とうや》※し、常に質実進取の気風を養成することに努めるべきである。節度ある行員がいることは、堅実な銀行であることを証明している。

八六、　本支店上下を通じ、銀行の目的、責務、過去の歴史、現在の状態、将来の帰趨《きすう》、営業方針、事務取扱方法、行員の心得、規律、和《わ》協《きょう》※、研究事項等について常に訓育《くんいく》※を忽《ゆるが》※せにしてはならない。

八七、　本店と支店間、支店と支店間によく渾融《こんゆう》※連絡を保って、協調一致して事に当たることが必要である。方針決定にあたり、本支店の別を挟んではならない。

八八、　時々、幹部主任の会合を催し、事務の打合せや研究を行うことが必要である。ただし、集合すれば、とかく思想や主義主張の問題に触れやすい。思想や主義主張が先鋭化して破滅的状況に瀕する今日、その危険は少なくない。大いに自重自愛して本領※を失わないようにしなくてはならない。「人笛吹けども我踊らず」。

八九、　部、課長および支店長等の支配人は、部下を教育訓練して、速

陶冶…人材を鍛え育てること

和協…仲良くして心をあわせること

訓育…教え育てること

忽せ…おろそかにすること

渾融…一体として溶け合うこと

本領…本来の持ち分

やかに完全なる行員に仕上げる熱心さと、親切さとを欠いてはならない。思うに、それらは上長の負う当然の責務だからである。自己の得た知識、経験および信用調査の結果を後進の者に秘密にするような狭量は、敢然として排すべきである。さらに強い指導力で、一般的に、または人を見て、法を説くべきである。

九〇、　支配人はそもそも一般行員と異なり、人を統御《とうぎょ》※し、ある程度のことを採決する責任のある地位にあるのだから、深く自らの人的要素を錬磨し、勇気ある誠をもって、敢然と事に当たらないといけない。要約すれば、支配人は、行員の学の修養の対象であり、支店運営の万事の本だからである。

九一、　役員が主義方針をあやまることなく善処すべきことはもちろんであるが、これを現実に実施するために各部署の第一線に立っている支配人の任務は、まさに、銀行の盛衰に対してその責任が大きい。

九二、　支配人たるものは、公平であることはもちろん、熱意と、押しの強さと、そのほかに声が明朗であることを必要条件とする。

九三、　およそ部下に対しては、その人を信じて、的確に命ずれば、必

統御…まとめ、支配すること

ずその結果が得られるものである。

九四、　行員の中に、少しでも不良の性質を帯びた者を発見したときは、躊躇なく処置すべきである。これを看過することがあってはならない。地位が進むに従って、不測の大きな災いを招く悔いを残すことになる。「一度盗むものは常に盗む」と言うこともある。

九五、　外国では、もし不正行員を発見した時は、あえて自行の名が世間に知れることをはばからず、公の法の制裁を加えることにして、それによって根絶に努めている。これは、銀行の信用を保持するためである。

九六、　常務役員また銀行員が、一方において自己の事業および商売を兼営することは、多くは弊害を伴う。ことに行員は、絶対にわが道に専念せよ。

九七、　銀行員は、他の会社の設立発起人であるべきでない。禍根《かこん》※はこれから生じる。

九八、　イタリアの首相ムッソリーニ氏は、処世哲学を説いて言った。「男子はすべからく※危険に生きよ」と。何と壮大な言葉だろうか。ただし、銀行家にはそのようなことは禁物である。断じて迷ってはならない。た

禍根…災いが起きる原因

すべからく…必ず

だ、責任をもって進めよとの精神、およびムッソリーニ氏が実行している二十時間勤労の勇ましさには、大いに学ぶ所があってよい。大きな活躍をなそうとするならば、ただ、そのことを力強く行くべきということだ。

九九、　欲望には限りがないが、樹木も決して天まで伸びることはない。良心に背かない言動により、日常を満足すべきである。「常に足ることを知れば足らないことにはならない」、「笠着て暮らせ己が心に※」。

一〇〇、　人生は朝露《ちょうろ》の如し※と言って、無為逸楽《むいいつらく》※にその日を送るものがある。甚《はなは》だしい心得違いである。己れの精神とその事業とは、永《とこし》えであって不老不死である。仮にも生をこの世に受けた以上、国家永遠の事業に対し、大いに働き、大いに貢献すべきことは当然の責務である。

一〇一、　父兄が偉人傑物であったとしても、子弟が必ずしもこれに似るわけではない。世の荒浪《あらなみ》を知らないものに、直ちに要職を与え、これに経営を委ねるのは危険である。世間の道は崎嶇《きく》※として惨風悲雨《さんぷうひう》※が多い。必ず父兄の尊い経験に鑑み、困難に身を投じさせて実力を磨かせ、自ら修練を積ませるべきである。ことわざに「獅子はわが児を千仭《せんじん》の谷に落

「笠着て暮らせ己が心に」…「上見れば望む事のみ多かりき」から続く。高望みしないで、分相応に暮らせという意味のことわざ

人生は朝露の如し…人の一生は短くて、はかないものだということのたとえ。出典は『漢書』

無為逸楽…無為は、何もしないで、ぶらぶらしていること。逸楽はきままに遊び楽しむこと

崎嶇…険しいこと

惨風悲雨…むごい風と悲しみを誘う雨。苦しみの多い生活のたとえ

す」と言うではないか。

一〇二、 昔より「可愛い子には旅させよ」、「愛ある者に鞭打てよ」という諺がある。もとより温室育ちの坊ちゃんは、到底大役に適さない。百練千磨《ひゃくれんせんま》、辛苦艱難《しんくかんなん》※をなめて、初めて千金の値がある。

一〇三、 父兄の支給を受けてのみ学問をした者には、人生の基礎工事として、自給自足、独立生活の精神的実際学を授けるべきである。人の真の愉快は、困難に打ち勝つことによって生まれる。

一〇四、 金《かね》の傀儡《かいらい》※となり、周囲の巧言令色《こうげんれいしょく》※、阿諛追従《あゆついしょう》※に曳《ひ》き回される志の薄い輩《やから》に大切な局面で仕事に当たらせるのは危険である。銀行業者は、脳は最も冷静で、意志は最も鞏固《きょうこ》であり、克己心あるものである必要がある。「信言美ならず、美言信ならず」※とは、銀行業者にとって、ことに服膺《ふくよう》※すべき金言である。

辛苦艱難…苦しみ、苦労すること
傀儡…手先になって、操られる者
巧言令色…口先や顔色で、人を喜ばせ、こびへつらうこと
阿諛追従…おべっか
「信言美ならず、美言信ならず」…信じるべき言葉は、美しいものではない。美しい言葉は信じるに値しない。老子の言葉
服膺…身につける

解題

昭和初期は米国の興隆期であり、旧制高等学校（現在の大学）卒業者が、現在の大学院卒よりはるかに少ないという時代背景が、ここに

書かれたことの前提にある。英国の銀行員がほとんど中学校卒業者だったころだ。

しかし、ここに書かれている内容は、現代にも通じることばかりである。学校を出ただけでは金融機関職員として使い物にならない。信用を通じて社会に貢献するという志を立て、現場で一つ一つの事務、取引を誠実に行い、課題に取り組む。またそれを法律、会計、その他の金融経済理論と照らして学びを深める。その繰り返しを支店長、役席は指導し、本部はそのサポートをもっとも大事な仕事とする。そうした金融機関の在り方こそ、顧客からの信用を獲得する唯一の道である。

昨今の金融機関の新人には、人とのコミュニケーションが得意でないもの、叱られると元気をなくし、病気になるものや退職するものが後を絶たない。社会全体が、「父兄の支給を受けてのみ学問したもの」に近い状況になっている、いや「学問した」ならばまだよい方で、支給のみを受けて、向学心のないものがいかに多くなっているか。

飽食そのものは悪いことではないが、向上心まで減退しているとすると、一個の金融機関のみならず、社会全体が危機にあると思われる。経営者はここを踏まえて経営する必要性が、今の時代になお高まっているのではないか。その改善の足がかりは支店の現場の日常にある。支店長は毎日、営業や現場の職員と対話しているだろうか。日誌に朱を入れているだろうか。本部はそういう支店長を評価しているだろうか。

金融機関にはオーナー系もあるが、そうしたところでもいきなり経営者になることは適切でなく、他の会社や金融機関の現場で苦労することが求められる。このことは取引先の二代目経営者にも言える。「代々初代」。この言葉を忘れてはなるまい。

第五章　銀行と顧客

本章のポイント

金融機関の収益は、顧客から来る。顧客との信用、信頼関係こそ金融機関発展のもとである。顧客との信頼関係は対等で相互的なものであって、一方的に甘くするとか厳しくするとかではなく、平素から必要な情報を共有し、意見交換して、時間をかけて醸成すべきものである。これを小さなことでもゆるがせにすると、そこからズレが生じて、大きな齟齬になりかねない、日常の業務においてこそ、顧客との関係についてよくよく心することが大切である。

顧客との取引の心得

隻語第五章　一〜一六

ここでのメッセージ

預金者も含めて顧客に尽くすことが、金融機関が成

長発展する原点である。しかし癒着は禁物。そのためにも顧客交渉では誠実であることが大事で、駆け引きはすべきではない。特に小切手や手形を振り出せる当座預金取引は、顧客との信頼・信用関係が持続する必要があるので、その開始には慎重を期すべきである。

一、顧客を重んじ、親切を尽くすのは銀行繁昌の本《もと》である。顧客に対し、銀行に行くことが、あたかもクラブに行くような心持にさせるのがよい。

二、親切と危険の引受は、当然ながら混同すべきでない。

三、貸出先を精選するのはもちろん、預金者もまた、同様に選択する必要があると感じる。すなわち、平素から相互の理解と信頼があることが必要である。ことわざに「量よりも質」ということがある。

四、取引を開始するに当たり、当座契約をするのには慎重な選択を要する。これは、すべての取引の関門であって、その良否の影響するところが広く、かつ大きいからである。

五、すべての取引のはじめに当たり、人格、経歴、系統、因縁、仕振、手腕、取引先、資産、信用等を調査し、少しでも疑惑があるものに対しては、取引を開始してはならない。後日、必ず整理する時が来る。

六、　当座取引を開始するに当たっては、相当信用ある人の紹介または保証がある場合であっても、直接申込を受けた場合と同じく、十分な調査をするべきである、また、取引開始を急ぐ者には注意すべきである。

七、　銀行から希望して取引を開始したものと、先方が店頭に来て取引を求めたものとでは、信用上逕庭《けいてい》※があるのは避けられない。生命保険においてもまた同じである。

八、　外国では、当座取引は容易に開始しない。また開始した後は、常にその取引先の内容状態を調査するがゆえに危険が少ない。したがって小切手は一般に、安心して流通されているのである。現に他行の小切手用紙を使用するとしても、何等懸念なく通用している。

九、　公的または内的に不渡りの実績があるものとは、いかなる名義、名称を変用したとしても、取引を開始してはならない。これは銀行の権威を尊重するものであって、併せて自他の安全を保つためである。

一〇、　ある者に対し、早晩危険が来ることに違いないことを感知した

逕庭…違い、へだたり。逕は小路。庭は広場のこと

ときは、まだまだと言わず、現にその危険が目前に横たわっていると見なし、早く回避するのがよい。いわゆる安全第一とはこのことである。

一一、銀行経営の目標を、一言にしてつくせば Safety 1st, Service 2nd, Profit 3rd.（安全第一、奉仕第二、収益第三）である。

一二、顧客の便利を図り、その取扱に親切丁寧であるべきことはもちろんだが、その度を過ぎれば、知らず識らず、軌道を外れることがある。ソロバンの基礎を外れて「勉強」※をするのは、車の心棒が磨滅していくように、自分では分からないものである。平素よく常道《じょうどう》※を守り、みだりに不当な競争に参加することがないことが大事である。

一三、銀行は日常のためにはお上手をするのも※よい、しかし、永い付き合いをするのであれば、断じて、お上手をしてはいけない。まことに意味ある言葉というべきである。

一四、銀行家は交渉に駆け引きを用いてはならない。駆け引きは時を費やし、疑いを挟み、結局、自ら損を招くものである。まして場当たりの間に合わせなどはすべきでない。人に信じられようとするならば、まずは自己を信ずるのが先である。いわゆる、信を以て之《これ》を貫くとは、こ

勉強…商品やサービスを安く提供すること。おまけをすること
常道…常に守るべきやり方
お上手をする…おべっかを言って、相手の機嫌をとること

のことを言っているのである。

一五、　今や各国の外交において、権謀術数《けんぼうじゅっすう》※を弄《ろう》するのは古いやり方に属し、正義正道に基づかなければ必ず失敗すると言われている。

一六、　顧客の要求を拒絶するのはよい、しかし、その拒絶には理由がなければならない。場合によっては十分な説明をするべきである。顧客もまた、単に自分の要求が容れられないと言って、いたずらに不満を抱かず、静かにその理由を考え、自他の将来のため、適切に反省する大きな度量があるべきである。この理解がないものは、顧客もまた、いつかは失敗する素質を持っていると知るべきである。

解題

金融機関の収益は、当然だが顧客との取引から生まれる。このため、顧客サービスとその前提である顧客との信頼・信用こそ、金融機関のもっとも大切なものである。この点がややもすると、金融機関側でも預金者や借り手の側でも忘れられている。

低金利が続く今、預金者との信頼関係、感謝は忘れられていないだ

権謀術数…人を欺く策略。はかりごと

ろうか。一方で、借り手が金利入札をするなど、信頼関係という観点からすれば言語道断とも言えるのではないか。駆け引きなどすべきでなく、またお世辞も長い目でみては得策でないということが、信頼・信用とは何かという深い洞察から書かれている。

顧客の要求を拒絶することも時には必要であるが、その際には理由を十分に説明すべきであるとの指摘も、これこそが信義誠実ということであり、フィデューシャリー・デューティーの道義的基礎はここにある。

低金利が続く時代。まさにそういう時代だからこそ、顧客との長期の信頼・信用関係を維持・発展させた金融機関が、金利上昇時代を迎えたときに生き残る。

現場の一線こそ重要

隻語第五章　一七〜二〇

ここでのメッセージ　顧客満足やCSはよく使われる言葉だが、その本質は、

第一線の担当者の顧客に対する責任感と忠実な事務遂行にある。一見の客にも手を抜かないことが、商売繁盛の基礎である。

一七、 銀行の第一線に立つものは、努めて優秀者を選ぶことが必要である。すなわち機敏にして慇懃《いんぎん》※、かつ愛嬌があり、事務に習熟した者をこれにあてるのがよい。およそ事の成否が決まる要因は、第一線者にある。これは顧客の目に最初に映る銀行の写真だからである。この意味において電話をかける行員もまた、第一線に立つものと心得るべきである。一人の客は百人の客の代表者である。心しないことがあってはならない。

一八、 正当になすべき事を尽くして、相手方に快感と満足とを与える者は、自己の任務を重んじるものであって、併せて自己に忠実なものである。

一九、 外国では、客が気に入った品物がないときは、探した後で、たとえ一品も買い取らない場合であっても、店員はとくに嫌な顔は見せない。これは客本位であるからである。

慇懃…丁寧なこと

二〇、米国には、素見客《すけん》※を大切にせよという標語がある。このようにして、はじめて店は繁昌する。

解題

米国のCSは「顧客満足」ではなく、本来、「顧客不満足」に注意せよ、という意味だとされる。満足した客は、感謝の意を示すなどわかりやすいが、不満足な客はその理由を言わず、黙って来なくなる、このため店側では、その理由に気づくことが難しい。だからこそ注意が必要であるということだ。

理由が不明で、来店客数が落ちている店舗、チャネルについては、徹底して原因究明することが、結局は顧客満足、CSにつながる。顧客目線で見たとき、行きすぎ、足りなさすぎなど、何か顧客満足に欠けるところがあるに違いない。

素見客…ただ見るだけで買わない客

金融機関と借り手は相身互《あいみたが》い

隻語第五章 二一～四一

ここでのメッセージ

預金者保護のためにも、金融機関が借り手の言うままに貸出をすることは適当でない。借り手も借りると同時に返済方法を考えておくべきで、そうした相身互《あいみたが》いの関係こそ、金融機関と顧客双方にとっての発展の道である。こうした関係をつくることができない無謀な経営者（借り手）は、倒産などで早く淘汰されるべき者である。

二一、　得意先のなかには、視点を高いところに置かず、自己に対する便不便のみから直ちに善悪の批判を下すものがあるが、銀行は必ずしも常に不当ではない。すなわち銀行は、永遠に対する方針をもって進まなければならない大責任がある。この点、往々にして、得意先の意見と軒《けん》輊《ち》※を生じる原因である。この辺りのことを十分に理解することを望む。

二二、　預金者と借り手とは全くその意思を異にしている。銀行はサービス提供の前に、まず安全を第一とするので、ことごとく借り主の満足を買うことはできない。人はこれを自己擁護と言うが、実は預金者を擁

軒輊…違い

護しているのである。

二三、 およそ売り手と買い手とは、その立場を異にするのはやむを得ないが、銀行が無理を言っているのか、得意先が無理を言っているのか、いずれにせよ嘆く声を発する場合、それは一回、二回では止まらない。願わくは、人に利益を与え、その結果、おのれが利益を得ることを忘れてはならない。米国の商売が大きく永く繁昌する理由は、まさにこの主義に原因があると言える。

二四、 銀行と顧客とは互扶互助※の間柄にある、さらに反面より言えば、銀行に鞭《むち》を打つものは顧客である、顧客に鞭を打つものは銀行である。

二五、 従来、とかく不満の鞭はあるが、真の鞭を加えるものはない。もし真の鞭であって相互理解があり、感謝の念が生じれば、すなわち共に万代《ばんだい》にわたって安泰である。

二六、 もし顧客が欲するままに金を貸したとすると、それは子供が望むままに菓子を与えるようなものだ。これは果たして親切であろうか。慈愛であろうか。金を多く借りることは、必ずしも他日《たじつ》※の幸福にはならない。

互扶互助…互いに支え、助け合うこと

他日…今後

二七、　銀行は、一方で損をしても、他の一方で儲かれば可であると言うようなものではなく、ひとたび損をすれば、容易に取り返しのつかない手数料商売である。故に一口であっても、その取扱いは忽諸《こつしょ》に付す※べきではない。

二八、　朝に千金を獲るものは、夕に千金を失う。これらは、銀行業とは全くその性質を異にする商売の話である。

二九、　世間は、銀行に対し、貸出を寛大にすべきと強《し》い、また、貸倒れが生じたときは、銀行の放漫を云々《うんぬん》するのが一般的である。しかも、自分自身がその営業の根本に向かって、独自の改善を図り、もしくは自然的努力の道を講ずるものは少ない。金融が便利かどうかは、もちろん営業の消長に大きく関係しているが、自分の本体を養わずに専ら人にのみ求めようとするものに、われらは味方することはできない。「君子は諸を己に求め、小人は諸を人に求む」※。

三〇、　自分本位を捨てて、専《もっぱ》ら他力に頼ろうとするものは、緊縮財政の時代に際して、第一に大なる打撃を受けるものである。

三一、　およそ金を借りようとするものは、同時に返済の方法を考えて

忽諸に付す…軽んじる

「君子は諸を己に求め、小人は諸を人に求む」…『論語』の中の言葉。君子は、起きたことすべてについて自分の責任と考え、小人は不都合なことは他人のせいにする

おくべきである。ただ単に銀行より金を引き出すことのみに腐心※し、銀行を非難攻撃するものは、意図せずして自己の不信を広告するものである。

三二、　銀行は貸金を業としており、活きた資金こそ供給するが、人の失敗の尻拭いをする義務はない。銀行は融資よりも預金の安全を第一とする。

三三、　分不相応の融資を受けながら、行き詰まった結果、さらに救済資金を受けようとするものがある。想像力の欠如が甚《はなは》だしいものではないか。

三四、　銀行の金は預金者の金であって、ただ善良なる注意の下にこれを運転するものなので、顧客も常にそれを心して、大切に使用すべきことは論じるまでもない。

三五、　もし預金者に迷惑を被らせることがあったとすると、それは同時に経済界に波乱を及ぼすものである。

三六、　世の批評家は常に言う。銀行家は一種の高利貸であって、金融業者として産業の発展に資する者ではないと。これは得手勝手※な攻撃に

腐心…目標を成し遂げようと苦心すること

得手勝手…他人のことは考えず、自分の都合ばかり考えること

過ぎない。このように銀行を非難する者が、銀行がどこで確実な投資案件を看過したかを、具体的に明示したことが未だかってないことは遺憾である。銀行家は理由なく石橋を叩く者ではないが、現に英米における貸付は、季節による小口貸付以外は、だいたい担保付を原則としている。社債においてもまた同様である。

三七、　また、世の人は、銀行が損害に引っ掛かったことを厳しく非難するが、銀行に損害を与えた者を責めるのに寛大であるのは、冠履顚倒《かんりてんとう》※の嫌いがある。これまた社会制裁が弛緩している証拠であって、社会制裁の弛緩は、一国の進運を阻害するものである。今やわが国ほど背信、背任行為に対する制裁が寛大であるところはない。ゆえに今日の状態は、嘘に始まり嘘に倒れる状態である。

三八、　借りた金は、必ず返済すれば文句はない。今日の状態は、過当なる借入の行き詰まりであって、融資の梗塞《こうそく》※ではない。貸した銀行が監督を怠った罪もあれば、また銀行を誘って借り過ぎ、しかもこれを不当に使用した事業家も罪は更に大である。

三九、　無謀な経営者に対しては、数年間の計画をもって救済するより

冠履顚倒…上下の順番が逆なこと。冠はかんむり、履は靴

梗塞…ふさがって、つながらないこと

は、むしろ数年間の計画をもって、徐《おもむ》ろに※処分するのがよいと説くものがある。

四〇、　なるほど、破綻するものは破綻し、縮小するものは縮小しなければ、経済界の刷新立ち直りは行われない。もし、弥縫策《びほうさく》※をもって生命を延長すれば、不健全な持ち越しとなる。しかし、これは程度の問題であろう。

四一、　ある債務者は平然として放言する。借金しても心配の必要はない、心配するのは、ただ債権者のみであると。また別の人が言うには、金の無いものに向かって返金の催促をするのは、催促する側の誤りであると。こうした一般精神が改善されない限り、銀行家の改善も多くのことを望むことはできない、まことに浩嘆《こうたん》※の至りではないか。いわんや財産を隠匿して銀行に損失を蒙らせ、それでも平然としているものについてはなおさらである。道義観念が衰退している状況が、今日より甚《はなは》だしいことはない。どうやってこれで国富の増進を図ることができようか。

徐ろに…落ちついて、ゆっくりと

弥縫策…一時的にとりつくろっただけの対策

浩嘆…大いに嘆くこと

解題

低金利が長く続いている現在では、流動性はタダ、との認識が借り手企業に広がり、金利入札を中小企業が行うなど、借り手と金融機関の力関係は、昭和初期とは大きく変わっている。

日本が明治維新以来の人口急増期に、欧米に追いつくため高度成長を続け、戦後それに拍車をかける過程で、資金不足は慢性化し、資金割り当てを日銀や銀行がする時代が長く続いた。それが、高度成長期が終わり、バブルの生成崩壊の時期を経て、人口減少時代に入り、総需要は漸減。成長の時代は終わり、これまでの資本蓄積もあって資金需要は低迷を続けている。

この時代に、借り手と金融機関との間で是々非々の関係を築くことは容易ではない。しかし、信用は、人間社会が始まって以来ずっとあるもので、その本質はそう変わってはいない。貸したものは返してもらえるという信頼があるから貸すのであり、そこに資金不足先と余剰先を仲介する金融機関の存在意義もある。その信用関係は、昔から何ら変わっていない。

中でも預金者は零細な生活資金を金融機関に預けているのであり、だからこそ、元本が返済されないのでは生活に差し支える。このため、金融機関には大きなリスクを取ることを求めてはいない。行政による金融監督、中央銀行へのアクセス、預金保険といったセーフティネットがあるのもこのためである。

一方で、借り手も金融機関も、そうしたセーフティネットに乗ってモラルハザードを起こしては、これも問題が大きい。昭和初期には今と異なりセーフティネットは整備されておらず、銀行破綻も多く、取り付け騒ぎも発生した。一方、現代では、中小企業金融円滑法の施行以来、企業倒産は激減し、2016年の会社更生事件の新規発生は1件のみであった。しかし、極まると逆転が始まるという世のならいを、金融機関は忘れてはなるまい。そうしたときに借り手は、「金のないものに返せとは何事か」と居直る。これも歴史が示している。バブル崩壊時もそうであった。その結果、多くの国民負担が生じた。そうならぬ前に、この章を改めて熟読玩味すべきである。

低金利下において忘れられているが、流動性はタダでなく、借り手と金融機関との間の緊張と信用の関係こそ金融の本質であるということが、当たり前のことながら、とても大事なことである。

一行取引の必要条件　　雋語第五章　四二～五一

ここでのメッセージ　一行取引が理想だが、それは借り手と貸し手の信頼関係が何でも打ち明けられる関係になっていなければ成り立たない。企業倒産もいきなりそうなるのではなく、小さな芽は必ず生じている、普段が大事であり、蓄積作用こそが大きいのである。

四二、　一人一行主義※は理想とする所である。しかし今日の状態は、人と経営とが、そこまで進歩発達しているだろうか。理想の到達には、なお研究の余地が少なからずある。

四三、　平素から、商売および事業の状況、計画等のすべてを銀行に打ち明け、その了解を求めておき、かつ自己の分度《ぶんど》※を守ってこそ、一行主

一人一行主義…一社一行取引

分度…自らの実力をわきまえ、それに応じて生活や経営を行うこと

義を行うことができるのである。単に取引が一行であることだけをもって、経営が行き詰まった場合に、救済をその一行が背負わなくてはならないというようなことは、勝手極まる一行主義であって、すでにその根本観念において大きな誤りがあると言うべきである。

四四、 一行主義は、自分のすべてを銀行に打ち明けることによって、分不相応をほしいままにさせないことにその効果がある。

四五、 一行主義は、銀行が預金の出入と手形取引の状況を知り得て、これによってその借り手や企業の一進一退の本当のところを詳しく知るということである。

四六、 しかし、大会社では、その貸出は到底一行だけでは負担し難い事情がある。その大小によって数行で分担するのもまた一つの方法であるに違いない。この場合には、その数行の間に必ず連絡協調があることが必要である。

四七、 米国は多行取引主義であるが、信用調査を銀行間で交換する制度がある。銀行が、企業によって間隙に乗ぜられる危険を防いでいる。

四八、 商工業者が行き詰まりを来たしたときは、決して糊塗《こと》※せず、あ

糊塗…ごまかして、とりつくろうこと

りのままの事情を銀行に具体的に開示し、救済を求めるよう、注意することが必要である。そうすれば再興の日は必ず来る。

四九、 実業家が弥縫《びほう》※に弥縫を重ね、虚偽に虚偽を重ね、行き詰まった結果、銀行に大きな損害を被らせることは、今日のわが国において一般にみられる大きな弊害である。これは、ひとり銀行だけの罪であろうか。

五〇、 銀行、企業と言わず、個人商店と言わず、弥縫は大禁物である。すべて物は倒れる日に倒れるのではない、すでに遠因※が生じているのであり、そこに近因※が起これば、それを引き金に倒れるのである。

五一、 およそどんな人も平素の用意が大切である。今、百貫※の重さに耐えられない橋があるとする、九十九貫の荷物では異常がなくても、これに一貫を加えたときメリメリと落ちたとしよう。人は一貫のために橋が落ちたと言うだろうが、事実はそうではない、すでに九十九貫の重荷を支えていたがゆえに、わずか一貫のために落ちたのである。また、平素、身体の不養生を重ねた者が、些細《ささい》なことで発病するのと同じである。医者が言う蓄積作用というのはこのことである。休業銀行もまた、それ

弥縫…一時的にとりつくろうこと

遠因…遠い原因。間接的な原因

近因…直接の原因

百貫…３７５キログラム、一貫＝３・７５キログラム

は蓄積作用の類《たぐい》ではないか。

解題

一般に、金融の緩和期には借り手が強くなり、引締期には貸し手である金融機関の立場が強くなる。しかし、新興国のように経済成長が続き、借り手の資金需要が旺盛なときは、慢性的に資金不足となり、金融機関の立場が強く、一行での取引が多くなる。日本の高度成長期には、そうした事態で資金割り当てが行われた。また資金不足のため、都市銀行だけの資金では足りず、都市銀行がメインバンクとなり、地域銀行などが融資に参加した。

戦前も概して資金不足が続いたが、戦争による需要拡大と戦後の需要急減による不況との山谷が大きな景気変動となり、借り手と貸し手の関係も大きな振れがあった。この本が書かれた昭和初期は、第一次大戦後や関東大震災後の復興需要が一段落した大不況期であり、金融機関の倒産が相次いだ時期である。この時期、銀行は、恐慌前は資金需要の不足から借り手に対して極めて弱い立場におかれ、各種の〝勉強〟を図り、これが結局は不良債権になって、倒産に至ったという背景がある。

今日も、企業の平均自己資本比率は大企業では4割以上、中小企業でも2～3割という現状で、人口減少下での資金需要不足は極まっている。また、低金利政策の下で、企業が借り入れを金利入札するという事態になっている。バブル期の教訓から、金融機関が全体として融資規律を緩めるところまでは至っていないとはいえ、一部不動産や収益物件ローンでは過熱もみられる。

ここ数年、企業の金融機関取引数は、一行取引どころか高度成長期以上に著増している。借り手優位のもと、金融機関による企業実態の把握が十分でなくなってはいないか。財務諸表だけで融資判断するスコアリングモデルの失敗は論外としても、企業実態を数字のみでなく、仕入先、売掛先、在庫、経営者や従業員の考えや志など総合的にみて判断すること。これこそが信用の礎であることを、金融機関職員は常に忘れてはなるまい。

第六章　不当競争

本章のポイント

顧客に便宜扱いをするなど公正な競争を阻害する不当な競争は、経済発展を阻害する。また、中小企業については中小銀行が取引をするほうが、よりふさわしいサービスを提供できる。大銀行による預金集めは、中小企業の資金不足を生んでいるとみられる。金融機関は公共的な存在なのだから、協調することも重要である。

「勉強」の真意

隻語第六章　一～八

ここでのメッセージ　金融機関が顧客の便宜を過度に図るような「勉強」は弊害が大きい。公正かつ正当な競争こそ経営発展につながるものである。

一、　競争とはすなわち懸命に努めるものであり、進歩発達を促進するものであるが、不当不正な競争は資本および労力の浪費が多く、社会に害毒を流し、かつ結局、自分の失敗に終わるものである。これはただ銀行のみに起ることではない。今の実業界でそうでないものはない。人は必ず中道を歩むべきである。

二、　銀行が正当なことを言えば、むしろ得意先の機嫌を損うことが多い。ゆえに正当でないと知りつつも、曲げて相手に従うことを常習としている。もとより自信が十分ないことによるとは言え、これがまた不当競争から来ている一つの弊害である。いかなる場合であっても、守るべきは守り、決して安全点を越えてはならない。

三、　銀行は弱いものであると銀行自らもそう認め、周囲のものも自然にこのように信じるに至っている。誠にいわれのないことであって、これもまた不当競争の弊害であると言うべきである。あえて威張ると言っているのではない。ただ当然のこととして、自他のため、決して信念を曲げるべきではない。銀行業者よ、ぜひ、共に信念を強く持つことを期すべきだ。

四、銀行破綻の原因を大別すれば、不当競争による高率預金と、情実因縁による不純貸出と、幹部の不正行為とに帰着する。

五、「勉強」※にも二通りある。商工業者とお互いに提携し、資金供給の利便を図るのは、銀行の当然の職務上、大いに努めるべきであるが、顧客から我儘《わがまま》勝手な無理を強いられ、これに追従することはやってはいけない。金融業は人気商売とは言っても、守るべきは守り、決して悪罵《あくば》冷評《れいひょう》※を恐れるべきでない。不合理な貸出強要のようなことは言うまでもない。たとえば貸借の約束をして、互いに準備をした後に、もし銀行の方から破約※したと仮定しよう。恐らく大問題になるが、借り手である相手方からの破約は何事もない慣習であるように見なされる。これは甚《はなは》だ不道理ではないか。商品売買の契約を取り消すには相当の賠償が必要になるが、銀行関係の取引には未だ賠償があった話を聞かない。また、貸出金に対し、相手方は取り組み後、市場金利の低下した場合や、もしくは手許金の都合により、契約期日内であっても、いつでも返金するのは自由であると心得ているものも少なくない。得意先は義務を守らなくても許される、銀行は絶対に義務を守らなければならないというの

勉強…商品やサービスを安く提供すること。おまけをすること

悪罵冷評…ののしりや冷やかな批評

破約…約束を破ること。契約を取り消すこと

は、片務的であり不思議な現状である。このような損失の埋合わせが自然、廻り廻って第二流物※に対する高利の貸金となり、知らず知らずの間に不良債権化することになる。その他、預金および貸出金利は言うまでもなく、手形入金、手形取立に対する利息の起算日取引※、交換後手形の利用（むしろ悪用）、または振込日および付替日取引※のようなことも含め、種々の不合理な要求を受ける場合が多い。銀行業者は「勉強」の真意を履き違えてはならない。

六、　受入起算日取引のようなことは、事柄としては小さいようで、また当面使う必要がない余裕資金がある場合には、どちらでも金融機関にとって損得がないようにみえるが、決してそうではない。不合理な取扱いは紊乱《びんらん》※の原因となり、自然と一般に不取締につながるものである。

七、　ある人がいう。「某銀行は「勉強」して種々の便利を図ってくれるので、取引銀行に指定すべきである」と。思うにその「勉強」とは、変則的便利を与えるということで、結局、自他の信用の毀損《きそん》に至らないことは稀である。これは「勉強」の意義を履き違えたことによる。

八、　自己を愛するように自己の金融機関を愛する者は、銀行に無理を

第二流物…意味は定かでないが、信用リスクの高い融資対象といったことを指していると思われる。

起算日取引…解題参照（161頁）

振込日および付替日取引…解題参照（162頁）

紊乱…規律のゆがみ、乱れ

強いず、合理的に利益を得ることができるように、取引銀行をも保護することができる者である。いわゆる「己れの欲せざる所は人に施すこと勿れ※」。

解題

本書が書かれた時期は、関東大震災による復興需要が一段落し、昭和に入り震災手形の回収過程で金融恐慌（昭和2年）が起きた直後であり、昭和5年の金解禁、翌昭和6年の金輸出再停止が行われる直前の時期であった。金解禁をめぐっては、大戦前の円高水準（旧平価）で戻り、緊縮的な経済運営をするか、実勢の円安水準（新平価）で復帰するかで激しい政治経済論争が行われた。

この時期、不安定な経済や景気低迷から資金需要は低迷し、金融機関の破綻も続くなど、金融機関間の競争が激しい時代であった。戦前は、戦後と異なり景気変動が大きく、このため好不況の波ごとに資本の弱い金融機関（金融機関数は現在よりはるかに多かった）が経営危機に陥ることが多かったが、護送船団的な政策はなく、預金保険制度

※「己れの欲せざる所は人に施すこと勿れ」…自分が嫌だと思うことは、人にもしてはいけないということ。出典は『論語』

などもなく、金融機関の倒産が頻繁に起こった。

　こうした時代背景の下、不況期には借り手の力が対金融機関では強くなり、借り手優位で金融機関に各種の便宜依頼があったとみられる。こうしたことを背景に、公正な競争の大切さと、情実があると結局相手側もそのことを当然とし、経営が緩み、双方にとって良い結果にならないことが強調されている。

　便宜扱いの例として、起算日取引などが例示されている。起算日取引とは、過去の取引に誤りがあって、修正する場合などに、誤りの発見当日ではなく元の取引の日付で行うことをいう。過去の誤りや不正が介在している可能性があるので異例事務であり、支店は本部に理由を説明することが求められる。これが認められるには、単純な経理処理のミスであることが明らかな場合など、元の取引の日付で処理すべき正当な理由が必要となる。

　起算日取引では、元の日付の原取引の取消（したがって残高更正）と必要があれば正しい取引を行う。6月10日にA氏口座に入金すべきところ、誤ってB氏口座に入金し、6月11日に発見した場合、6月10

日付でB氏口座への入金を取消、B氏の残高を遡って修正、A氏口座に入金し、A氏残高も修正。1日分の利息をB氏への支払いから差し引いて、A氏に支払う。こうした事務上の誤りの訂正であれば問題はないが、取引が行われた日にはその日付で取引を行うのが原則であり、例外を広く認めると事務の堅確性にゆるみが生じ、あとで訂正すればよいとして、支払日当日に資金を落とさないなどという便宜扱いがなされることもありうる。

こうしたことが、顧客からの要請をうけた恣意的な便宜供与の例として挙げられている。「振込日および付替日取引」も、判然とはしないが、同様に実際の取引日に処理せず、振込や本支店の勘定の付替日に遡って、処理をする便宜扱いを指しているとみられる。

現在では、便宜扱いで競争することはコンプライアンスの問題もあり、さすがに少なくなっているかもしれないが、金利競争が激化している中で、顧客に便宜扱いをしていないかどうか、よく注意する必要がある。

業態別の棲み分け

雙語第六章　九～一六

ここでのメッセージ　中小商工業者の多い日本では、業態別による棲み分けも意義がある。大銀行が高金利を武器に預金集めをすることは、一部銀行における資金の余剰、偏在を生み、中小銀行の資金不足、その取引先である中小企業の資金不足につながるため、経済のためにならない。

九、　一流銀行は一流を、二流銀行は二流を守れば、不当競争、混戦状態の弊害を減じることができるのではないか。たとえば中小取引先に対する奪い合いを避け、また一流の大銀行が余裕資金の運用に苦しむ反面では、二、三流銀行は一流銀行に預金が流れて資金流出となっているに違いない。この場合には一流銀行は進んで自ら預金の利下げをして自衛策を講じると同時に、併せてこれら二、三流との調和を図るべきである。

一〇、　一方で余裕資金の運用に苦しむと言いながら、その一方で預金の奪い合いに努めるのは、大銀行らしい態度に欠けるという非難を免れない。

一一、大銀行に資金が偏傾《へんけい》※しているため、市場金利が低下し、そのために二流銀行を二重に圧迫し、困憊《こんぱい》※に陥れた例は数十年前、英国の金融史が示す所であって、自然の趨勢《すうせい》によるものである。ただ強者の態度は大いに慎むべきものがあろう。すなわち、その態度いかんでは、あるいは圧迫、混乱となり、あるいはこれに反して進歩発展の助長ともなりうる。あたかも自国に優秀な軍艦を有していることを理由に、国際的に横暴を盛んに行えば、世界は常に修羅《しゅら》の巷《ちまた》※となる。ところがこれを善用すれば、うまく世界の平和を保維《ほい》※できるのと同じである。驕《おご》れるものの久しからず※、天は盈《み》つるに禍《わざわい》す。※

一二、中小商工業者に対する金融機関は、大銀行よりも、それ相当の中小機関が担うのが適当である。直ちに英国のビッグ・ファイブ※を理想として、これに対峙《たいじ》※していこうという勇気は賞賛すべきであるが、わが国の国情と気風とに照らすと、いささか時期尚早ではないか。現に英国において、小事業家は大銀行に対し不平があり、ましてわが国のような小さな商工業組織においては、到底、大銀行のみによることはできない。ただ望彼らを援護するのは、むしろ中小銀行の帯びている使命である。ただ望

偏傾…一方に偏っていること
困憊…困難
修羅の巷…修羅場。激しい戦いが行われている場所
保維…現状のまま変えないこと
驕れるもの久しからず…自分の地位や権利を笠に着て威張りちらすものは、近い将来没落する。『平家物語』の冒頭の一文
天は盈つるに禍す…絶頂になるとよくないように行動してしまう
ビッグ・ファイブ…当時の英国の五大銀行。バークレイス、ミッドランド、ロイズ、ウエストミンスター、ナショナル・プロヴィンシャル
対峙…二つの勢力が向かい合って動かないこと

むところは、たとえ中小銀行といえども、確実健全な営業振りをすることである。ここに本末の誤解がないであろうか。

一三、　余裕資金が、中小銀行を通じて中小商工業者を援助することになれば、景気回復し、この因果は循環して、商工業の繁栄を招き、余裕資金もそうなれば憂える必要がないことになる。

一四、　大銀行に預金が偏在することは、世界の大勢であり、必ずしも異常な状態ではない。しかし、その運用において、もし庶民の資金すなわち融資に還元されず、強く大きな一部の債務者にのみ利用されることになれば、大いに考えものであり、金融に普遍性を欠き、中小商工業の存立を脅かすこととなる。もっとも、この資金をもって、真に国家的に助けるべき企業者に提供することは、妨げないだけでなく、むしろ進んでなすべきことである。

一五、　遍在している資金の運用については、大いに慎み、大いに考えないといけない。そうしなければ、時に不景気の助長となり、また、変則に中間景気※を招くこととともなる。

一六、　急激に預金が遍在するときは、資金の運転上も自然に濫用を免

中間景気…一時的なにわか景気

れ難く、結局煩累《はんるい》※の原因となるものが多い。心すべきことである。

解題

昭和初期には、大銀行が高利で預金集めをすることで、資金が偏在し、中小銀行の資金不足が生じ、これが中小銀行の取引先である中小企業の資金不足を生むことが多かった。大銀行は、高利をやめることで預金吸収を緩和し、中小銀行に預金がシフトするようにすべきというのが著者の主張である。

現在のような低金利で資金が余っている場合は、中小金融機関でも資金吸収に困ることはなく、日本経済において蓄積が進み、また財政の散布が続くことで、預金が集まっている。現在からみると当時や高度成長期の慢性的な資金不足は隔世の感がある。しかしながら、競争による貸出金利低下は現在でも起こっており、決済という公共財を提供している金融機関において経営が傾くまで競争することは本末転倒となる可能性は変わっていない。

煩累…わずらわしく、面倒なこと

貸出競争への懸念

隻語第六章　一七～二八

ここでのメッセージ　**取引先の勧誘が行き過ぎることは好ましくない。徳義上問題になるケースもある。他の取引先を奪うような活動も好ましくない。しかし世界情勢をみると、競争は行きつくところまでいかないと協調の動きは出てこないようだ。金融界もそうした動きをたどるのではないか。**

一七、　預金争奪および不当競争防止のため、預金勧誘員を廃止または制限すること、および贈物、その他の誘導方法を廃止または制限することが必要である。宴会による勧誘についても同じである。

一八、　貸出勧誘の目的をもって、行員を外部に派遣することもまた避ける必要がある。貸出競争の弊害も決して尠少《せんしょう》※とは言えない。協調を破るものは預金の競争者だけではなく貸出においても同様である。すべて徳義上の泥棒は互に戒めるべきである。

一九、　せっかくの預金協定によって、ある器に容れられた水を、貸出競争によってドシドシ漏らす愚に陥ることがあってはならない。

尠少…わずか

二〇、敵国多患※がなければ、そのときは亡びると言う、そうではあるが、協調の精神を破り、内輪同士の紛争を生み出すのは内国内患※のみ。亡びなければ不思議である。

二一、例を商品売買に見てみると、買入の競争もさることながら、むしろ売出競争のほうが弊害が多いのではないか。

二二、わが国において手形割引市場が発達していないのは、もし割引手形を市場に出すと、これを端緒として得意先を他の金融機関に奪取される恐れがあるためであるという。これもまた貸出競争の一弊害である。

二三、そもそも銀行は、公共的金融機関であるにかかわらず、互いに不当競争を行って、公共の利害を顧みないことがある、これでは到底、天職を全うすることはできない。

二四、口では企業との一行取引主義を唱えながら、他行の取引先を奪取しようとする現状において、わが国の銀行と得意先との関係に規律がない状態は、根本的な病患である。

二五、職位が低い行員の（他行についての悪口や）流言であっても、内部にとどまることなく、対銀行の問題となるため、注意が必要である。

敵国多患…敵国や、多くのやっかいごと

内国内患…国内に抱える災いごと、問題

二六、　今や世界の大勢は、競争時代より連合提携の時代に移りつつある。国際連盟、不戦条約、欧州経済連合、国際決済銀行など、皆これ思潮※の表現である。経済界の先駆者たるべき銀行家の一考に値するのではないか。

二七、　世界は干戈《かんか》※を収めると同時に、経済戦争に移り、またその行き詰まりや苦痛を脱するために経済連盟となり、さらにはヨーロッパ合衆国建設の議論が出てくるようになった。いわゆる、窮すれば通じる※順序を辿るのか。

二八、　富の偏在、金の偏在、銀の過産、関税の障壁は、世界商売の不況を招来する原因であって、すべて、ものの終局は、普遍的に行きつくところまでいかないと止まらないものである。

思潮…ある時代の支配的な思想の傾向

干戈…たてとほこ、武器のこと

窮すれば通じる…最悪の状況に追い込まれると、かえって道は開ける。中国の古典『易経』の中の言葉

解題　昭和初期の金融機関間の預金集め、貸出における競争の行き過ぎに懸念を示しつつも、当時の世界の情勢に、結局競争は行きつくところまでいかないと協調モードにはならないということを見て、一種の諦

念を述べている。

現在の低金利下における貸出競争においても、肩代わりが見られるほか、業態を越えた低金利競争も見られる。低金利政策による面も大きいが、人口減少による資金需要の低迷の影響が大きいとみられ、構造的な様相にある。

こうした中、地銀合併に対し、独占禁止法適用のあり方についても議論が起こっている。競争問題は古くて新しい問題だが、現在の競争問題は、人口減少社会における地域社会の縮小の中で起こっているという特徴がある。不当競争や便宜による競争は論外としても、需要の構造的な縮小の中で正当なサービス競争では適正利潤が得られないとすれば、マクロ的に金融機関のスムーズな退出を確保する仕組みの議論が今後出てくると思われる。

第七章　銀行と社会

本章のポイント

銀行は、顧客があって成り立つのであり、当然ながら銀行だけで商売が成り立つわけではない。その基礎は顧客との相互の信頼にある。そしてその信頼の土台には、コミュニケーション、相互の実情の理解がある。

顧客、株主との相互理解

隻語第七章一～一〇

ここでのメッセージ

金融機関は、預金者や借り手との信頼、信用関係で成り立っているのであり、金融機関のみで経営が成り立っているわけではないという一見自明のことを強調している。それが失われ、金融機関のみに譲歩を求める顧客、株主も反省すべきであると述べている。そのうえで、経済全体に商業道徳が欠如していることを強く懸念している。

一、　銀行の改善はひとり銀行のみで達成できるものではない。必ずや一般世間の援助がなくてはならない。にもかかわらず今日、破綻銀行の多くを見ると、ひとり銀行のみに罪があるのではなく、周囲の事情により、余儀なくそうなったものが多いと認められる。銀行も周囲も、共に猛省すべきである。

二、　世間の人は平素から銀行を理解し、いたずらに風声鶴唳《ふうせいかくれい》※に驚いてはいけない。狼狽すると自他ともに害を及ぼすことになる。金融界の一角が崩れるとき、一波《いっぱ》は万波《ばんぱ》を生ずる※ものである。銀行が預金者に負う所が大きいのと同様に、預金者もまた、銀行に負う所が大きいと言うべきだ。慎重でなくてはならない。

三、　元来、銀行は顧客に対して、親切な相談所とも言うべきもので、互いに杖《つえ》となり、柱となるべき間柄である。ゆえに相倚《よ》り相援《たす》ける※ことを本旨として、相互に表裏なく、営業の実態を了解してもらうことが必要である。

四、　銀行は営利会社であると同時に、一面、公共機関である。ゆえに

風声鶴唳…風の音や鶴の鳴き声のような、わずかな物音。ささいなことにおびえるたとえで用いる
一波は万波を生ずる…一つの小さい出来事が大きな影響を及ぼすことのたとえ。出典は中国宋代の書物『冷泉夜話』
相倚り相援ける…お互いに頼り、助け合う

収益にのみ没頭することは許されない。この点、顧客もまた利己主義を捨て、圧倒的な立場で銀行に臨まず、株主も高配当を強いず、世間も皮《ひ》相《そう》※の観察に走らず、銀行が安んじて進むことができる道を踏ませることがよい。こうして、平素より口にする「健全」を実際に実現させるべきである。

五、　銀行は質屋業と異なり、商工業者の産業資金を提供する使命を有するが、他人の金を運転するのであるから、安全を第一とするのは当然である。

六、　世の文化は進歩したと言うが、それは物質的文化のことを言うのであって、精神的方面については却って退歩し、とかく嘘の世の中となっていることはまことに浩嘆《こうたん》※すべきことである。信用を基調とする銀行業者は、この間に介在して、いかに対応するべきか迷わざるを得ない。現にこのたびの恐慌※も、見方によれば嘘の行き詰まりであると言う人がいる。米国においては、職業道徳について、同志が大いに講究※している。

七、　外国における物質的文明とは、精神文化の結晶であると思わざるを得ない。しかし、わが国では、これを誤って、心の中にあると言える

皮相…うわべ。物事の表面

浩嘆…ひどく嘆くこと

このたびの恐慌…昭和2年の金融恐慌

講究…物事を深く調べ、意味を明らかにすること

文化の基礎を捨てて、眼前の物質にのみ走ったために、今日の悩みに陥ったのではないか。

八、　商業道徳について論ずべき点は多々あるが、どうしても政治道徳および国民思想ならびに学校教育に論及しないといけなくなり、多岐にわたってしまうので、この点は他日に譲る。もっとも、商業道徳は、日一日とその緊要※であることを高唱※しないわけにはいかない。外国の学校では必ず宗教教育を伴っているが、道徳観念を養うにあたっても、わが国の学校教育はまったく宗教と没交渉《ぼっこうしょう》※である。

九、　一説に、学校に宗教を交えないのが日本の特色であるという。そうであるなら、社会において成人に対する徳育の機関があるかと言うと、遺憾ながら無しと答えるほかない。むしろ、滔々《とうとう》※として道徳を破壊する実物教訓が多いのを悲しむ。

一〇、　今や世を挙げて、一種の運動によらなければ何事も成らない。ここにおいて、白昼公然と収賄が行われるに至っている。正義正道も全く地に墜ちたと言うべきである。外国に比べ、わが国が劣っている点は真摯さを欠くことである。根源の廓清《かくせい》※は、まさに今日の急務である。

緊要…極めて重要なこと
高唱…大きな声で主張すること
没交渉…交渉がないこと
滔々…世間の風潮などが、一方向に流れていく様子を表す
廓清…これまでにたまった悪いものを払い除いて、清めること

解題

金融機関の収益は、顧客である預金者、借り手、預かり資産販売の相手方、そしてこれらお客様にサービスを提供している職員から来るのであり、単独で収益を上げることはできない。こうした一見自明のことが、組織の方向性を考えるときに立ち戻るべき原点である。コスト削減を顧客の便利を低下させる方向で行えば、売上げが落ちるのは当然である。職員の給与を下げれば、サービスの質は劣化する。それをあえて甘受すべき何があるのか。そこまで経営者は考える必要がある。その判断基準は、顧客のため、従業員のため、地域のためになるかどうかである。ある銀行の社長応接室に、渋沢栄一翁の「道徳銀行」の扁額がかかっている。商売は、お客様に対して、正々の旗、堂々の陣で行わねば、長続きはしない。

大正末期から昭和初期にかけて、帝都復興院内部の土地売買を巡る大がかりな贈収賄事件、鉄道省庁内外での汽車会社の贈収賄事件が明らかになった。さらに、大正15年3月には、後に首相となる田中義一・

政友会総裁が、シベリア派兵時に得た金塊を横領したとの疑惑が生じるシベリア金塊事件が発覚した。商業のみならず、政治道徳の回復が叫ばれる世相があったことが本文の背景にある。現在の発展途上国における贈収賄について、当時の日本も同様であったことを忘れてはなるまい。そして、強欲の形をとった資本主義とその維持のための満蒙での権益確保は、太平洋戦争へとつながり、著者の懸念は現実のものになっていった。

金融機関経営において、顧客の徳義に合わない、単なる金儲けの手伝いをすることは適当でないというのが著者の主張である。そうしたことをすると、一時の収益の足しにはなるかもしれないが、支店長や現場では、ここまではいいのだという基準ができ、それが次の貸出、与信でも適用され、次第に収益構造にビルトインされ、やめられなくなる。これが平成のバブルの構造であったし、昭和初期の資本主義が戦争へと突入していく背景であったと思われる。このことを、著者は慧眼により鋭く警告している。

さらに注目すべきは、金融機関と顧客との相互理解が、結局、金融機関が発展する礎《いしずえ》であることを説いている点である。もちろん、金融機関と顧客との相対の相互理解の重要性は言うまでもないが、今日では個別顧客の外にある市場や預金者へのディスクロージャー、金銭教育も重要である。顧客に金融リテラシー、金融機関の経営への理解があると、無理な注文を受けることはないし、説明に大変な時間を要することもない。大事なことは、相互理解にお金と時間をかけることが、結局は近道であるという真実である。

第八章　預金および利息

本章のポイント

預金を調達手段とする金融機関について、預金の付利、一口の規模、預金者などについて留意点を挙げ、流動性リスクが本質にあることを示す。金融機関の資金繰りの行き詰まりは、大口の金融機関預金が継続されないことによる場合が多い。

大口預金、付利と手数料

雙語第八章　一～四

ここでのメッセージ　銀行預金の本質は、流動性にあり、このため大口預金ばかりでは引き出しが集中する可能性が高く、流動性に難がある。一方で、預金から収入を得るためにも手数料については研究の余地がある。

一、　一人または一口の巨額の預金は、一時に資金の増加となることはあるものの、引き出しまたは利率の点において、大きなリスクや負担となる場合が少なくない、このため、受入れにあたっては大いに考慮を要する。

二、　当座預金は無利子であるべきであろうか。その他、各種預金の利率の適否はどうか、また利息を付すべき最低残高の制限等についても研究を要する。その結果は、為替勘定の利息計算方法および起算日にも影響があるに違いない。

三、　英米においては、小額の預金に対して、預金者から手数料を徴収している銀行がある。

四、　英国では、当座預金を無利子として、そのうち一定の据置き通知預金的なものに対してのみ利子を付して、もし残高がその定額を下回るときは、反対に利子を徴収する。要するに、英国の銀行預金は、支払資金の預託であるが、わが国ではそうなっておらず、全くその観念を異にしている。思うに、時勢と共にこれを改められないだろうか。

解題

金融機関の預金は、消費寄託契約とされ、定期でない普通預金や当座預金はいつでも引き出しができる。一方で金融機関は預かった預金を有期の貸出や有価証券に運用するため、借方と貸方の満期はどうしても一致しない。

金融機関経営の根本は、預金が一斉に引き出される可能性は小さいということが前提になっている。この条件が満たされることで、正常な右肩上がりのイールドカーブ（金利の期間ごとの曲線）を前提にすれば、返済期限までの期間が短く、金利が相対的に低い預金を集め、その資金を返済期限までの期間が長く、相対的に金利が高い貸出や有価証券に運用することで、その差額を収益とすることができ、そうした収益から経費を引いたものが利益となる。

ところが、金融機関の信用に不安が生じ、一斉に預金が引き出される（取り付け、という）と、この経営の前提がくずれ、金融機関は貸出の回収や有価証券の売却では預金の引き出しに対する原資を確保できず、流動性不足になり、倒産しかねない。

このため、預金が急激に減少する大口預金ばかりでは金融機関の流動性リスクが高く、流動性管理、期日管理が重要になる。また流動性不足時に他の金融機関から借り入れることができるような与信枠（ライン）設定やコミットメント契約のほか、中央銀行（日銀）から借り入れができるような担保玉の保有や事前の担保差入れが流動性管理の重要な要素となる。

現在、マイナス金利政策のもと、イールドカーブは10年先までマイナス領域にある状況で、預金金利はゼロに張り付いている。一方、イールドカーブがフラットで貸出のデュレーションが3－5年領域にある以上、国内預貸での収益獲得は大変厳しい状況にあると言わざるを得ない。こうした状況で各金融機関は、非金利収入としての手数料収入の増加を企図している。この点、日本の金融機関は、欧米金融機関と比べ、収入全体に占める非金利収入の割合は低い。これは、口座維持手数料や内国為替の手数料が低いためである。

こうしたことの背景には、昭和18年の内国為替決済制度の創設以来、全国ネットワークで為替、決済を効率化したことにより料金差別化をしにくかった歴史や、それでも戦後の規制金利時代には預貸で当然に収益を上げることができたことで、あえて手数料を取る必要がなく、決済にかかる手数料をそれのみで採算管理する必要性が低かった経緯がある。今後に課題を残していると言えよう。

この点、著者は、為替が全国組織ではなく、各銀行間のコルレス契約に基づき相対でなされていた時代を背景に、預金の口座残高による課金など、手数料的な問題意識を鋭く提示している。

フィンテックなどにより為替が相対でも決済できる時代が到来しているが、その手数料体系はいまだ決まっていない。今後、サービス水準を落とすことなく相対での為替が広がり、それによる手数料体系、相対信用、決済リスク管理、マクロでのシステミックリスク管理が問題になると思われるが、そのことは、昭和初期の著者の問題意識がそのまま当てはまることになる。

高金利預金の危険性

雋語第八章　五～二三

ここでのメッセージ　預金の本質は、同時に引き出されないという大数法則にある。信用がなくなれば同時に引き出され、流動性問題となる。いつでも引き出される可能性がある預金を調達手段とする預金取扱金融機関にとって、流動性管理の出発点は、預金についての付利、小口分散、期日管理にある。

五、　まずもって普通商業銀行、貯蓄銀行、勧業および農工銀行、不動産銀行、信託会社※は、それぞれ、その名が示す実体を具備しないことがあってはならない。

六、　わが国はドイツおよびフランスと異なり、英国式の預金銀行であって、預金を資金とするのであるから、預金については常に研究を怠ってはいけない。

七、　預金銀行であることは英国にならっているが、いかんせん、国富および商業経済の進歩ははるかに及ばない。ことに貸出方については、

※普通銀行、貯蓄銀行、勧業および農工銀行、不動産銀行、信託会社…解題参照（187頁）

四囲《しい》※の情況が全く英国と相反し、あたかも木に竹を接いだような観がある。また、わが国の法律制度は、その範を英国から、あるいは米国から、あるいはドイツから採ったものであって、その間、互いに連絡を欠き、お互いに抵触する場合が少なくない。

八、預金の増加を図るために無理をすべきでないことはもちろんであるが、預金銀行である以上、預金はすべての構成の基礎となるものである。

九、高い利子率の預金は一種の粉飾物であって、何ら利益にならないのみならず、かえって大きな損失となり、預金者である富者《ふしゃ》※に犠牲を払うものである。

一〇、預金金利の低下を望むのは、ただ銀行に対してのみではなく、郵便貯金および信託会社に対する預け金の金利についても、同じく引下げを望まざるを得ない。これによって全国の金利を低下させ、金融機関の経営を確実安全に導くためである。

一一、預金金利競争は、百弊※の源であって、しかも容易に矯正し難い点は遺憾である。外国では洗練された常識により、自制力が強く、自他

四囲…まわり、周囲

富者…金持ち

百弊…多くの弊害

ともに慎んでそれを犯さず、かえって他の奉仕※に精励している。

一二、　いわゆる金持ちというものは、当然自分の負担すべきものを無理に免れようとし、しかも、自分が得ようとするものは、普通の人の倍額を強要する癖がある。

一三、　高利率の預金が不可であることは、誰でも知っている。しかも他人に頓着※せず、将来のため大いに自制の勇を揮《ふる》う※のでなければ、あるいは「猿の尻笑い※」に終わらないとは言えない。

一四、　だいたいにおいて、預けるもの、貸すもの、共に高利を貪《むさぼ》るときは、危険が必ずこれに伴う。

一五、　常に高利を貪る預金者は、非常時に際し、最初に恐怖に駆られる人であると思わざるを得ない。この種の預金者は銀行を信じるというよりも、むしろ利息に惚れる人である。寡欲《かよく》※にしてはじめて自重《じちょう》※でいられる。

一六、　高利の預金は、かえって長期間無利息となり、または元本を切り捨てる最悪の事態に陥る危険があるものだ。古諺《こげん》※に「大欲《たいよく》は無欲《むよく》に似たり※」と言うではないか。

奉仕…サービス

頓着…気にかけて、こだわること

勇を揮う…勇気を出して頑張ること

猿の尻笑い…自分の欠点に気がつかないで、他人の欠点を非難したり嘲笑したりする愚かさのたとえ

寡欲…欲が少ないこと

自重…軽はずみなことをしないこと

古諺…古いことわざ

大欲は無欲に似たり…欲が深いと結局は損をすることになり、欲がないのと同じになる

一七、高利の預金は、甘い言葉に釣り込まれる預金者の無知と、金持ちの強欲からなる。

一八、預金の取り付け騒ぎに際し、慎重な態度を持ち、周章《しゅうしょう》※して取り付けをしなかった善良なる預金者、または情誼《じょうぎ》※を守り、預金を少ししか引き出さなかった者が、かえって預金切り捨ての不幸を見たと嘆くものがある。ゆえに大切なのは、平素からしっかり銀行の良否を甄《けん》別《べつ》※して取引をすることである。即ち優良な銀行であって、自行の経営に確信を持てば、断じて風声鶴唳《ふうせいかくれい》※に驚かされる必要はない。

一九、銀行の良否は、理由もなく数字の多寡のみにて判断するべきでない。実質、経営振りや支払準備の実力がどうであるかこそ正視しなければならない。

二〇、新銀行法※の細則によれば、従来とは貸借や損益の数字の表し方に違いがあって、大いに進歩した。今後はその内容の考査※によって利便を得ることとなるに違いない。

二一、預金者のみならず、借り手もまた貸し手の優良なものを選択する必要があることを忘れてはならない。そうでなければ非常時に際し、

周章…慌てふためくこと

情誼…義理、信頼関係

甄別…区別

風声鶴唳…風の音や鶴の鳴き声のような、わずかな物音。ささいなことにおびえるたとえで用いる

新銀行法…昭和2年に、銀行条例に代えて制定された銀行法。昭和56年に制定された現在の銀行法に対し、旧銀行法と呼ばれているもの

考査…よく調べること

不測の迷惑を受けることがあるに違いない。実例は多くある。

二二、定期預金は、期限前支払いをしない原則を守るべきである。もし期限前に支払えば、これは定期預金ではない。

二三、通知預金の通知期間、または最低金額をいかに設定すべきか、改定の必要がある。英国では一ヵ月据置後、七日前の通知となっている。

解題

金融機関は、資金調達と運用の期間の長さにより分類ができる。調達を消費寄託である預金で行うのは預金銀行、現在では預金取扱金融機関という。預金の中でも、いつでも引き出せる普通預金や、手形や小切手などによる資金決済を目的とする当座預金を提供する銀行を普通商業銀行という。それらは預金の満期がなかったり、あっても期間が短いことから、運用サイドも小切手の10日、手形の3－6カ月と短い信用供与とすることで流動性の管理ができる。

貯蓄銀行は定期預金などを調達原資とすることで、より長めの設備資金などを供給できる、一方預金者には、貯蓄手段を提供することになる。勧業および農工銀行、不動産銀行、信託会社などは資金使途が産業用設備、工場設備、農業機械の購入、不動産開発などで、運用期間がより長くなる。このため、それに見合う資金調達は、資本性の資金、債券、長めの定期預金などとすることで調達と運用の期間のミスマッチを小さくできる。預金取扱金融機関を取り上げる前提として、流動性管理の在り方が、資金調達と運用の方法、期間により異なることを理解しておきたい。

そのうえで、預金は、同時には引き出されないという大数法則が金融機関経営の基本にある。ただし一方で、いつでも引き出される可能性はあることから、預金を調達手段とする預金取扱金融機関の流動性管理の出発点は、預金についての付利、小口分散にあることを説いている。また、さらに、預金者も高金利に惑わされたり、金融機関経営の数値だけに頼ることなく、支払準備をしっかり持ったうえで経営がしっかりしている銀行かどうかを実質的に判断すべきであると説いている。

現在では預金取扱金融機関が債券も発行するし、長期の資金も貸し出しているが、流動性管理の基本は変わらない。そのうえで、経営は数字だけでみるべきでなく、数字は必要条件であっても十分条件でないこと、経営の実質判断にあたっては預金者や借り手の実状もしっかりみること、という基本も変わっていない。

金融機関預金と都会での融資

雋語第八章 二四〜三三

ここでのメッセージ　流動性管理の観点から特に注意すべきは、大口で、かつ資金需要が重なるため一斉に引き出しが起こる金融機関間の預金である。地域的な資金偏在から、地域金融機関が都会の金融機関に預金することは経済原理上からは自然であるが、流動性管理には留意すべきである。

二四、　同業者である金融機関からの預金は、無制限に預からないよう、注意を怠るべきでない。かつ利息は低率であることを必要とする。そうでなければ、資金需給の時期が、彼我《ひが》※で同時となって、不慮の犠牲を払

彼我…あちらとこちら

うことが多い。ことに今秋の恐慌に際しては、極めて深甚《しんじん》※な影響が実際に現れた。すなわち同業者である金融機関については、預金、貸金とともに大いに研究して、格段に注意を払う必要がある。その他の金融業者についてもまた同じである。

二五、　コールの取り手すらほとんどなくなるほど資金需要がなくなった際に、都会の銀行は、地方銀行からコールの利率以上である通知預金を預け入れられ、月末に至って引き出される等、むしろ滑稽《こっけい》な形で利用される実例をみることがある。これは、同業者である金融機関の預金は考えものであると言われる理由の一つと思わざるを得ない。

二六、　普通銀行において零細な預金を主として取り扱うことは、一朝《いっちょう》事あるとき、預金者の理解が少なく、一斉引出しのリスクもあるので、その点はよく考える必要もある。しかし、小口預金は平素において、（粘着度が高く）良い預金であると言うことができる一面がある。

二七、　英米の大銀行でも、預金箱を得意先へ配り置くところがある。時間外に預金の受入袋を備え付けるところもある。そうではあるが、これはわが国のように、主として預金集めを目的に行われるものではなく、

深甚…尋常でなく深いこと

一朝…ひとたび

一つの理由は公衆に便利を供することである、今一つの理由は、子供の時から貯蓄心を養成させることにある。

二八、　預金主義は結局、資本金主義に変化すべきと唱えるものが、近頃だんだんと多くなってきた。これは主として、銀行の預金に伴う種々の脅威を感じる点から来ている議論であろう。

二九、　別項に述べたように、同業者である金融機関の預金金利は特に低い必要があるとする理由は、都会銀行には数項前に述べたように、支払準備上または資金運用上、問題があるためである。預ける側の地方銀行も、こうした扱いを承知するべきである。

三〇、　地方の資金が都会に集中することは、相当考慮を要するべきであるが、いかんせん資金を貸し付ける適当な対象物件が地方には乏しいので、都会へ資金が流出するのはやむを得ない。有為の人材が都会に集中するのと同じで、それは自然の勢いであり、その間に境はない。もし、その意義を広く解すれば、地方と都会との間で有無相通ずる※ものであって、何ら非難の必要はないと言うべきである。

三一、　もっとも、これもまた程度の問題であって、地方の産業資金が

※有無相通ずる…一方に有って一方に無いものを、融通し合ってうまくいくこと

枯渇し、しかもその一方で都会において不健全な資金が濫用されることがあるとすれば、大いに考慮する必要がある。ただし、産業が盛んな地方には、必ず資金が流人して来るのは道理であって、また事実である。このため、あえて憂う必要はない。

三二、遠隔の地方銀行が、都会において真摯な相談相手を持つことなく、自ら都会に資金を融資することは、手形において、また担保においても、二流三流以下のもの、もしくは不正品をつかまされるなど危険が多く、失敗の実例が少なくない。しかも、一口の金額はたいてい多額である。

三三、ゆえに地方銀行は、米国のように、都会銀行と親密な連絡を結ぶことで安全となる。

解題

金融機関間の預金は、大口で、資金需要期が重なるため引き出しが一斉になることが多い、流動性リスク管理上、細心の注意が必要である。不良債権問題の時期に破綻した金融機関は、最後に、大口の金融機関預金が期日に継続されないことにより、日銀からの特融を受け、破綻するケースが多かった。

金融機関も企業同様に、表面上は自己資本比率が高くても資金繰りで破綻する。支払準備、流動性管理が重要なゆえんである。最近では、金融機関の外債投資や海外での与信が拡大しており、ドル等外貨調達でも全く同じ問題があることを忘れてはならない。通貨がどうであれ、金融の仕組みは古今東西大きくは変わらない。

今日は、金融緩和が極度に進んでいることから都会のメガバンクでも資金は潤沢にあるので、地域金融機関はメガバンクの劣後債務などを購入はしているが、コールなどでの放出は季節的なものにとどまっている。このため地域金融機関は、シンジケート・ローンに参加して資金を都会の大企業に融資することが盛んになり（ただし、マイナス金利により、その動きは一段落した）、さらに低金利が続く状況では、自ら東京などに支店を開設して、貸出を行う銀行も多くなって来ている。

もっとも、都会では不動産価格下落の影響を受けやすく、担保が劣化する可能性があるほか、取引先になじみがない場合には、信用コストも高いことを忘れてはなるまい。

ペイオフと債務減免、金利引下げ　隻語第八章　三四〜四一

〈ここでのメッセージ〉金融恐慌当時における銀行破綻時の預金カットに対して、借り手側の債務減免や過度な金利引下げ要求はバランスを欠く。預金すなわち流動性の管理は、金利を通じて、金融システム全体、経済全体の問題と関連している。

三四、　銀行破綻時の預金の切り捨ては、万《ばん》やむを得ない※としても、一般の義務観念に及ぼす悪影響は寒心《かんしん》に堪えない※ものがある。ことに目下、世上《せじょう》※で用いられる切捨という言葉は穏当でない。新聞の漫画は言う。「切捨御免」※だと。

三五、　預金切捨の不当を堂々と攻撃する一方、銀行からの借入金は利

万やむを得ない…どうしても
やむを得ない
寒心に堪えない…心配でたまらない
世上…世間
切捨御免…江戸時代に、無礼を働いた農民や町人を、武士は切り捨ててもいいということ

子免除、元金何割減、これが当然の権利であるかのような言動をするものがある。矛盾の極である。

三六、　元来、わが国の金利は高すぎるので、これを引き下げることはいいが、外国とは金融界の事情が異なる点が多い。無理な引下げが適当でないことは、往年の四分利公債※に照らして明らかである。しかも現在は、かえって欧米の金利よりも低位にあり、奇異な現象と言うべきである。

三七、　外国商品に重税を課すのは、かえって国民に高価品を強要する結果となり、勢い金利を高める一因となる。

三八、　また、小銀行の分立は、支払準備の重複により、勢い金利高の一因となると言われている。

三九、　事業が萎縮し、金融が緩慢となり、甚《はなは》だしく金利が低下する場合があるが、もとより常態※と認めることはできない。

四〇、　そうではあるが、金融界の恐慌に鑑み、預金者が銀行を選択した結果、自然と資金が偏って緩慢になることは、必ずしも変態※と見ることはできない。

※四分利公債…解題参照（196頁）
※常態…通常の状態
※変態…異常な状態

四一、　また、金利が高いために事業が興らないということは当たっていない。事業が興らない時は金利は低く、事業が興るときは、金利はしたがって高くなるのが事実である。すなわち、資本の働きは事業家の投資意欲など、金利だけでは決まらない問題である。

解題

　このパラグラフを理解するには、著者がこの本を書いた昭和初期前後の金融情勢について知っておく必要がある。

　日露戦争（明治37－38年、１９０４－１９０５年）後、桂太郎内閣は財政緊縮策と国債不発行主義をとる一方、金融緩和を進め、既発行の５％の利息を付ける国債（５分利債）を「下請銀行組合」（引受シ団）を作って引き受けさせ、別に４分利公債を明治43年（１９１０年）に２回借換え発行した。しかし、その後の第３回目の発行はシ団の了解が得られず、金融緩和が進んでいた国外での発行となり、すなわち英貨と仏貨の４分利公債を発行した。無理な金利引下げで円債の引受けがなされなかったことが、著者の念頭にあったと思われる。

その後、大正3年（1914年）第一次世界大戦後の反動不況、大正12年（1923年）関東大震災後の復興のための財政支出の反動不況から、昭和2年（1927年）には金融恐慌が起こり、銀行が多くつぶれた。このときは預金保険制度もなく、ペイオフが行われて、預金は全額返済されず大きくカットされた。その後、金融機関の信用は大きく損なわれ、金融恐慌後は、預金は大銀行と郵便貯金に集中した。

金融恐慌後は、コール資金は台湾銀行など特殊銀行の取入れが急減してレートが低下し、それにも関わらず市中銀行は恐慌に備えて預金準備として国債保有を増加させていたが、金融恐慌後は、逆に金解禁による金利上昇懸念のため保有を減らしていた。その後、昭和3年の張作霖爆破事件の責任を取り田中義一内閣が総辞職。民政党の浜口雄幸内閣が成立、井上準之助蔵相が、昭和4年（1929年）のウォールストリートでの株価大暴落の後、昭和5年（1930年）に金解禁に踏み切り、金利は急上昇した。

しかし、それも長くは続かず、昭和6年（1931年）には高橋是清が蔵相に就任して金輸出を再び禁止。資本流出を抑えて為替管理を強化し、内外経済を分断、低金利政策が始まり、昭和7年（1932年）には赤字長期国債（歳入補填公債）の発行が決定され、日本銀行引受が始まった。

当初、あくまで臨時異例の措置であり、「日本銀行が引き受けて国庫預金が増加→予算執行により民間へ散布され日銀券が増大→民間資金を潤沢にして景気に好影響を与えてから金融機関へ還流→日本銀行が手持ち国債を売却して資金を回収」というルートが想定されていたが、満州事変などから軍事費拡大となり、そうはならずに第二次世界大戦に突入していく。

著者は昭和2年にこの本を書いているが、金融恐慌時の経済界、政界からの金利引下げ要請に対して、預金カットとのバランスを失しているいることを鋭く指摘している。具体的には書かれていないが、その後の金解禁から高橋財政期の金融緩和、さらには国債の日銀引受けなど、経済界の要請から始まり、そこに留まらず軍備拡張、満州への植民地政策へ展開していくことを予期していたのではないかと思わせる文章である。

第九章　貸出と貸越

本章のポイント

本書で最長の章。金融機関収益の最大の源泉であり、活動の土台をなす貸出は、今も昔も金融機関経営の最大の関心時である。金融機関の破綻は、ほとんどは融資規律の緩みによる不良債権問題に端を発する。本章の問題意識は、現在にも通じるものであり、金融機関の読者のみならず、借り手企業や投資家にとっても、金融の原理を知るうえでとても役に立つ。

不良債権処理先送りの弊害

雋語第九章　一〜八

ここでのメッセージ　不良債権は、信用リスクを看過した過度の融資から生まれ、処理を先送りすると、ますますその額が増えることになる。そし

ていったん不良債権が生じると、その整理には時間がかかる。少額のうちに早く手をつけるべきである。他行が問題ではなく、自行の信念によって行動することが自信につながる。

一、　銀行は一方では預金者を華客《かきゃく》※とすると同時に、また一方では借入主をも大切な顧客とし、これを歓迎することは論ずるまでもないところである。もちろん、借り主があるからこそ営業ができる、そうではあるが、貸借には弊害が伴うことがあり、そのために銀行破綻となることから、刻下《こっか》※の急務として、本書は主としてその害悪を戒め、その利益を説いていないことは、既に緒言に述べたとおりである。決して貸出の拒絶を説くものではない。読者におかれては、真実のあるところをご理解いただくことを望む。

二、　大銀行といえども、遊金※の消化を急ぐあまり、自制心を逸し、常規を逸して低利の貸出を行い、かえって自行全体の貸出利率の低下を誘い、さらに、それだけでなく、他行全体の貸出にも影響を及ぼすことがある。ゆえに遊資※を日本銀行に預け入れて棚上げするのも、また一策で

華客…重要なお客様

刻下…目下。いま現在

遊金…余裕資金

遊資…遊休資金

あると説くものがある。

三、　破綻した金融機関が、日銀からの特融※により救済を得たことはよいとしても、一面でインフレーションを生じたことは反省すべきことである。

四、　米国においては、不良貸付が生じたときは、必ず当該期中に消却を強要される。わが国の不用意、不謹慎な銀行は、往々にしてこれを順次先送りし、ただこれを隠蔽《いんぺい》するのみならず、加えて未収利息を元金に繰込み、既収利息として貸出を増大し、または出納係手許の仮勘定とすることによって、利益に算入し、かえってますます不良債権を増大させてしまう弊害がある。ましてや、一難去って一難来たり、次々にこの種の不良貸出が生じるにいたっては、その害は言うまでもない。元来、ひとたび不良貸出が生じてしまうと、到底、短期間のうちに整理できるものではない。

五、　不良債権および固定債権※が生じた時には、なるべく早く積極的整理を断行すれば、たとえ一時の不評と苦痛はあったとしても、将来の基礎を固めることになるのはもちろん、ひとたび恐慌が来たときには、よ

特融…資金不足に陥った金融機関に対し、信用秩序の維持を目的に、日本銀行が行う特別融資

固定債権…元本返済がなされない債権

くこれに対抗することができる。

六、　苟《いやしく》も※真に改良しようとするならば、他人の振合《ふりあい》※等に頓着※しないで、人は人、我は我という堅い自信をもって邁進するのがよい。

七、　何事にも強い自信を持っていることと、独往独歩※はドイツの国民性であって、同国が強い理由もまたここから胚胎《はいたい》※している。この国が全世界を敵として戦うことができたのは偶然ではない。

八、　某将校が実戦の際の談として言うには、「弾丸雨飛※の間を馳駆《ちく》※しても、弾丸は当たらないという信念を持っているときは、弾丸は決して当たるものではない。その理由はいまなお判明していないが、この自信に対する事実は間違いない」と。思うに、真の自信というものは、万事皆、このようなものにちがいない。

苟も…仮にも
振合…都合、状況
頓着…気にすること
独往独歩…自分の信じる道を一人で歩み進むこと
胚胎…原因となること
弾丸雨飛…弾丸が雨のように飛び交う様子
馳駆…駆け回ること

解題

本書が書かれた昭和金融恐慌時や、平成になってからのバブル崩壊時において、こうした教訓は自明のことであった。しかし、バブル崩壊後、不良債権の処理が終わり、低金利が続く中で企業倒産が歴史的低水準で続くいま、ここに書かれていることは全金融機関の職員が改めて肝に銘じておくべき事柄である。

特に重要なことは取引開始時における十分な審査であり、それは、不良債権化したあとでの事後の回復のコストに比べるとはるかに小さなコストで済む。何事も、良くない芽は小さいうちに積んでおくことが肝要である。そのうえで、仮に不良債権が発生すれば早目に対応することが怪我を大きくしないコツである。

貸出は取引の最初が肝心

雋語第九章　九〜一一

ここでのメッセージ　不良債権は、最初の取引開始のときにその芽がある。不純な動機、不適当な紹介によるべきでないことはもちろん、十分な調査、特に当座預金の出入りの原因チェックが有効である。最初の十分な審査にいくら手間や時間をかけたとしても、事後の対応よりははるかに小さなコストで済む。小口でも大口でも同じことである。

九、取引の当初に、迎合※または結合※など、不純なことが存在する場合には、その結果必ず面倒を生じる。

一〇、貸出は、どんな人の紹介よりも、まずもって、平素の取引帳簿を唯一の紹介者とするべきである。

一一、いかなる場合も、貸出に際しては、その都度、当座取引元帳の参照を怠るべきでない。取引状態を通覧※すれば、必ず首肯《しゅこう》※するところがあるに違いない。その貸出を急ぐため、単に名目上の当座取引を開始するようなことは、仮装※であって真意※に反している。ゆえにこれに類するような貸出は、結果として、多くが回収不能に陥る。

一二、相当の紹介人がいる場合であっても、従来から取引がない先には貸金を行うべきでない。この種の多くは規定に適合しない貸金であって、かつ回収に面倒を来すことになるだろう。

一三、規定に適合しない貸金の紹介人は、全く無責任な人か、そうでなければ大いに信用ある人であったとしても、自ら保証の責任を負い、または自分で貸し付ける勇気がなく、むしろそれを回避しようという意

迎合…相手に気に入られるように、自分の考えを曲げて、相手に合わせること
結合…つながり合うこと
通覧…全体に一通り目を通すこと
首肯…納得すること。うなずくこと
仮装…見せかけ、虚偽
真意…本来の意図

図から銀行に転嫁しようとしている場合が多い。ことに、借り手が資金に行き詰まった際における紹介人は有害無益である。

一四、　貸金の回収に大きな勇気を奮うよりも、むしろ貸出の初めにあたって、拒絶する静かな勇気をもつことだ。

一五、　賢者はまず考えて行い、愚者は行った後から考える。銀行はきちんと一歩先んじて考え、一歩退いて判断を下すべきである。

一六、　不当貸出による禍いの源は、最初の取引開始の際に発生することが少なからずある、最初の応接の際、相手方が信じるに足るべきかどうかの機微《きび》※を察するべきである。

一七、　ただ、ここで注意すべきは、銀行内部の取扱いを知悉《ちしつ》※しているものは、ことさら当座預金の残高を多く置き、破綻の間際になって、急にこれを引き出す場合があることだ。あるいは数行と取引を行い、巧みに繰り回しをして、手形の支払いを少しも遅れず、それによって銀行に安心と油断とを与えるなど、欺く道の達人もいる。某事件のようなことは、その最も顕著な実例である。

一八、　これらの手段は、数行と取引することによって、銀行を欺く手

機微…表面からだけでは分からない微妙な事情、状態
知悉…詳しく知っていること

段として成り立つ。

一九、 およそ人は、常識から考えて「よい」と信じることができれば、是非行うべきである。仮にも不可、と思えば、断じて行うべきでない、必ず意志が強固であることが必要である。最初の一歩を誤れば常識の影が薄くなる。

二〇、 小口の貸出といえども、必ず大口の貸出と同一の注意をもって取り扱い、決して油断があってはならない。およそ銀行の事務は用意周到であり、一事一物であっても、仮にも忽諸《こっしょ》※してはいけない。急ぐべからず、走るべからず。脚下の一歩に注意せよ。「山に躓《つまづ》くなくして垤《てつ》に躓く※」と言うことがある。

二一、 貸出の要求があったときは、その説明以外に、その事項の反対の場合があるであろうことを予想する必要がある。すなわち、表面、側面、半面、裏面の観察をするということである。

忽諸…軽んじる、ないがしろにする

「山に躓くなくして垤に躓く」…垤は蟻塚のこと。山のような大きなものより、蟻塚のような小さなものに躓く。注意しなさいということ。出典は『韓非子』

解題

不良債権の発生を防ぐためには、当座取引の出入りを見ることが重要である。要するに、貸したお金が返済されるかどうかは、そのお金の使途に大きく依存している。資金使途が健全なビジネスであれば、その資金は返済される確率が高くなる。そのためにも資金使途を十分借り手に聞き、すり合わせ、そのビジネスが借り手の客にとって歓迎されるものなのかどうか、それを維持し、価格競争に負けないだけの何か得意なものを借り手が持っているのか、リスクはないか、金融機関の融資担当者が、計数はもちろん、経営者の経営姿勢、従業員の真剣度、社風などと共に、日常から地道にチェックすべきである。

そのためにも貸出期間中は、一定期間ごとに（できれば毎月）資金の出入り、在庫の状況、会社の雰囲気などをチェックし、融資の回収可能性が当初の見込み通りか、そうでなければ改善策を打っているのか、よく見ておくことが必要である。

貸出の最初において、資金使途のチェックに甘さがあったのなら、その原因を徹底的に追求し、その事実を支店長、必要なら本部審査部、役員まで知ったうえで、そこからの貸出の是非の判断をするべきである。金融庁検査や日銀考査では、役員関係融資、口利きの融資はチェックされ、その事情、背景を確認される、自己査定でもこうしたことは点検項目になっている。リスクを覚悟のうえで融資を行うかどうかは、会社法、金融関連法令などに触れない限りは、経営判断の問題になる。店長専決の場合であっても、通常と異なる扱いで特別に貸し出す場合には、本部との相談、認識共有が欠かせない。

大口貸出と小口貸出は、その審査においてチェック項目に大きな差があるわけではなく、資金使途による。ただし、概して大口貸出は複雑なプロジェクトであることが多く、資金返済のキャッシュフローについて、調査項目が多いということは現実にはあると思われる。

また審査にあたって、借り手の財務内容の計数を判断材料とすることは必要だが、それだけでは十分と言えない。著者が言う「側面、半面、裏面の観察」とは、現場に出かけて経営者と話し、在庫を目で見て、その資金使途の内容を実際に確認することであり、またそれを実際に行う従業員とも話すべきである。

財務担当は、会社では裏方である。表は製造業なら工場現場、製造部門、そして営業部門である。金融機関の融資担当は、社長や財務部長はもちろん、工場長、営業部長などとも頻繁に会うことが重要だ。

貸出判断で大切なこと

隻語第九章 二二～三四

ここでのメッセージ **金融機関貸出でもっとも大切で、どのような時代にも不変の真理として、資金使途の確認と、キャッシュフローが回ることの確認がある。そのうえで、貸出全体での信用リスクの分散、小口化が大切である。この点は、担保も同様である。そして何より、借り手との信頼関係を築けるかどうかの確認がすべての礎となる。**

二二、　すべて融資は、担保を確保するよりも、むしろ資金使途を明らかにし、かつ資金が回るものに向かって行うことを必要条件とする。従って、返済の財源およびその方法が明確でないものには貸出をしてはいけない。

二三、　対人信用と対物信用とは、互いに両々《りょうりょう》相まって※効用があるも

両々相まって…両方がお互い補いあって

のなので、決して一方のみに重きを置いてはならない。

二四、遮莫《さも》あれ、※信用の根抵をなすのは、やはり人である。ゆえに仮にも人物に疑いがあるならば、たとえ担保があっても、絶対的な信用を与えるべきでない。ことに現今《げんこん》※のように道義観念が衰退している世の中において、信用金融の発展を望むことは、「木に縁《よ》りて魚《うお》を求むるが如し」※というように、とてもできないことである。

二五、銀行貸出の要諦《ようてい》※は、危険分布※にある。ゆえに担保付の与信であっても、同一商品、同一株券を担保として多量に取得すべきでない。

二六、流行株※または新設の会社の株を担保とすることは慎むべきである。いつか必ず反落の時期が来る。長年の基礎がある事業であって、はじめて配当の確実性がある。かつ市場において、権威と流通性がある株式を選択すべきである。

二七、人は株式の清算相場※を見ないで、空名《くうめい》※もしくは現在の配当率により株価を見定めようとするが、これは世の中の人を誤らせる最大の原因である。

二八、未払込株式を取得したときは、払込の義務がある。また、増資

遮莫あれ…そうであったとしても

現今…いま現在

「木に縁りて魚を求むるが如し」…木に登って魚を捕まえようとするようなもので、見当違いで実現不可能ということ。出典は『孟子』

要諦…大切なこと

危険分布…リスクの分散

流行株…株の中でも注目度が高く、売買量の多い銘柄のこと

清算相場…会社を清算したときの資産額から計算した株価。現在ではゴーイングコンサーンを前提に株価は成り立っているが、当時は倒産が多く、それがここに書かれていることの背景にあると思われる

空名…実際には価値のない、

見せかけの名前

前の株式を取得したときは、新株発行による価格落ちがあることを、思い置くべきである。

二九、 担保の交換にあたっては、最も注意を要する。最初の貸出実行時には、担保を精選吟味しても、次々と交換するに従って、知らず知らずに不良品と入れ替わることがあるからである。

三〇、 担保に対する平素の掛目は、常態を基礎とするがゆえに、もし市場価格に変調を来たす虞《おそ》れがあるときは、その取扱いについて大いに注意すべきである。また担保である商品の暴騰暴落の際は、取引先に対し、深く注意する必要がある。

三一、 たとえ担保がある場合でも、その借り手の性格および力量に適応するか否かを、考察することが肝要である、長期にわたる与信の場合には特にそうである。

三二、 人格は最良の担保であると言うことがある。

三三、 外国では信用のある人ほど、進んで良担保を提供する、わが国は全く反対である。即ち外国では担保となる資産があるがゆえに信用が厚く、わが国では担保となる資産がないことにより、はじめて人物を信用するか否か判断するようになっている。

三四、粒々辛苦《りゅうりゅうしんく》※の結果である資産と、濡手《ぬれて》で粟《あわ》式の富力とは、その信用価値に逕庭《けいてい》※がなくてはならない。

解題

貸出で重要なことが繰り返し書かれている。担保のみで融資判断をすべきではなく、資金使途や借り手の人物が大事であるということである。

そのうえで、注意すべきは担保、特に株式担保についての記述が多いことである。当時は、土地の価格が戦後の高度成長期のように高くなく、抵当権だけでなく、在庫担保や株式担保が多く用いられていた。債権担保もあり、その債権に付随して土地や在庫が担保にされていた例も多い。当時、一流会社の株式はその価値が高いとされ、担保として多用されていた。そこで、あまりに一つの会社の株式や商品を担保にすることのリスクが強調されているわけである。

最近も、担保目的物が貸出対象の事業の成否と密接な関係がある場

粒々辛苦…大変な苦労
逕庭…大きな相違。逕は小路、庭は広場のこと

合には、担保価値がないとされることが多い。例えば銀座の土地であれば常に価値があり、貸出対象の事業の成否と地価との相関関係はないように思われる。一方で在庫担保は、その商品販売が資金使途であれば、その商品が売れなくなれば、貸出の返済はもちろん難しくなるが、担保目的物であるその商品自体の市場価値もなくなるので、担保の意味をなさないことになる。

そうした注意を払ったうえで、著者は借り手の財産形成についても目配りすべきであると述べている。結局、貸出の基本は、借り手の人物をよく知ること。それには財産形成過程も当然含むことになる。

借り手の信用、預金担保

隻語第九章　三六～四六

ここでのメッセージ　投機好きや遊び好きの借り手に深い信用を与えることはできない。さらには借り手の付き合う相手、特に取引先の経営状態も重要な要素である。景気には山谷があり、好景気のときに急拡張した先に

は景気の下降期に必ず調整が来るわけだから。与信は慎重にすべきである。そのほか、取引先の返済遅滞に対する職員の代位弁済の不適切さや、預金担保は例外扱いであることを説いている。

三六、　いわゆるやり手と呼ばれる人は、一度は必ず成功するが、これを恒久に持続する確実性があるかどうかは、思うに疑問である。もともと経済界では、大胆とか利口とかは成功の要素とはならないだけでなく、かえって害がある場合が多い。

三七、　銀行は表面的に派手な仕振りをすることを必要としない、また、裏面をたどる策動※は、無論禁物である。そうだからと言って、因循《いんじゅん》姑《こ》息《そく》※を勧めているのではない、ただ、遠く外に観、近く内に省み、仮にも常識から考えて可であると信ずるものには、昭々《しょうしょう》※にこれを実行すればよいのである。

三八、　およそ貸出をするに当たり、厘毫《りんごう》※も魂胆的な知識※を挾んではならない。もしこれを用いるときは、智者であっても智者にふさわしくない結果が生じる。

策動…ひそかに策略を立て、行動すること
因循姑息…古くからのやり方にこだわって、改善を図らないこと
昭々…すみずみまで明らかなさま、公明正大
厘毫…ごくわずかなこと
魂胆的な知識…策略やたくらみ

三九、　好景気時代に急いで起こされ、または破格の拡張を行った事業に対しては、投資を慎むべきである。一度は必ず整理の時期が来る。

四〇、　貸出その他の取引について、顧客の性行《せいこう》※に注意するのはもちろん、特に投機の常習癖があるもの、および素行が修められていないものには、深い信用を与えることは躊躇《ちゅうちょ》すべきである。

四一、　貸出先の営業現況を知悉《ちしつ》※すべきはもちろんであるが、その人の性行、特にその経歴およびその取引先との因縁系統に遡って調査することは、極めて緊切《きんせつ》※であって、必ず得るところがあることに疑いはない。

四二、　貸出を最後に決定する責任者は、専断即決をしてはならない。必ず係員の調査に付し、然《しか》る後に、冷静に判断することにより、慎重かつ公明な方法とする。決して自分の勢力を示そうとする私心を挟むべきでない。小我《しょうが》※は害あって益はない。

四三、　自己の責任をもって、銀行の資金を大切に取り扱うべきであるのは当然だが、時にはその慎みを越えて、自分の取り扱った貸出において万一支払に故障が生じたとしよう。そこで、直ちに自分が責任を負えば足りると、無雑作に考える人がいる。一見殊勝のようだが、これをし

性行…性格と普段の行動

知悉…隅々まで知ること

緊切…非常に大切なこと

小我…自分のことしか考えない、狭い自我

ばしば行うと、知らず知らずのうちに自分の力ではかなわない無理が生じる。自己の責任を自覚し、これを重んずるものは、軽々《けいけい》に※自分を担ぎ出すものではない。即ち自分と銀行とは同一体であって、自重すべきことは同一であるからである。

四四、　銀行業者の心底は、常に絶対的「イエス」「ノー」であってはいけない。

四五、　定期預金を常に、貸付または貸越の担保とすることは、むしろ変則的な取扱いである。一見して便利な方法のようだが、銀行にとっては有利なものではない。ことに貸越は、あたかも当座預金に定期の利率を附すことと等しく、また、期限内払戻しにも相当する。従って資金の準備上も不利である。まして銀行間の多額のコール取引においては、特にそうしたことが起こっている。思うに、この種の取引は、不利を我慢しつつ、両建によって、その数字が大であると示そうとする虚飾より発する場合が多いのではないか。

四六、　やむを得ずに定期預金を担保として貸し出したときは、その利鞘は、貸金の多寡および方法など、状況のいかんにより段階的に拡大す

軽々に…軽率に。軽い気持ちで

べきものである。

解題

借り手の信用について、預金取扱機関は慎重に見極める必要があることを繰り返し説いている。

借り手の信用の中では、借り手の取引先の状況、取引先（仕入先、納入先）との関係も重要な要素である。借入資金は設備投資のための資金なのか、原材料や消耗品購入のための資金なのか、給与や税金支払いなどのための資金なのかは、その返済原資（設備なら事業における収益、原材料等なら売上、給与などなら究極的には収益だか、短期的には売上など）とともに実行前に確認されるべきである。

このときに、その借り手がどのような取引先と取引し、資金がどのようにどのタイミングでやりとりされるかを知っておくことが、確認の出発点になる。できれば自金融機関の当座預金口座でこれらの資金の出入りをチェックして、その相手方や金額、タイミングを把握すべきである。これにより、借り手の財務担当者との対話もスムーズになる。

結局、こうした地道な調査こそが、借り手の人格や仕事ぶりを知るための近道であり、ゴルフや宴会などの場は、人となりを知るための副次的な手段と考えるべきである。逆に、こうした付き合いには熱心だが、資金の出入りを把握していない経営者、出入りを開示しない経営者には金融機関は注意を要する。

慎重な与信判断のためには、取引先の資金の出入りについての調査は大前提となる。そう考えれば、担当者が資金を立て替えて弁済するようなことが、いかに不適切かは自明なことである。

預金担保貸出は、経済効果としては、預金と貸出金のネットでは一種の預金の期限前払戻しとなるほか、金利次第であるが、長期定期預金を担保とした短期貸付がなされれば、逆ザヤにもなりかねない。このため、こうした扱いは例外的扱いであることを認識し、実行に際しては、必要な事情を明確にしたうえで、利鞘を確保し、借り手のモラルハザードがないようにすべきである。

公明正大であることの重要性　雋語第九章 四七〜七五

ここでのメッセージ 貸出期間が長くとも、途中でいったん手形などの期限が来るはずだから、その際には新規取引の際と同様に、借り手の状況を改めて確認する中間管理が重要である。普段からよくコンタクトしていれば問題はないが、そのコンタクトが癒着になり、借り手に弱みを握られて情実が起こるといったこともある。これはもっとも警戒すべきことである。その防止には、自ら公明正大であることが大事であり、コミュニケーションとしての飲食饗応《きょうおう》（飲食をもって、もてなすこと）についても回数、場所など節度が必要になる。

四七、 とかく、貸出は小口には厳しく、大口に寛容とならざるを得ない。もとより多くの余裕資金を有する場合には、一方で配当を求められる金融機関経営者としては、相当の苦痛があるのはもちろんよく分かるが、焦るのは損のもとである。慎重でなくてはならない。

四八、 また貸出担当者の中には、小口の貸出の取扱いには正直でも、大中口の貸出の取扱いにはかえって正直でないものがいる。この場合は、必ず、情実が伏在《ふくざい》※するものとして、看過《かんか》※すべきでない。

四九、 貸出は、その取組みの時ごとに、全く新しい取引と同様の注意を怠るべきでない。平生から警戒している先であっても、まさか間違いないだろうと油断している間に、取返しのつかない状態に陥ることがある。慎むべきである。

五〇、 貸出その他の取扱いに対し、常に前例を追って、注意を新たにしなかったため、不測の失敗を招くことがある。時々刻々、変転するものに対し、前例の踏襲は、何ら免責の理由とならない。むしろ研究および注意の怠慢を示すものと言うべきである。

五一、 銀行が取引先の悪評を聞き込み、または不審に感じたときは、すでに害毒は取引先の全身に弥漫《びまん》※しているものと知るべきである。行員の悪事についても、また同じである。

五二、 不良債権は金融緩和の時か、または好景気襲来の際に胚胎《はいたい》※することが多いことをよく思いめぐらさなくてはならない。これは、与信が自然と放漫に流れるためである。あの単名手形のようなものも、口で

伏在…見えないところに存在していること
看過…見逃すこと
弥漫…広がっていること
胚胎…原因や兆しが生まれること

はこれを排斥しながら、金融緩和の際には却って歓迎される奇現象がある。やがて周章狼狽《しゅうしょうろうばい》※の時が来るに違いない。無担保コール、無担保社債の濫発の類《たぐい》も、皆同じことである。ゆえに「治に居て乱を忘れず」※と言うのである。

五三、　銀行の業務に関して面談するときは、私宅など銀行以外の場所で行ってはならないのは当然である。もし、この禁を犯したときには、必ず相当の悪い結果を見るに違いない。公明正大は、銀行家が守るべき第一の要義である。

五四、　暮夜《ぼや》※ひそかに支店長や融資担当者の私邸を訪れ、苞苴《ほうしょ》※をして、あるいは置酒狎褻《ちしゅこうせつ》※、いつもこのようにする借り手がいる。これらはまさに、自分の首に白刃《はくじん》を置かれているに等しい。敢然として排すべきである。迷うべきでない。

五五、　借り手である得意先が銀行員に対し、一晩の饗応《きょうおう》※をすることはあるが、よもや一生涯にわたっての饗応はしないであろう。

五六、　頻繁に銀行を訪れて貸出を強要するもの、または私宅を訪ねて借入を依頼するものは、必ずや後患《こうかん》※を残す。

周章狼狽…大いに慌て、うろたえること
「治に居て乱を忘れず」…平和なときにも戦乱の時を忘れず、備えを怠らないということ。出典は『易経』
暮夜…夜。夜分
苞苴…贈りもの。わいろ
置酒…酒席を設けること
狎褻…なれなれしく、みだらなこと
白刃…しらは。さやから抜いた状態の刀
饗応…酒や食事をふるまって、相手をもてなすこと
後患…後になって起こる、煩わしい出来事

五七、　借り手の中で、銀行店舗を相手とせず、銀行員を追って転輾《てんてん》※とし、貸付取引をする店舗を銀行員の転勤に伴って変更するものは、必ず情実が纏綿《てんめん》※しているものである。

五八、　長年にわたって恩誼《おんぎ》を受けた銀行に損害を生み、なおまた、自分の生涯を犠牲にしてまで、どうして一商人、あるいは一友人を庇護する必要があるのか、と問わざるを得ない場合がある。すなわち、一歩の過ち、一時の迷いは、実に恐るべき結果を生じる。しっかりと自分の精神を不動の主座※に安置することが必要である。

六〇、　自分の責任を回避するために、得意先に、たとえ合法ではあっても犯則※知識を与えるようなことは、その罪が大きい。これは己れを欺《あざむ》き、人を欺くものであって、暴露しないことは絶対にない。

六一、　支店の欠損は、本店に対し、隠し事をするより大きいことはない。ここからやがて、恐るべき大悪が生まれることになる。

六二、　隠す人は、日々に自分の銀行から遠ざかって、他人となる。

六三、　某得意先は言う。「銀行の当事者が隠し事をする弱点を持つに至れば、誘惑の手中にいるものである」と。恐るべし、恐るべし。

転輾…めぐり移ること
纏綿…まとわりつくこと
主座…中心となる席
犯則…規則に違反すること

六四、　人が何らかの弱点を持つとき、禍《わざわい》は、必ずそこより生じる、ことに貸金営業である銀行業者においては、その点、最も戒め慎しむことを必要とする。

六五、　真に自身を愛する者は、皎々《こうこう》※とした明月が天空にかかるように、玲瓏透徹《れいろうとうてつ》※の行いをなすことを必要とする。わが心に私心があるときは、他人を疑うことになる。大信大行《たいしんたいぎょう》※の真実から花は咲く。

六六、　一般に貸出の損失は、担保の有無を問わず、調査の疎漏《そろう》※によることが少なくないが、更に大きな原因は、情実に羈束《きそく》※されること、および眼前の利欲に眩惑《げんわく》されること、これである。実に恐れて懼《おそ》れないわけにはいかない。

六七、　融資に一点の情実もなく、明鏡《めいきょう》※に照らして一点の曇りもないならば、恐らく損失を招くことはなく、たとえ回収困難なことがあったとしても、自ら解決の方法があるにちがいない、断じて、これによって銀行の基礎を侵すことはない、ゆえに慎むべきは、情実、誘惑、因縁の三者である。

六八、　もし、義理を果たすため岐路に迷うときがあれば、翻然《ほんぜん》※、己《おのれ》

皎々…明るい様子を表す
玲瓏透徹…美しく、澄んで濁りがないこと
大信大行…しっかりした信念を持ち、それに基づき行動すること
疎漏…手落ちがあること
羈束…つながれ、しばられること
明鏡…曇りのない、よく映る鏡
翻然…急に心を改める様子

を空《むな》しく※して冷静に判断せよ。

六九、 更に大難に遭遇したならば、断乎として職をかければ、その身はすでに高処《たかみ》にある。ここに黎明《れいめい》※がある。勇気百倍にして、はじめて正直に善処することができる。

七〇、 貸出の回収が困難に陥ったときは、いたずらに周章狼狽《しゅうしょうろうばい》※せず、心を平らかにして、静かにこれに対する対策を講ずるべきである。苦心《くしん》惨憺《さんたん》※はよいが、いたずらに自分を見失うことがないように。

七一、 世の中には、自分の目の前の地位を維持しようとするがために、道理や志を曲げて圧迫的魔手に罹《かか》ることがある。危険と言うべきである。

七二、 ここにおいて学識や手腕は第二であり、法律規則もまた、末端なこととなる。ただ根本問題は精神の純真さにある、意志の強固さにある。要するに、誠実であって常識の判断を誤ることがないことが、第一要義である。

七三、 ことに社会の組織の信用が確実でなく、かえって譎詐《けっさ》※誘惑が多い今日の実状においては、たとえ自分に不純の意思がないとしても、一層、牢固不抜《ろうこふばつ》※の精神をもって事に当たらなくてはならない。

己を空しく…欲望や先入観を捨てること
黎明…夜明け
周章狼狽…うろたえ、あわてふためくこと
苦心惨憺…苦労して、いろいろやってみること
譎詐…だまし、いつわること
牢固不抜…固く曲げないこと

七四、　すでに世に悪い定評がある札付きの人物、または一種の反社会的なもの、あるいは常に暗黒の裏社会に策動するものからは、はっきり遠ざかることが安全である。もとより彼らの誹謗《ひぼう》迫害は、これを大所から見れば何ら気にとめる必要はない。

七五、　ほんとうに外部を警戒し、ほんとうに調査しているものには過ちは少なく、これに反して銀行内部と外部の借り手が通じて行った貸出はすこぶる危険である。ゆえに、あまりに外交が巧みで、気の利き過ぎた係員には注意すべきである。これは、ひとり銀行のみの経験ではなく、全企業に該当する。

解題
金融機関の破綻原因の第一が不良債権であることは、古今東西変わりはない。不良債権はどこから生じるか。著者は、「慎むべきは情実、誘惑、因縁」という。最初は小さな緩みが、それが習い性になり、後の大きな緩みになる。金融機関経営で言えば、緩んだ融資による収入がいったん収益にビルトインされると、経営が次からも同じだけの収入を上げることを期待して、やめられなくなる。まして借り手から共犯関係を種に脅かされることがあれば、なおさら後にひけなくなる。信用が腐っていく始まりである。

こうした例は昭和初期もあったし、昭和末期から平成にかけてのバブル期にも多く見られた。最初は小さな汚点だったものが、大きな落とし穴になっていく。それは現場における気の小さな緩みから生じて、それを組織として放置し、追認するところから始まる。会社は頭から腐ることも多いが、現場から腐ることもある。企業経営の難しさがここにある。

取引先との信頼関係のためにコンタクトを増やすことはぜひとも必要である。宴席やゴルフも手段かもしれない。しかし行き過ぎは癒着になる。第三章でも紹介したが、九州のある市長が「密着はよいが癒着はいけない」と言っていた。その頃合いをどう図るのか。著者は、情実、誘惑、因縁を強く戒めている。そのためには、職員一人一人の公明正大こそが近道であり、また、いったん不良債権となったら、冷静に自らを失わず、正直にその扱いを判断すべし、という主張である。

信用の拡大期にはどうしても規律が緩む。それをいかに防ぐか。古くて新しい問題である。

不正防止策、回収の判断

雋語第九章　七六〜九五

ここでのメッセージ　現在の銀行実務にも通じる不正防止の具体的な原則を書いている。また、回収は貸出より難しいとし、担当者による計数などの徹底的な調査と、加えて役席の総合的な判断こそ大切と説く。その判断こそ「銀行家＝バンカー」の存在意義である。そしてその判断は、機を失うことなく果断機敏に行う必要があり、それにより回収額を最大にできる。

七六、　ある不正対策の十則を見ると、左のとおりである。

一、関係する人が多数である事務には、不正は起こりにくい。

二、一事務を管掌することが長きにわたるときは、悪事が成りたちやすい。

三、現金の不正は保管の不備に始まり、厳密なる検査に終わる。帳簿上の不正は、レビューの懈怠《けたい》※に始まり、精確※な決算に終わる。
四、一事務を自分だけで完了できる場合には、往々にして悪事を招く。
五、信頼していても監督を怠ってはいけない。
六、不正の予防は、家庭の調査を第一とし、不正の発見は、素行の調査を近道とする。
七、犯人の数は、犯人の学問の程度に逆比例する。
八、横の検査、縦の検査。※
九、役員および支配人の人格がすべての根源。
一〇、上役に秘密にした行為は、事の大小を問わず、厳重に処罰すべきである。

七七、　すべての貸出金は、必ず当座勘定に振り替えるようにし、決して現金での直払いをするべきでない。これは経験の教えるところである。

七八、　貸金も預金と同じく、勘定台の窓口において取り扱ったものは、公明にして、事故は起きない。

七九、　ある時には特殊な目的のために不相応な貸出を慫慂《しょうよう》※しながら、

懈怠…怠ること。なまけること

精確…綿密で間違いがないこと

横の検査、縦の検査…横の検査とは、検査部、当局など他部署や外部からの検査。縦の検査は、組織内部での上司による検査

慫慂…勧めること

ある時は急遽《きゅうきょ》この回収を迫る。このようなことは取引先を銀行の営業施策上の犠牲とするものである。

八〇、　銀行家は軽挙※に走ってはならず、また俠気※を揮《ふる》うべきでない。蛮勇※も不可であるし、遅疑《ちぎ》※もまた不可である。適切に重厚の実があるのがよい。

八一、　従来の債権可愛さに追貸を行い、知らず知らず深淵《しんえん》※に陥る場合が少なくない。難局に当たるものは深く考慮を尽くし、禍根《かこん》※が深くならないうちに英断を下さないといけない。内部に関係者がいるような貸出の場合はことにそうである。

八二、　誰も最初から無謀な貸出をするわけではない、一歩の誤りが千里の差を生じるのである。借主もまた最初から悪人ではない。ただ、小人窮すれば乱する、※という例に陥っているだけである。ゆえに「終わりを慎むこと始めの如し」※と言う。また、「始めあり終わりあり」とも言う。

八三、　一般的に貸出は容易で、これを回収するのは難しい。更に中途絶縁を決行すること、もしくは損失に執着なく、思い切ってこれを棄てることは、まさに生死浮沈のわかれるところであり、その判断は一層難

軽挙…軽はずみな行動
俠気…強気をくじき、弱気を助ける心。男気
蛮勇…向う見ずな勇気
遅疑…疑ったり迷ったりして、なかなか決断しないこと
深淵…奥深く、底知れない淵
禍根…災いが起きる原因
小人窮すれば乱する…人間ができていない人は、緊急事態に遭遇すると、取り乱して自暴自棄になる。『論語』に「小人窮すればここに濫（みだ）る」とある
「終わりを慎むこと始めの如し」…物事の終わりまで、始めと同じように気を緩めなければ、失敗することはない。「終を慎むこと始の如くなれば、即ち敗事なし」という老子の言葉がある

しいところである。ここに初めて、老練なる銀行家の手腕が必要になる。

八四、　個人としての銀行家は謙譲※温順※であれ。職務に対しては当然のごとく勇敢で、事を断ずるに際して躊躇することがあってはいけない。

八五、　不謹慎な経営、または手形の乱発、あるいは自己振出の小切手を、絶えず甲乙銀行へ交互に入金し、または他人との書合手形※をする等のやり繰りをして、その他、誠意を欠き、自己を愛せず、かえって自己破壊する者に対しては、銀行の自衛と真面目な取引先を擁護するうえからも、この先を処理するのに斟酌《しんしゃく》※する必要はない。ただし、彼らの多くは、己《おのれ》を咎《とが》めずに、人を怨《う》らむ癖があるものと知っておくべきである。

八六、　取引の判断は内的精査と、高所よりの大観とによるようにせよ。この二つの方法を併用すれば、恐らく中庸《ちゅうよう》※を得て、大きな過ちはないであろう。それは、物体が求心力と遠心力とによって中心を保つのと同じである。必ず楯の両面を見るべきである。

八七、　係員は、なるべく詳細な数字等の基礎調査を提供し、そして上役はこれを参考にするが、決してそれに囚《とらわ》れることなく、更に大きな視点から観察し、かつ、これを主義方針に照らして、両々相まって※公正

謙譲…へりくだって、自分を低め、相手を高める姿勢
温順…おとなしく、素直なこと
書合手形…資金繰りに窮した者同士が、商取引に基づかずに相互に発行し合う手形。これを第三者に割り引かせて資金を調達する。融通手形の一種
斟酌…相手の事情や心情をくみとること
中庸…常に片寄りがなく、調和がとれていること
両々相まって…両方がお互い補いあって

な最後の判断を下すことが必要である。

八八、　他人に対する世評は、たとえ商売敵《しょうばいがたき》の言葉であるからといって、一蹴に附すことなく、更に深く、細かく、明らかになるまで調べよ。そうすれば、得るところがあるのが通常である。「火の無い所に烟《けむり》は起らない」。

八九、　長年にわたり、とかく風評のある人からは、あらかじめ遠ざかることが安全である。この種の人には、必ず何らかの事情が隠されており、いつかはそれが暴露する運命にある。人を使う場合もまた同じ。

九〇、　世に暗示というものがある、霊感といい、予感ともいう。銀行家は平常からこれに注意し、その活用を忽《ゆるが》せ※にしてはならない、必ずや得るところが多いであろう。

九一、　一般的に、判断は第一閃《せん》※の直感を正しいとする。再三の懇請※によって、第一印象を変更することは、多くの場合、失敗の結果を招く。

九二、　直覚※は修練のたまものであって、平素に研究の準備があればこそ備わるものである。名医が患者を一見して、その病根を知るのと同様である。

忽せ…いい加減に扱うこと

第一閃…ひらめき
懇請…ひたすら頼むこと

直覚…思考によるのでなく、直感で物事を悟ったり判断すること

九三、第六感を機敏に活動させよ、そのうえで勇敢に活用せよ。

九四、貸出拒絶等、最初の喧嘩は大事に至らず、小事で終わる。もし、直感に反し、あるいは情誼《じょうぎ》※にほだされて貸出を行うと、後日の喧嘩は大きな事になり、受ける恨みが重くなって、紛争は長い年月にわたり、さらに損失するところが少なくない。心配と時間の空費《くうひ》※は、想像以上になろう。

九五、商人が財政上行き詰まると、多くの場合、百方《ひゃっぽう》※やりくり算段はもちろん、更に偽造、詐欺、瞞著《まんちゃく》※等に至らないことはなく、その極みには、出奔《しゅっぽん》※して姿をくらますものもある。ゆえに、今日の破産財産を数年前までのものと比べるとまことに僅少《きんしょう》であって、その配当はほとんど言うに足らないほどである、これは、義務観念が頽廃《たいはい》しているのを雄弁に物語るものであって、年を追ってますますそれは甚《はなは》だしくなっている。この点、外国の実情を見ると、破産の場合でも、大抵、八割配当をすることを通例としていると言う。その真摯さの差に如何《いか》に違いがあるかがわかる。

情誼…交際上の情愛
空費…無駄に使うこと
百方…あらゆる手段
瞞著…だますこと
出奔…逃げ出すこと

解題

事務、そして貸出の回収について、焦げつきや事故が起きないように心得が書かれており、すべての内容が、現在の金融機関貸出にも当てはまる。

まず事務面では、複数人での取扱いとすることや、一人での取扱いについては事後チェックすることで不正は抑止できる。現在の銀行実務も、特に現金関係を中心に、初鑑、再鑑によることが多い。最近では機械化が進んでいるが、その操作が一人で完結すれば、結局は、事故につながりやすい。目をかえてみることで誤りを減らし、事故を抑制できる。

ただ、何重にもチェックしても完全にエラーをなくすことはできない。最近でも、自己点検、内部検査、内部監査、そして外部監査と三線、四線のチェックが言われている。そのこと自体はそれぞれ役割があるのでいいのだが、大事なことは現場でのエラーの抑止であり、基本は目をかえることにある。

次に貸出の回収は、老練の銀行家の手腕が必要と書かれている。判断するための数字や、状況を示す事実を担当者は集める必要があるが、最後は、熟練の役席の判断、さらに取引先への通告、取引先の納得性が高いことが重要であろう。この点、著者は、判断における直感の大切さを述べるとともに、誠意を欠く取引先は容赦すべきでない、と書いている。逆に言えば、誠意がある取引先にどう引導を渡すのかが一番難しいことになるのではないか。誠意があり、やる気もあるが、客観的にはもう返済が難しいときに、どう回収を図るのか。この点は、データと事実を示して、納得をしてもらうほかない、コミュニケーションができない場合はやむを得ないというべきではなかろうか。

役員関係貸出、小商工業者への融資　集語第九章　九六〜一一七

ここでのメッセージ　役員関係貸出に注意すべきことは、今も昔も変わらない。小商工業者向け融資においては、まず商品の裏付がある売掛金には価値があることを知るべきである、また小商工業者と銀行と間の信用関係

がない段階では、組合金融が有効である。もっともそれ以前にすべての借り手に通じることとして、借りた金は返済するというモラルの確立、バランスシートの作成などの条件が整うこと、社債発行の過多、借入過多がないことが重要である。

九六、　自行の役員および行員、もしくはその代理人と認められる者には、貸出をしてはならない。同時に他の金融機関職員にも、貸出をしないことを原則とすべきである。すでに経験上、相当の困難を感じた実例が多々ある。

九七、　他会社の役員に、その役員が経営している会社の株式をあまり多く担保として取って、貸出をしてはならない、すなわち、当該役員と会社とは同一体であって、栄枯盛衰《えいこせいすい》※を共にするため、万一、担保価値を失い、処分しようとするに当たって、役員個人の資産もまたその損害を償い得ない場合が多いからだ。また、往々にして、株価維持のための買占めや買煽《あお》りがあるので注意すべきである。最近は、各事業会社の関連会社として、証券会社が設置される傾向がある。これもまた大いに是

栄枯盛衰…栄えたり衰えたりすること

非を考えなければならない。

九八、　小商工業者に対し、信用融資の便を与えるには、利息のほかに調査費の名目で手数料を徴求し、これによってこの種の貸倒れを償う調節のための費用、換言すれば相互保険料に充当する貸出方法もあると言う。さらに研究の余地がある。

九九、　中小商工業者だからと言って、必ずしもその手形は不良であるとは言えない。手形金額の大小と手形の良不良とは同じ意味ではない。

一〇〇、　米国では、千円以下を専門とする貸出銀行がある。また、シチー銀行※は五千円以下の貸出を開始した。

一〇一、　外国では、金融サービスに即して、保険事業を営業しているところが多い。わが国でも、信用調査の責任と保証責任とを兼ねた、例えば興信保険会社のようなものや、その他金融界において活動する各種の保険会社を設立する必要がある。

一〇二、　小商工業者に対する貸出は、割合に危険が少ないという説がある。恐らく損害額が小さいという意味であろう。ただし、これら小商工業者は組合を設けて、連帯責任によって金融の途を講ずるのが適当な

シチー銀行…現在のシティバンク

方法である。この趣旨から言えば、まずはその同業者の中の有力者、もしくは先行している者が、進んでこれら小商工業者を援助する精神を実践することが先決問題である。そもそも同業者間で互いに信じあえていない者を、強いて銀行に信じろというのは矛盾の極みである。

一〇三、　今や中小商工業者の資金難を訴える声が次第に大きくなってきている。しかし、もとより分不相応な融資を受けて来たことに馴れたという見方はできないだろうか。この点も十分考慮して聞かないといけない。ゆえに、単に救いを金融にのみ頼ることなく、その借り手自身が自らの経営をすみずみまでよく知る必要がある。更に、借り手の雇用者の過剰問題にも触れる必要もある。

一〇四、　小口貸付は、一名※、経営者に対する人格貸付とも言えるが、果たして皆さんは、人格を尊重しているだろうか。また、金融機関は、果たして安心できる程度まで、これらの人格を認めることができているだろうか。

一〇五、　中小商工業者に限らず、借りた金は必ず返済するという道徳観念は、すべてを解決する前提である。もし、この前提を忘れたならば、

一名…別名

もはや万事休する※ほかはなく、いかなる卓説《たくせつ》※名案も、なんら実際に即した効果を持つことはできない。

一〇六、 わが国には中小商人、特に小売業者に対し、売掛金の換金を迅速に行うことができる特殊機関がないことを遺憾に思う。

一〇七、 銀行に整理課を設け、回収困難と認めた債権はことごとくこれに移し、それによって営業部門に手纏《てまど》い※をないようにするのも一方法である。

一〇八、 統計を明らかにし、また、貸出報告および為替勘定等を迅速かつ明確に行うことは、内部の秩序が整然としていることを示すものである。

一〇九、 今や銀行に限らず、一般の諸会社もまた営利主義を一変して、経営主義を高唱するに至った。これは、目前の利益と永続的な利益のいずれが重要か、という問題に対し、目覚めた証左である。

一一〇、 わが国の商人の中に、夜店の商人と同じように、その場限りの商いを行い、永続的な繁盛策に打って出ないものがあるのは遺憾である。これは、外国の商人と全く考え方が異なるところである。

万事休する…すべてが終わること
卓説…すぐれた意見
手纏い…足手まとい

一一一、　わが国において、商品には信用の基礎はないという非難があるのは、思うに、根幹に注意を向けず、すべてに浅薄《せんぱく》※な考えより生まれた間違いである。

一一二、　銀行との取引振りにおいても、こうした考え方から銀行に迷惑を及ぼすことが少なくない。これはひとり個人の問題ではなく、国家の将来のためにも一致して大いに戒め、大いに改善しなくてはならない。

一一三、　外国では、ひとたび信を銀行から失うと、その人は再び世に浮かぶ瀬がない。わが国においてもまた、要注意人物と認められるものは、同業者間でつながりを持って、これを取引から遠ざけることが必要である。

一一四、　無配当の会社、甚《はなは》だしい場合はまだ資本金の振込も十分でない半成状態の会社で、なおかつ借入金を強要する会社がある、また、長期かつ多額の無担社債を濫発する会社もある、銀行たるものは、適切に善導《ぜんどう》※すべきである。償還の原資を確立せずに社債を不相応に発行することは、将来の禍根であり、自他共に注意する必要がある。

一一五、　外国では社債はことごとく担保付であって、かつ必ず減債基

浅薄…考えや知識が浅く薄いこと

善導…教え、良い方向に導くこと

金積立※を伴うものである。

一一六、　社債発行額に対しては法定の制限があるが、その他の借入金に対しては制限がなく、あたかも頭隠して尻隠さずの観がある、危険はこれより生じる。

一一七、　会社でも、個人でも、今日よくないことは、自分の力以上の借入金があることである。もとより一定の基準はないが、社債、借入金を通じて、資産の半額以内におさめれば、思うに、過ちはないのではないか。

一一八、　借金の少ないものは、たとえ不景気時代に遭遇しても、自ら速かに立ち直ることができるに違いない。

一一九、　わが国の現状は、おのれの身長以上の借金を有し、独り歩きの出来ないようなもの。どれもこれも皆そうである。

一二〇、　従来多くの先は、借入金をなるべく多くすることにより腕利きの人としてきた。英国では資産の半額を営業資金に充てているので、基礎が極めて堅実である。

一二一、　外国では、先方がバランスシートを提出しないならば、貸出

※減債基金積立…債券の償還を円滑に行うために、一定の金額を積み立てるもの

をしないことを普通としている。

一二二、　かつて大正十年、東西組合銀行が決議した左の二項は、今なお実行されているだろうか、またそうならば、その実績はどうであろうか。

一、取引先より、貸借対照表その他、必要な書類を徴求する件。

二、約束手形および為替手形の支払場所に銀行を指定した場合、通知を求める件。

一二三、　貸借対照表の提出が実行されない理由は、思うに、信頼するに足る報告書はもともと作成されていないので、求めても得られないことがその一因に違いない。もし、新銀行法※による銀行報告書のようなものを得ることができたとしたら、その実益は多大であろう。まず、諸会社に対しても銀行同様に厳重な取締をすることが必要である。あえて、主務官庁の考慮を望む。

一二四、　世に事業の合理化を唱えるものはあるが、まずは決算の合理化を望んで止《や》まない。

一二五、　米国では虚偽の営業報告をすれば、刑事事件以上に会社が厳

新銀行法…昭和2年に、銀行条例に代えて制定された銀行法。昭和56年に制定された現在の銀行法に対し、現在、旧銀行法と呼ばれているもの

しい制裁を受ける。

一二六、　外国では、報告書が正確であるのはもちろん、かつ会計士の調査があり、その会計士は、会社が自ら雇うもの、大株主が雇うもの、株式取引所が雇うもの、債権者が雇うもの等がある。そして会計士その人は、絶対信頼をおくに足る人物であることは論ずるまでもない。

一二七、　会計士は、英国およびわが国においては、計数の正否および実体の真偽は調査するが、その内容に立ち入って適否を証明する責任を有していない。これらに対しては、別に権威ある機関を設ける必要がある。

解題

昭和2年（1927年）の金融恐慌直後の状況を踏まえ、貸出、融資において気を付けるべきことを著者は列挙している。

①役員関係貸出の原則禁止、②中小商工業者への与信は、銀行との間の信用関係が十分確立していないので組合金融がふさわしい、③貸金返済のモラル確立、④借り手からのバランスシートの取得、⑤会計士

による適否証明が必要、といった点である。これらを著者は、英米を例に先見性を持って語っている。

すなわち、まず①について、当時の銀行役員には職務専念義務の認識に欠ける役員が相当数存在し、そのため他業の会社を経営する例が多く、その会社と銀行が未分化なことによる機関銀行的な貸付、すなわち親族や身内企業への大口信用供与などが散見された。

資本主義の初期の蓄積期においては、資本を蓄積した実業家が銀行を起こした例が多かった。とはいえ、こうしたことが金融恐慌の前提にあったことから、昭和2年（1927年）には銀行条例が廃止され、銀行と商業を分離した新銀行法（現在、旧銀行法と呼ばれているもの）が制定された。本文はこうしたことが背景にある。その後も役員関係融資は検査や考査でチェック項目とされ、現在に至っている。機関銀行問題については今も、資本蓄積した製造業や商業、サービス業がネット銀行などに参入しており、古くて新しい問題と言える。

②についても、その背景を述べると、明治33年（1900年）に制定された産業組合法により、ドイツの信用組合にならい、営業地域や

融資対象を限定し、一人一票で意思決定する協同組織金融機関の産業組合が設立された。しかし、それだけでは商工業の発展には十分とは言えず、都市の中小商工業者を対象とした信用組合のために、大正6年（1917年）に産業組合法が一部改正され、業務範囲が拡大されていた。しかし、それでも当時の都市の発展は著しく、その一方で銀行は大企業や中堅以上の企業の資金需要に応えるのに手いっぱいで、都市の中小商工業者への運転資金供給を担う金融が待たれていたのである。著者が求める組合金融は、昭和18年（1943年）に市街地信用組合法が制定され、戦後、昭和26年（1951年）の信用金庫法に結実するまで待たなければならなかった。

④や⑤についても、隔世の感がある。明治32年（1899年）に制定された商法では、株式会社に対して貸借対照表と損益計算書の作成が義務付けられたが、一般商人は財産目録と貸方借方の対照表が求められるに過ぎなかった。会計士も昭和2年（1927年）に計理士法ができたばかりで、記帳の代行や指導、あるいは債権取立等が中心で、独立した公正な第三者の立場から会社の会計記録の適正性を証明する

には及ばなかった。この点も、戦後になって公認会計士法ができ、会計監査の制度が充実していった。

貸出判断の前提

集語第九章　一二八〜一四五

ここでのメッセージ　貸出判断の前提は、資金使途と返済計画、返済原資等の周到な調査確認にある。保証がある場合でもこの原則は変わらない。保証をとる場合、多数保証人は無責任になるので適当でない。シンジケーションも無責任になるなら適当でない。金融機関の資金、特にコア預金は預金者の血と汗の結晶であることを忘れてはならない。世の中は無常であり、今勢いのある借り手がいつまでも盛んであることは、むしろないと考えるべきである。

一二八、　多数の銀行が連合して貸出をなすことには一利一害がある。多数保証人のもとに貸出をすることは、自然と責任の譲り合いとなるので不可である。あるいは、保証人が必要となるほどの先に対しては、最初から貸出をしないのが安全であり、また、無保証のほうがまだよい、と言う人もある。これにも実務上の真理があると言える。

一二九、 近頃の銀行は、余りに「勉強※」が過ぎて、貸出が簡易軽便となっている。それが度を過ぎる弊害はないだろうか、辛苦の結晶である他人の金銭を預金として預託してもらい、重大な責任を負うにもかかわらず、資金を放出する取扱いぶりがあまりに軽々しくないか。銀行たるものは、必ず慎重に調査を尽くし、また、申込者もあらかじめ計画を準備する必要がある、貸出が易《やす》きに失する※ことは、結果的に危険を導くものである。英米においては、借入の申込みは、多くの場合、貸出日の少なくとも三日前にするのが通例だと言う。

一三〇、 ある者は平素、銀行が原則に外れる営業振りをすることを歓迎しながら、一朝事《いっちょうこと》あれば※、その放漫を責めるのみならず、かえって自らもそのために破滅するがごとく訴える。矛盾勝手も甚《はなは》だしいと言うべきである。銀行業者は自ら信じるところに従い、儼乎《げんこ》※として世間の毀誉褒貶《きよほうへん》※に迷うべきでない。軌道を外れるものは必ず転覆する。

勉強…値引きをすること。ここでは、顧客に便宜を図るといった意味

易きに失する…簡便に流れすぎる

一朝事あれば…ひとたび何かあれば

儼乎…おごそかなこと

毀誉褒貶…褒めたり、けなしたりすること

一三一、　銀行従業員は、顧客から、むしろ融通が利かないとして非難されるくらいであってよい。もしこれに反し、好評や讃辞を受けるようなときには、その陰に回収不能の分子※を譲成しつつある実例が少なくない。また、支店長であっても、他から褒《ほ》められるようになったら、その時は更迭させる時期であると言う。思うに、すべてがそうではないかもしれないが、これを箴言《しんげん》※とするには十分ではないか。

一三二、　ある人が言う。得意先に対して便宜を提供し、よく「勉強」している※との評判がある銀行は、今回、多くが休業するに至ったと。いささか皮肉の観がないではないが、穿《うが》ち得て妙※である。これは、「勉強」を履き違えている証左である。銀行も顧客も、共に味わうべき言と言うべきである。

一三三、　銀行は貸出の求めに応じたら謳歌《おうか》※され、もしこれを拒絶すれば、たちまち悪声に包まれるのが常である。銀行はこれらに頓着《とんちゃく》※せず、良い具合に預金者から称讃を受けるようになることを必要とする。

一三四、　西洋の哲人が言う。「銀行は産業の援助を図るよりも、社会民衆の預金保護をもって第一の任務とする」と。これは極端な例である

分子…ここでは、種（タネ）、要素、くらいの意味

箴言…戒めとなる短い言葉。格言

よく「勉強」している…ここでは、よく要望にこたえてくれる、くらいの意味か

穿ち得て妙…言い得て妙。うまく言い表していること

謳歌…声を揃えて、褒めたたえること

頓着…気にすること

が、かつてわが国で名誉職にあったある者はこう言った。「己《おの》れに融資を与えない銀行は、当然排斥すべきである」と。これにより彼我《ひが》の考え方が相違していることがわかる。

一三五、 資金を貸し出すか否かは、もとより銀行の方針によるべきであるが、かりに融資を拒絶した場合であっても、出来得るだけ借り手に助言して、同情と好意とを借り手に寄せる雅量《がりょう》※がある必要がある。

一三六、 ある一方に偏重した貸出は慎むべきである。一家にも盛衰があるように、事業にも盛衰があることは免れない。何事においても穏健中庸※を忘れるべきでない。

一三七、 世の中は、若い竹がひとつの季節にさかんに伸びるように移りゆくものである。有為転変《ういてんぺん》※は世の習いであり、それは古往今来《こおうこんらい》※違いはないが、今時の変遷は急であり、三代目の書く唐様《からよう》※を待たず、早くも一代目または二代目が成金の標本として、没落するものが少なくない、実に世は超高速度の進展をなし、今や飛行機、ラジオ、テレビジョンの時代となった。努々《ゆめゆめ》※油断してはならない。

一三八、 初代が堅気※であるのに反し、二代目が家を守るのに忠実でな

雅量…おおらかで、度量が大きいこと
中庸…常に片寄りがなく、調和がとれていること
有為転変…世の中のすべてのものは、常に移り変わり、少しの間もとどまっていないということ
古往今来…昔から今まで
三代目の書く唐様…「売り家と唐様で書く三代目」という江戸時代の川柳から来ている。初代が築いた財産も、三代目になると没落し、家を売ることになる。そこで「売り家」と書かれた札の文字は、三代目が遊芸にふけって身に付けた唐様のしゃれた文字で書かれているという意味
努々…決して
堅気…まっとうで、着実な人

い、ハイカラ者※であることがある。注意すべきだ。

一三九、　顧客に対しては十分、懇切《こんせつ》※と便利とを提供し、好感を失わないことが必要だとは言え、そうは言っても、同時に顧客の言うとおりに屈従《くつじゅう》※するべきではない。

一四〇、　貸出を円満に拒絶することが出来るようになれば、一人前の銀行家だと言える。

一四一、　貸出は金融機関にとって、余裕資金の運用の意味のほかに、もう一面では預金の担保であるため、貸出の申込みが来たら、それを精細に吟味することによって、預金保護の良策となる。

一四二、　借金は不愉快なものである、絶えず気にかかり、頭を押さえられる心地がする、断じて借金などすべきでないと説くものがある。また一方で、借金は排除すべきものではない。これがあるために、これを減らす目的で発奮努力し、人一倍勤労し、義務を果たし、光明ある生活に入ることができると言うものもある。

一四三、　ひとり銀行だけでなく、会社も個人も、単なる借金をするという方針はもとより禁物である、借入は意義があり、使途の計画がある

ハイカラ者…西洋風を気取った、新しもの好きな人のこと。ここでは、軽薄な遊び人くらいの意味

懇切…細かいところまで心配りができて、親切なこと

屈従…相手の力に屈して、言いなりになること

ものでなくてはならない。そして借金を隠すことは、借金を増やすことになる。小善※を笑うものは小悪※を積む人である。

一四四、　ここかしこ、※多方面にわたり、多額の借入をする先は、往々にして義務の観念がなく、時に自暴自棄に陥ることが多い。戒《いまし》めるべきである。

一四五、　銀行を検査するのと同じく、会社も検査することにしなければ、その害は銀行に及ぶという説がある。思うに、仮装した資産により、銀行を欺瞞《ぎまん》するところが多いということだろう。

小善…ちょっとした善行
小悪…小さな悪事
ここかしこ…あちらこちら

解題

書かれていることは至極当然のようだが、現実の融資判断、拒絶判断、回収判断は金融機関の職員にとって悩ましい問題である。またそれゆえに、働き甲斐のあるポイントであり、金融機関の存在理由とも言える。

信用を借り手との間で結ぶということは、期間中、信頼関係を維持するということに他ならない。過大な借り入れは禁物だが、適切に借り入れて事業を行うことで、借り手は世の中に貢献する財やサービスを供給できる。しかし、そこには需要と供給があり、またそのバランスが急に崩れることもある。予期せぬ出来事もある。そうしたことに備えて、金融には激変緩和のバッファーとなる役割がある。このため、金融機関自身が資本を有することはもちろん、引当金を積んでいる。

しかし、世の中の変化は、突然起こったように見えても、何かしら小さな芽、兆候はあるものである。借り手との間のコミュニケーションの中で鋭くそれを見出して、コミュニケーションの下で改善を促していけるかどうかが大事なことである。

著者が説くように、借金に善悪なく、コミュニケーションの不十分さにより信用が成り立たなくなることこそ問題と考える。また、そうなると、大きな損害が金融機関、借り手、そして社会に生じることになる。

認めるべきでない貸出

隻語第九章　一四六〜一七八

〈ここでのメッセージ〉不動産担保、返済見込みのない当座貸越、過振、書合手形などは、いずれも持続性ある返済計画、原資が明確でない与信であり、最初の段階でそうした与信が必要な理由や、それが一時的なものかどうかに注意することが必要。また、いったん開始すると中途でやめることができなくなることも多く、原則認めるべきでない。

一四六、　不動産に放資※をすることがやむを得ない場合もあるだろうが、その多くは定期貸※で、その期限に一時に返金されることはほとんどない。即ち、膠着《こうちゃく》して動かないのである。借り手もその不動産を売却しない限り、容易に返済原資を得ることができない。従って、勧業銀行、農工銀行のように、六ヵ月毎に元利返済する方法が最適と思われる。もっとも、元本返済を実行できないときは、次々に期限が到来するので期日管理の事務上の煩瑣《はんさ》※がある。

一四七、　不動産抵当を登記しないで見返品※とすることがある。それが

放資…余裕資金による貸出
定期貸…期限付証書貸付
煩瑣…こまごましていて、面倒なこと
見返品…事実上の担保

不可であることはもちろん、登記するか否かにかかわらず、銀行がひとたび不動産に関係したのであれば、結局は流込み※となることを覚悟しないわけにはいかない。

一四八、 不動産抵当に対しては、有価証券に対するのと同じく、時々評価の洗い替えをすることが必要である。とかく不動産に対しては、価格を据え置く習慣に影響を受けてしまう。

一四九、 工場を抵当にして貸し出すことは、今日のように思想悪化の労働争議が頻出する際には大いに考えものである。

一五〇、 そもそも労資協調の必要な時代に、逆にお互い反目し、かつその争議の埒《らち》※を越えて暴動するに至っては、債権者たるもの、晏如《あんじょ》※していられない。

一五一、 多額の当座貸越をするのは不可である。また、多額の当座貸越契約をそのままにしておくことは、片務的となり、取引者に便利な反面、銀行側にとっては、金融緊縮やあるいは恐慌に遭遇するたびに、大いに苦難な状況が生じることになる。そうしたことは、銀行にとって資金の準備および運転上極めて不利不安である。ことに同業者に対しては、

流込み…処分して返済に充てるために担保品を金融機関のものとすること

埒…範囲

晏如…安らかに落ち着いていること

なるべくこれを避ける必要がある。また、不動産を担保として契約するようなことは論外である。更に、常時もしくは突然、過振《かぶり》※をするものには警戒をするべきである。

一五二、　一般的に言って、破綻に際し、一時的な過振と書合《かきあい》手形※は、その前振れである。暴風がまさに襲おうとするとき、必ず不当な過振という警戒信号が頻繁に現われる。

一五三、　当座過振の債権は、訴訟上まず、その金額確認を必要とするなど、事がすこぶる面倒にわたるので、貸越はなるべくこれを避け、手形貸付によるのがよい。

一五四、　契約極度外、または無契約の当座貸越取組、一時過振については、直接の当事者が、意志堅固に、かつ慎重に取り扱わねばならない。支店では、貸出は一定額まで支店長に権限を与え、それ以上は本店に申請し、本店において慎重審議するが、にもかかわらず、一時過振については支店長のみの裁量により、多額の便宜を供することが往々にしてある。これでは監督も規程も全く意義がなくなる。もちろん、このような過振は、一時的には終わらないものである。金額や期限が無制限となり

過振…当座預金の残高以上に赤残で借入、資金の引出をすること

書合手形…資金繰りに窮した者同士が，商取引に基づかずに相互に発行し合う手形。これを第三者に割り引かせて資金を調達する。融通手形の一種

やすく、自然に返済の観念が薄くなり、恐るべき結果をまねく。

一五五、　平素良好な取引先が、時に過振をするのはやむを得ないとしても、過振の常習があるものや、または日を追って過振の額が大きくなり、容易に入金の見込がないものがある、その結果、遂には不動産の書《かき》入《いれ》※となり、更に流込み※となる。慎むべき、恐れるべきは、まさに最初の過振である。

一五六、　過振にも二種類ある。一つは、入金の目的があるが、期日その他の都合があって一時繰替払いをする必要があるもので、もう一つは、支払いの行き詰まりによる過振である。この問題に当たるものは、その甄別《けんべつ》※を忽《ゆるが》せ※にしてはならない。

一五七、　過振には、ともすれば取扱者が、自分の社長、主人に内密に、何らかのやり繰りに用いる場合があって、社長、主人から逆に、銀行が悪いと指摘されることがある。

一五八、　既に契約済の貸越を生かすため、次々に回って来る貸越を引き受け、ますます損失を増大させるのは全く素人のやり方であって、断じて不可である。手形を受け取らないことはさほど遠慮すべきことでは

書入…抵当目的物としての差入れ、抵当権設定
流込み…処分して返済に充てるために担保品を金融機関のものとすること
甄別…区別
忽せ…おろそか。いい加減

ない。むしろ先方を覚醒させる上で大きな効力があるものである。当事者たるもの、実戦に臨んでは、平素の完成した修養の力により、乾坤一擲《けんこんいってき》※、ただ「断」あるのみである。

一五九、当座貸越には、往々にして、自己振出小切手、または書合小切手により一時入金し、形式的にその帳尻のばつ※を合わせるものがある。こうした取扱いではなく、しっかりと正しい取扱いをしなくてはならない。

一六〇、手形交換持出後に、他店手形を入金し、当日交換より回って来た自己手形の決済資金に充てる、いわゆる他店券立替払いをさせようとする取引先には、深く警戒することが必要で、ましてや自己振出の他店宛小切手により入金をするものは、必ず取引を拒絶すべきである。これらの取引者は危険こそあるが、将来に何の利益もない。

一六一、特に経験の信念に基づき重ねて言うと、約定極度外の法外な貸越は、銀行の禍根であって、また同時に支払人の禍根でもある。「断」の一字をもって速かに絶縁するのでなければ、禍《わざわ》いが必ず身に及ぶ。恐れないわけにはいかない。

乾坤一擲…ここぞという時に大きな勝負に出ること

ばつ…最後。漢字では跋と書く

一六二、　出納係には、故意に作成した手形、あるいは類似の証票等を現金とみなし、あるいは故意に手許に保留するなど、往々にして隠蔽《いんぺい》的行為が潜むことがある。検査監督を怠ってはならない。

一六三、　また支店において、しばしば本店の目をかすめるため、様々な糊塗《こと》※、小刀細工《こがたなざいく》※を弄《ろう》し、遂には共に不測の大禍《たいか》※に陥ることがある。慎まねばならない。

一六四、　あるいは同一人の取引でありながら、異なる名義で別口座を設けることがある。厳に監視する必要がある。

一六五、　たとえ得意先のためであり、己れに悪意はないとしても、最初の一つの隠し事が、やがては増大して深みに陥り、抜きさしならなくなることがある。ゆえに、意志の弱い者は銀行にとって危険である。

一六六、　元来、失敗は制度の不備、監督の不行届というよりも、当事者の性癖の欠点に原因することが多いことを踏まえ、上長において深くこの点を監察すべきである。また本人においても、常に自己の欠点を反省し、自愛自重することを望む。

一六七、　わが銀行は取引先を選択しているがゆえに、過振を行うもの

糊塗…一時しのぎにごまかすこと
小刀細工…小手先の策略
大禍…大きな過ち

もなく、従って小切手が不渡りとなるものも皆無であると過信してはいけない。逆に、過振や不渡りがないこと自体が、わが銀行の信用が保たれている理由であり、また一般取引の安全を期すものと言うべきなのである。

一六八、 仏国には手形交換所がない。思うに、仏国の法律は不渡手形を出した者を刑罰に処するため、手形が専ら現金取引主義に移ったのである。

一六九、 先日付小切手を発行することは、取引者が最も自覚し反省しなければならない問題である。

一七〇、 多額の貸越には、本当の意味で利息が取れない場合が多い。即ち、振替勘定であるがゆえに、利息収入のため、結果として貸し増すことになる。これまた、蛸配当※の原因をなすものである。

一七一、 当座貸越を常に使用しがちであり、しかもそれが預金超過に変化しないものは、特に注意する必要がある。思うに、これらの多くは金融上はもちろん、その営業自体においても休眠状態である、または取引が不活発な状態にあるものと知るべきである。

蛸配当…蛸が自らの足を食べるように、会社が自分の財産の一部を収益に代えて配当して目先の業績を繕うこと

一七二、　借越を先に行い、その後に割引を依頼してこれを補填しようとする常習者は危険である。特に注意を払う必要がある。

一七三、　定期預金をすれば、倍額の貸越をするといって預金の勧誘をするものがいる。誤っているのも甚《はなは》だしいと言うべきである。

一七四、　取引を勧誘するに当たり、まず最初に信用貸越、または融通手形の取組みの要求を受けることがある。これらの多くは将来、良好な取引者とならないと知るべきである。

一七五、　預金を囮《おとり》として、貸出を求めて来るものがある。これらに対しては、大いに注意を払う必要がある。

一七六、　貸出と対等の預金をする者を紹介することを条件として、自分への貸出を求めに来るものがあるが、軽々《けいけい》※とこの手に乗ってはならない。終わりには不良貸出のみが残ることとなる。

一七七、　一方に相当の割引手形、または信用貸付があるにも拘らず、他方に多額の当座預金を持っているものがある。これは曲者《くせもの》※の一例であって、この手にかかって禍害※を受けた類似の例は少なくない。

一七八、　初めから不純や矛盾が潜在しているものは、いつかは必ず災《さい》

軽々と…軽い気持ちで。軽率に

曲者…あやしい者。油断ならない者

禍害…災い、災難

厄《やく》※を招くものである。すべての事業においてもまた同じである。

解題

当時は、不動産に十分な価値がなかった時代で、不動産担保よりも、株式担保、社債担保などが原則であった。不動産はこうした担保の付随の担保として差し入れられることが多かった。

戦後、高度成長期に土地の値段が右肩上がりに上がった時代には、不動産は常に値上がりしていたので、こうしたことは忘れられ、結果、バブルの生成・崩壊につながったことは記憶に新しい。しかし歴史は繰り返す。この『銀行業務改善隻語』が書かれたのは今から約90年前である。国立人口問題研究所によれば、今後もう一度干支が回る60年後、2077年には、人口が昭和5〜6年当時と同じ7000万人弱まで減ることはほぼ確実である。

全地域でそうなるかどうかはわからないが、そのとき不動産価格は決して今のままではあるまい。当時、東京も、渋谷・新宿以西は田畑や山林であったことは、国木田独歩氏の『武蔵野』を読むまでもない。

災厄…災難

東海道新幹線沿いの切れ目ない住宅が、どんどん切れていくのも間もなくだろう。歴史を知ることは、単なる学習ではない、今の金融機関実務を考えるヒントを得ることなのである。

手形は、印紙税負担や事務負担から、一部建設業界などを除いて使われなくなっている。当座貸越契約も盛んだが、低金利下ではロールオーバーも容易に行われている。これらは、金利がいったん上がると資金繰りに大きな意味を持つようになる。

マイナス金利が続く中、流動性は「ただ」だと思っている企業経営者は多く、金利入札で借入先を決める企業も大企業を中心に多い。この状況を著者はどう見るだろうか。世の移り変わりは早く、流動性はあれよあれよという間になくなることは、大企業破綻の例を見るまでもない。こうしたことは過去起きてきたし、いつでも起こりうることを忘れてはなるまい。

返済原資のない過振や融通手形など、資金繰りに窮するといろいろな手を使って資金をかき集めようとするのが借り手の常である。そのこと自体が問題なのではなく、本業でキャッシュフローが回るのか、回る見込みがあるのか、その一点で、金融機関は判断していくことが求められる。その時には時間軸が重要で、その期限内に本業回復の見通しが立つなら、一時的な与信はむしろ必要なこととなる。一方、見通しが立たないのであれば、企業の存立は危うく、事業の存続（法人企業は必ずしも存続するとは限らない）を考えて法的・私的な次の手段を検討する必要がある。

第十章　手形・小切手・為替

本章のポイント

昭和初期、手形取引が徐々に拡大し、資本主義が次第に発展する時期における信用リスク管理について、手形の態様を具体的に挙げながら論述している。商取引の裏付けのある金融と、担保や保証に依存する金融は、資本主義の発展状況や社会の状況に即した金融の在り方として、その優劣をめぐり、理論的にも歴史的に対立してきた問題である。

単名手形と融通手形

隻語第十章　一〜一三

ここでのメッセージ　入出金の時期のズレにより発生するファイナンスは、企業金融が常に抱える問題である。予想外の売上不振などにより、ズレが一時的・季節的なものでなくなり、実質的に解消できなくなると、資金繰

りに支障をきたすようになり、その実態を金融機関が把握できなければ、単名手形をつかんでしまうことにもつながる。

一、　単名手形※の受入れはなるべく制限すべきである。少なくとも、第三者から単名手形を買うべきではない。ビルブローカー※等に、みだりに単名手形を持ち回らせるのは弊害を伴う。

二、　同じ単名手形であっても、取引先より直接与信を求めるものと、ブローカーを経るものとは、大いにその取扱い、および考え方を異にしている。ゆえに後者のようなものは、危険に遭遇する場合が多いのが事実である。

三、　ブローカーが持ち回る融通手形と、コールとは、考え方を混同してはならない。

四、　単名手形およびコールにより与信が得やすいことに慣れて、これらの資金を事業の経営、または拡張に充てるものは、一朝《いっちょう》※事がある日には、必ず大きな困難に直面するだろう。

五、　ブローカーの既往《きおう》※を見ると、金融を回してきた効用は多大である

単名手形…手形債務者が1人である手形。約束手形の場合、借り手が金融機関を受取人として振出す手形で，金融機関の手形貸付に使われる。要するに資金の借入のための手形で背後に売買などの取引はない。為替手形の場合、自己振出，自己引受により手形債務者を同一人とする自己宛として、金融機関に支払いを委託することで単名手形となる

ビルブローカー…手形割引などを業とする短資会社の前身の会社など

一朝…ひとたび

既往…これまでの実績

が、同時に、本来の役割を越えた弊害もまた多いのは遺憾である。追って、この事業に対する特別法令が制定されることを期待する。

六、 ブローカーは銀行と異なり、大体において一時的責任に過ぎないため、取り扱う取引量を多くする傾向にあり、慎重さを欠く弊害に陥りやすい。あえて自己の信用を維持するため、切に自重を望むところである。

七、 ただ一方には、有力な銀行と共同でブローカーを営むのであれば、堅実であり金融に効果大なものとなるはずだ、と説くものもある。むかしは銀行が、毎日会合して利率を定めて、互に取引を行った例があった。

八、 ブローカーは決して自己取引をしてはならない。いわゆる文字通りに、ブローカー本来の役割の途《みち》を行くべきである。

九、 単名手形といえども、商品仕入のための季節的な一時的都合によるもの、または使途および返済方法が明確なものについては、相当の便宜を図ってこれを受け取ってもよい。もっとも、相手方が最初に明言したとおりに実行するか否かは、その後の信用を左右するところである。

一〇、 商売には季節によって、資金需要の繁閑があるのが当然のことである、にもかかわらず、絶え間なく与信を迫る人がいたら、その人には、すでに何らかの事故が伏在※するものと推定して間違いない。

一一、単名手形の将来は、外国におけるように、手形引受会社において引受をし、これを銀行で割り引くこととすれば、流通と調査とに新たな局面を開ける。

一二、そうなれば、これらの手形も当然、日本銀行において、再割引の途《みち》を開かれるに至るに違いない。

一三、相互に宛てた交換的な手形は、たとえ商取引によって出されたものであっても、絶対に取り組まない※ことが極めて肝要である。また、これらの書合手形※、別に言うたらい回し手形※を使用する先は、断然取引を拒絶すべきである。

解題

近年は、金融緩和により資金繰りが厳しくないこと、それに印紙税を節約する目的もあって、手形は建設業界など一部の業界を除き発行されなくなった。売掛金そのものを売却するファクタリングなどが発

伏在…表には現れないで隠れていること

取り組まない…ここでは、割引、引受などで受け取らないことを言っている

書合手形…商取引の裏付けなく、相互に手形を振り合って、決済資金を1日違いなどで相互に回す手形

たらい回し手形…書合手形と同義

達したこともその背景にある。ただし電子手形については、今後、メガバンクの囲い込みがなくなれば発展余地はあるだろう。いずれにせよ、企業の入金と支払時期のギャップを金融でどう埋めていくかは、企業では常にある問題である。

商取引の裏付けのある手形、商業手形は、モノやサービスが背景にある以上、支払が滞る可能性は相対的に小さい。しかし、手形は、こうした商取引がなくても振り出されることがある。それが単名手形であったり、商取引があるかのように企業同士が手形を相互に振りあう書合手形だ。これらは原資がない以上、手形の決済は行われても最終的な債権者に対しては期日繰延が行われるだけで、苦しい資金繰りを先に延ばす効果とそのための割引の手数料を払う経済効果があるだけである。借り手の経済状態に変化はなく、むしろ悪化させる弥縫策である。

企業は、販売先の倒産や売上不振などにより予定していた入金がなくなり、支払に窮したとき、金融機関に支えてもらえるだけの信頼がない場合には、こうした一種の資金繰りの偽装をする。本章のこの部分では、それを見抜く必要性と、いかに見破るかが説かれている。

では、商業手形だけを厳選して割り引けばいいではないか、と思われるかもしれないが、歴史的にはそう簡単なことではない。明治から大正にかけて、資本主義、経済社会の発展に応じて商取引は活発化していったが、初期には企業そのものの規模が小さく、十分な信用が企業間で成立せず、最初は土地、次に株式などの担保が重視され、商取引の裏付けある商業手形市場の育成は、資本主義そのものの発展を待つ必要があった。

日銀も明治20年代に商業手形の再割引を始めたが、もとより資本主義初期においては商工業者相互の信頼も十分でなく、厳格な商業銀行主義は理想ではあったとしても、日銀が厳格な要件を求めれば求めるほど、土地や株式を担保にした単名手形による手形貸付がむしろ拡大した。本当の意味で、手形割引市場が育成されたのは戦後、日銀が再割引を政策として積極的に実施し、さらに商業手形のみならず輸出金融など貿易関係で特別な再割引制度を用意したことによる。

現在のような金融緩和局面では、企業の資金繰りは意識されにくくなっているが、支払時期のズレによる信用の必要性はどのような時代でも常にある問題であり、世の中に国の債務ばかりが増大し、民間債務が減少している現状では、短期の民間債務のファイナンスの活性化は再検討の余地がある。

手形の選別

隻語第十章　一四〜三三

ここでのメッセージ　企業の売掛金、買掛金の入出金の時期のズレを、金融機関が資金の出入りを通じて把握することは、企業が営む事業を評価するうえで有力な手がかりとなり、与信判断の基礎情報となる。商業手形では、原因取引の内容、裏書など、手形関係人に目を光らせる必要がある。

一四、　手形および小切手の入金、または支払いの経路については、常に仔細に注意しなくてはならない。そして必ず、そのやり繰りを看破する必要がある。これには支店において出納係、手形係、預金係、貸付係の連絡が必要である。

一五、 同一商品を、仲間内に授受、転々と販売し、手形を濫発し、これを商業手形であるとして、資金融通の道具とするものがある。また、再三、手形期日をジャンプさせ、継続したものを、依然活きた商業手形扱いとするものもある。最も判断に苦しむのは、品物引渡前の手形前渡しである。ゆえによくよく実況を調査し、厳に区別しないといけない。

一六、 商業手形とは、言うまでもなく、現実商品の売買に基づく信用手形であって、手形の背景には必ず商品の存在がないといけない。すなわち、商品と手形、手形と商品との動きである。ゆえに手形の支払期日は、その商品の売買転々、または資金化すべき相当の期間を見込んだものであって、その決済は真正にして、かつ有力確実であるべきものである。英米では、この種類を指して Self-liquidating Power※を有する手形と言う。

一七、 たとえ商業手形といえども、本家分家と同じ性質である特別因《いん》縁《ねん》※の間柄に生じたものは、必ずしも歓迎しにくい。会社についても、同一系統間のものはまたそうである。

Self-liquidating Power…自己清算力、自己回収力

特別因縁…親族同士など、商取引以外の特別な関係。返済が甘くなる可能性が高くなる

一八、　商業手形に潜む融通手形および不良手形、もしくは同一系統の変装分割手形※は、断じて排除すべきである。手形の厳選は、ひとり銀行の自衛に止まらず、結局、取引先を堅実に導くからだ。

一九、　平素、商業手形を取り扱うなかで、静かにその動きを注視し、かつ同時に当座勘定の出入の内容を併せて考察していると、きっと一種の不審を感じることがあるに違いない。もし、この不審を生じたならば、すぐにこれを回避する対策を講じるべきである。

二〇、　的確な診察によらないとしても、大抵は企業に対するこの傍《ぼう》診《しん》※によって、その企業が病人であるか否かを知ることができる。これは、興信所の調査に現れない反射鏡である。

二一、　今日、世に流通する商業手形と称するもののうち、果たして真正※であるものがどれくらいあるかに想いが到れば、むしろ慄然《りつぜん》※とするにちがいない。

二二、　いわゆる、一般に商業手形と呼ばれるものが、難なく割引され、また期日に難なく支払われるものならば、もちろん議論する必要はないが、もともと手形の便利な点を、かえって悪用するものがいるゆえに、

変装分割手形…融通手形や不良手形などを担保に振り出した複数の手形など、商取引の背景なく、二次的、三次的に作成される手形

傍診…側面からの診断

真正…本物

慄然…恐れおののくこと

危険をはらみ、破滅のもととなる。

二三、 ゆえに自然の進運※に伴わず、目立って手形の割引を拡大し、もって商業を膨張させる策に出るものと感じたときは、決してこれに接近せず、警戒すべきである。

二四、 こうした商人は、人一倍の敏腕家には相違ないが、無謀の性質を帯びるものであって、到底健全な発達をして、その終りを全うするものではない。後日、噬臍《ぜいせい》の悔※をすることは必至である。

二五、 手形の振出および割引の盛んなものは、必ずしも外観を反映するような商売の盛んなものではない。その内面に必ずやり繰りが潜在していることは、経験上争う余地がないと言うべきである。

二六、 自己の営業上の手形を振り回すために、専属のブローカー※を使用するものは注意すべきである。

二七、 また、やり繰りの方法として、自社系列の諸会社を仮設し、巧みにあれこれと手形の振出および裏書を悪用した実例は少なくない。そしてこれらの手段は、多数の銀行と取引することによって、（見破られにくいように）行われる。

進運…ここでは、業務の拡大といったことを指していると思われる

噬臍の悔…取り返しのつかない後悔。臍（ほぞ＝へそ）を噬（か）もうにも口が届かないということからできた言葉

ブローカー…仲介業者、割引業者

二八、　割引手形中、ほぼ同一金額の手形を、事実継続的に持参するもの、支払期日に手形交換所を経由させず、直接支払いに来るもの、または他所払いのものであって、依頼地において支払い、もしくは依頼人より他所支払人に資金を送付する場合には、裏に何らかの潜在する事情があるもので、すべて融通手形と見てよい。

二九、　今この割引をしてもらわなければ、今日回って来る支払いに支障があると言って、毛抜合せ※のきわどい資金のやり繰りを強要されるといった痛い目に遭遇することがある。このような取引からは、必ず速やかに遠ざかるべきである。

三〇、　商売人の手形が高利貸の手に渡ったとき、または高利貸の小切手を入金に来たときは、銀行は直ちに警戒すべきである。

三一、　金貸業者の依頼する手形は、無論、商業手形と認めることはできないのみならず、その手形の署名者の中に、相当の資産家の名前があると言って安心してはいけない。むしろ疑いをもってみるべきものである。

三二、　従来の書合手形は、多くは支払地を同じくする企業間で行われ

毛抜合せ…二つの物が重ならず、すき間もなくぴったり合わさっていること。支払期日とそのための入金期日が同日の綱渡りの資金繰りのたとえ

たが、最近は遠隔地にあるものとの間でも行われるようになっており、しかもその金額が少額なものもある。注意すべきことである。

三三、　商人が破綻するに際し、今日まで商業手形として取り組んだものがことごとく融通手形であることを見つけ、または本物の商業手形であっても、継続的な支払不能の手形であったことを見つけ、呆然としたことがあった。銀行もまた、自己の調査および注意が足りなかったことを省み、忸怩《じくじ》※たる場合が多いのではないか。

解題

金融機関は、企業の経営状態を知るのに、他の信用調査機関よりも有力な武器を持っている。それは原材料購入、仕入購入、給与、税金などの各種支払いや販売代金受入れなどの決済口座を持っていることで、資金の流れをいち早く知ることができることである。

もちろん口座の出入りだけみていても何もわからないが、企業の活動パターン、去年との比較、同業者と比べた特徴、そして企業経営者や財務担当者、さらには営業部門や工場の現場、在庫状況などの情報

※忸怩…内心恥じ入ること

から企業の実情がわかってくる。著者は、この点を「支店において出納係、手形係、預金係、貸付係の連絡が必要である。」と述べているのである。

手形の裏書は、どのような取引先や関係者と取引があるのかを知るのに格好の手がかりであったが、印紙税の関係から、近時は一部業界を除き、あまり使われなくなった。売掛金のファクタリングや現金決済ではこうした関係はわかりにくい。

もちろん借り手企業側からすると、メインバンクに情報が筒抜けになることを嫌い、複数金融機関と取引を行い、また手形を発行せず、現金決済にするという動きもする。倒産前の企業が、同業者や友人から借り入れをすることも多く、その同業者が街金などから高利で借りていることも多い。金融機関はよく目配りをしつつ、企業経営者とコミュニケーションすることが不可欠となる。

しかし、資金繰りが苦しくなってくると現金は当然不足し、また信用が得られなければ金融機関は運転資金を貸してくれない。そこで苦しい同業者や高利貸しと組んで商取引のない融通手形を振り出し、商取引があるかのような偽りをする手合いも出てくることになる。

金融機関と借り手の間では信用、信頼関係が大切なのだが、こうなると信用、信頼関係は崩れ始めることになる。この時にこれを見破り、是正を働きかけていけるかどうか、信念に基づき、経営者と話せるかどうか、ここに金融機関の与信の難しさと甲斐がある。

倒産に至る企業経営者は、資金繰りが悪化すると給与日に向けて金策を始め、そのためには価値ある財産を売り払い、高利の金融に手を出していく。こうした企業の継続性の崩壊を食い止めるには、追い貸しをすることは本来の在り方ではなく、そこに至る前に小さな芽を見つけて、どうするか経営者と十分話をしていくほかない。それでも聞かない経営者とは早めに縁を切ること。そのために金融機関職員は、人格高潔でなくてはならず、信念を持つことが必要である、これは、全編を通じて著者が繰り返し訴えていることである。

手形債務者への留意

隻語第十章　三四〜四八

ここでのメッセージ　裏書に記載のある手形債務者を見て、商取引が通常のとおり行われていないのではないか、融通手形ではないかと疑念を持ったときには、その手形は回避しなくてはならない。割引依頼人にせよ、支払人にせよ、情実に左右されない調査が必要である。

三四、　空手形※を発見したときは、ほとんど芋づる式に各所に関連して影響する実例が多い。

三五、　相当名のある人の手形、資産家および名望家の子息の振り出した手形、または相当信用のある会社の株券および社債によって金策を求めたとしても、風来的※な臭《くさ》みがあるものには、断固として接触してはいけない。これは怪しむべきものが伏在することがあるためである。

三六、　手形の署名者中に、妙な名前があると気づいたときは、その手形は回避すべきである。また、証明付手形※が転々している場合も同じである。

空手形…実際には取引がないのに、資金の調達を目的に発行される手形

風来的…なじみがないこと、どこの誰か知れないこと

証明付手形…詳細不明。手形外の保証があるという意味か

三七、　支払人の資産状態を取り調べるほか、第一に取組依頼人、すなわち取引先に恒産《こうさん》※があり、恒心《こうしん》※がある安全なものを選ぶことが極めて重要である。

三八、　常に支払人の印鑑を徴《ちょう》しておくこと※はもちろん、支払人を訪問することは、融通手形と商業手形との区別を知るのに役立つことがある、その他、信用取調べの上で得るところが多い。

三九、　手形割引依頼人にせよ、あるいは支払人にせよ、本人は銀行に来ず、銀行もまた本人に面会したことがない例がある。不思議なことと言える。

四〇、　しかも、ある場合には企業経営者が、自分は知らないと称して責任回避をすることがある。また、ある時は銀行が念を押したため、却って主人の逆鱗《げきりん》に触れることもある。銀行業も難しいことである。

四一、　現在の銀行の行き詰まりは、不動産貸出と融通手形の過多とによるものが多い、ことにこれらは情実によるものが少なくない。ひとたび情実によることがあれば、もはや何らの調査も必要がなくなり、日々深みに進むほかはない。

恒産…一定の資産や生業
恒心…変わらない正しい心
徴しておく…とっておく

四二、　商業手形の割引に際しては、支払人および依頼人の環境、人物、信用、資産を併せて見ることはもちろんであるが、資産の点において、余りに正味身代※の数字を重要視する嫌いがないとは言えない。もとより正味身代を軽視することは許されないが、一面では、その人の資金繰りの状態いかんを察することも必要である。

四三、　いかなる大商店といえども、物品の良否によってその価格は異なるものになる。そう考えると、いかに立派な取引先であっても、手形の良否によって取捨選択をし、また利率が異なるのは当然である。

四四、　商業手形の取組みを容易にするため、あらかじめ不動産を見返り※として取得しておくことがある、これらも一つの便利な方法である。

四五、　そうであるけれども、その見返りがあるがために、かえって放漫に不良手形を取組み、その結果、不動産を銀行が引き受けざるを得なくなる羽目に陥りやすい。この辺の注意を怠ってはならない。

四六、　昔もその例があったが、今般、聞くところによれば、担保付手形を、担保品と手形と別々に流用した破綻銀行があるとか。商人においても、商品と手形との二重使いを常用しているものもある、有名な某商

正味身代…実質的な資産背景

見返り…見返担保品。貸付を行う際、債務者の不動産・預金などに対し，いつでも担保権を設定できる状態したもの。正式な担保権設定ができない場合に取得される事実上の担保

会は、その顕著な一例である。即ち、これは無より有を生じる一種の手品であって、最後には行き詰まることとなる。手形に「担保付」という文字を挿入することは、こうしたことを防ぐ一つの方法と言う人がいる。

四七、　自己の商業と同一の他の商業会社の役員として、同一商品の取引を自らする場合は、たとえ監査役の承認があるとしても、これらの手形には特に注意する必要がある。

四八、　取引先でないにもかかわらず、手形の支払場所に銀行名を勝手に記入することは、詐欺と言っていい行為である。最も厳重に制裁を加えるべきものである。

解題

手形の裏書に関し、注意すべき様々な例を挙げ、その背後で手形債務者や借り手に何が起こっているのかを把握することの重要性を説いている。確かに最近では、印紙税の節約のため手形は使われなくなった一方で、電子手形もまだまだ普及はしていないため、本節の記述は金融機関の若手職員にはピンとこないかもしれない。

手形や電子手形の意味は、債務が譲渡されるときに債務者が重畳的に増えていくことで、回収の安全性が高まっていくということである。しかし、逆にその過程で割引料が引かれているわけであり、関係者の中には、法外な割引を取ったり、最悪には犯罪的な手形行為をしたりするものも現れる。とはいえ、そうした背景と切り離して、手形は形式要件で債務が成立するので、転々流通する利便性がある。電子手形の一段の普及策を官民で考えることも必要ではないか。

もっとも、仮に手形や電子手形がさほど流通しなくても、債務者の実態把握の必要性が減じるわけではない。実態把握はあくまで総合判断であり、当座預金の出納、借り手企業の社長をはじめ複数部署との面談、在庫の現地チェック、会社の雰囲気や取引先の評判などの変調といった小さな変化を気づくことがより重要なことであり、手形債務者の裏書名は、そうしたことを気づく大きな手掛かりということである。

スタンプ附手形、為替取引

隻語第十章　四九〜五八

〈ここでのメッセージ〉企業金融の拡大要請に対し、スタンプ附手形に類するような日銀適格手形の流通や、遠隔地で信用情報も十分でない手形債務者の支払いを確保するための為替取引の改善が必要である。

四九、　わが国には、輸出手形に対し、スタンプ附手形※というものがあるが、大正9年の反動※に伴い、それ以来、ほとんどその姿は見られなくなった。しかし、当時は主として景気悪化により輸入手形引受が失敗したのであって、（特定分野の金融を優遇する制度としての）スタンプ附手形の失敗ではなかった。今後、この利用について、更に研究の必要がある。

五〇、　米国は多くは対内手形であるが、英国は対外手形である。

五一、　フォード氏※は「腕の利く人とは、手形の手品師を言う言葉である」と喝破した。

五二、　為替取引では、遠隔の地にあるため互いに事情に通じにくい。

スタンプ附手形…日銀が、特定分野、例えば輸出のための金融などを優遇するために、当該分野で振り出された手形や、債務証書などを担保として金融機関が振り出した自己を支払人とする手形に適格というスタンプを押し、当該スタンプのある手形の流通を企図して、その手形を優遇金利で割り引く制度

反動…ここでは、景気悪化の意味

フォード氏…詳細不明ながら、自動車王フォードのことかと思われる

ことに、主として取立手形の預け金および、当座振込金ならびにその回収方法については注意研究が必要である。また、大都市と地方との間で対等取扱いの契約をするのは、大都市銀行に不利であって、権衡《けんこう》※を得られない。

五三、　当座振込は、最近多くは当方口扱いとなったが、幾分、改善されたに止まり、資金返済にはかえって苦痛を増しただけでなく、危険負担の問題は、依然として解決されるに至っていない、しかも、これは根本的な改善を要する重要案件である。

五四、　取立手形は、常に他人の委託物として、幾分、軽く取り扱う傾向があるが、自分のものとして大切に取り扱わなければ重大な責任を生ずることがある。

五五、　地方銀行に動揺※があった際は、取立手形の取扱いについて苦心することが少なくない。常に問題となるところである。さらに研究の必要がある。

五六、　為替尻の取扱いは、特に重要なので、取引の実情に通暁《つうぎょう》※した練達者に担当させる必要がある。

権衡…つり合い。均衡

動揺…ここでは、経営困難になることを指す

通暁…精通

五七、　為替貸越※の危険よりも、代金取立手形を仕向ける方が（支払人との関係がないか薄いので、期日に支払われるかどうかについては）、はるかに不安な場合が多い。ことに支店においては、とかく本店を頼りとする傾向がある。また、（取立先である手形債務者の経営の）変調を察するのに俊敏でない不馴れな取扱者があって、先方（手形債務者）の信用を顧慮する考えが往々にして乏しいことがある。また、他行や自行内他店より（当該手形取立による依頼人の当座勘定への入金をあてこんでその資金の）付替※が起きるため、（これに先に応じると他行などからの自店への）預け金を増す危険がある。こうしたことは（手形債務者の経営の）変調の時に多く、そのために他行の避難場※となる愚に陥る。（取立代金を）回収する方策を講ずると共に、（取立ができるか否かについての問い合わせへの）回答報告の発送のタイミングについて注意を怠ってはならない。

五八、　外国為替では、信用状発行、貨物の期日前引渡、輸出手形の買入、輸出勘定、担保品の受払等の事務があるが、要するに与信行為であって、貸出と同一の注意を要する。

為替貸越…為替送金にあたって、依頼者の当座預金からの引落しの際に、赤残を認めて貸越とすること。取引先から貸越が返済されない信用リスクがある

付替…振替依頼

他行の避難場…ここでは、自行自店は取立て代金の回収ができないにもかかわらず、他行からの取立代金相当額の引出し、振替依頼が一手に寄せられる立場のことを言っている

解題

本書が書かれた当時は、昭和初期の資本主義の拡大期で、企業金融への需要が拡大していた。しかし、金融恐慌直後で、手形の流通も全国的にはまだ勃興期であり、手形の規格化による流通促進、遠隔地の支払人の信用情報の充実や不払のケースでのリスク負担などのルールも、全国的なものはなかった。

著者は、地域地域での経済活動が完結していた時代から、世界への貿易拡大、日本国内の地域間での取引拡大により、送金など決済需要の増大を感じ、またその経済取引の規模が一段と拡大することを見越していたと思われる。そしてその促進のためにも、日銀の関与や情報拡充、さらには不払いの場合のルールづくりなど、全国レベルでの企業金融の促進策を訴えているのが本節である。

こうした提案は、ある意味では国や日銀による市場整備要請を意味し、昭和18年の為替決済制度、全国一律の内国為替制度などに結実していくが、これらは、実体経済のニーズのみならず、銀行統制強化、大政翼賛の推進といった当時の国家主義の強まりも促進要素になったものである。

また、近年のフィンテックの文脈から、著者の問題意識を今日的に置き換えてみることも可能だろう。フィンテックでは、通貨類似単位や価値自体の流通拡大が、決済のリアルタイム化、迅速化を促し、社会に効率をもたらす一方で、受け取る側では、何がその単位の価値を維持する背景にあるのか、発行者の信用力はどうなのか、システムは安定的なのか、という視点を持つことが大切となっている。著者の視点は現代につながっていると言えるだろう。

第十一章　コール取引

本章のポイント

資金需給のズレを調整するため、銀行間で行われる短期貸借であるコール取引は、現金に次ぐ支払準備（流動性）であり、短期、有担保であるべきだ。ロールが続くことは、流動性管理の観点から見て適切でない。

短期、有担保が原則

雋語第十一章一〜九

ここでのメッセージ　昭和初期には、旺盛な貸付需要に応えるため、長期、無担保の融資が多かった。インターバンク外の金融業者への与信拡大も含め、短期化、有担保化、規模縮小が必要であると著者は訴えている。バブル崩壊後の１９９７〜8年、金融機関破綻が相次いだ時期に、著者が訴えたことがそのままインターバンク市場で再現された。

一、コールローンおよび同業者間の取引は、すべて担保付を原則とすべきである。かつ短期を条件とする。そうでなければ、一朝《いっちょう》※事があったときに、支払準備としての効用が機能しないことになってしまうからである。

二、各地の主要都市において改善の申合せをし、コールは担保付を原則としたにもかかわらず、早くも無担保の例外を濫用しているとの噂がある。もし本当なら「石が流れて木の葉が沈む」※ものと言うべきで、パニックの苦を忘れていること甚《はなはだ》しい。千丈の堤も蟻の穴より潰《つい》ゆ。※戒めないわけにはいかない。

三、外国では、コールマネーは銀行外の一種の金融業者が、公債売買、あるいは商業手形売買資金として極めて短期に使用し、かつこれらを担保とするため、必要なときは直ちに現金となり、支払準備であるという実態が欠けることがない。わが国では、コールはほとんどが銀行間のみの取引であって、かつ無担保または長期の場合が少なくない。追って、コール市場の展開を見るに至るに違いない。

一朝…ひとたび

「石が流れて木の葉が沈む」…物事が道理と逆になる異常事態のたとえ

千丈の堤も蟻の穴より潰ゆ…油断をすると、ささいなことから大きな災いが起こることのたとえ。出典は『韓非子』

四、　コールマネーを常套《じょうとう》※としてはいけない。したがって、これを常に使うこととしている先は、いわゆるその日暮らしの類《たぐい》であって、注意する必要がある。

五、　一銀行のコールローンの放出額が多いことと、取り手が一銀行に集中することには、注意が必要である。

六、　コールマネーを容易に取引できることは、ある意味において、営業の変態※を奨励するものというべきか。また、コールが再三継続されることは、自然と営業の堅実さを欠いた結果にならないだろうか。英国では手許現金の有高いかんにかかわらず、出し手は一応、定日《じょうじつ》※をもって回収するのが通例である。

七、　従来、わが国のコールの弊害は、こうした一時的資金を、固定資金もしくは投機資金に使用したことである。

八、　コールは双方が確実に善用さえすれば、第二支払準備資金として、極めて便利かつ有利なものであることは論をまたない。

九、　このたびの恐慌に鑑みて、コールローンは活動の範囲を縮小されるに至るであろうことから、今後は本来の正しい商業手形を歓迎し、そ

常套…常に用いる普通のやり方

変態…異常な状態

定日…あらかじめ定めた日

れによって資金運転の円滑を図ることが必要である。

解題

預金取扱金融機関の機能のうち、いつの時代にも最も大事な基本機能の一つは、個人や企業の日々の資金需要、言い換えれば現金需要、流動性需要に応えることである。その際、資金需要は毎日、金融機関、地域、取引先などによって大きさが違うので、各金融機関は、自力で流動性を持つか、他の金融機関から借りる必要が生じる。この貸借こそ流動性管理の要諦であり、それが正常にできないということは、当該金融機関が信用を失うということに他ならない。本章は、流動性管理に慎重を期すべきことを、金融機関間の貸借＝コール取引を通じて、明確に指摘している。

金融機関では、お札のＡＴＭなどによる季節的な引出し（ゴールデンウイークや正月など）や公金による資金の引き上げ（法人税納期、社会保険料納期）、資金の散布（年金支払日、官庁給与支給日）などで現金＝キャッシュの過不足が起こる。日銀や信金中金などへの預け金などの調整弁もあるが、金融機関ごとの過不足を、金融機関同士の資金の貸借（借りる方をコールマネー、貸す方をコールローンという）で調整する。この金利がコールレートであり、このオーバーナイトの金利が、無担保なら「無担ＯＮレート」であり、日銀の金融政策における誘導目標（２０１７年11月時点ではマイナス０・１％）とされている金利である。この貸借の市場をコール市場といい、無担保と有担保がある。この金利は、信用ある銀行同士が１日の貸借をする金利なので、イールドカーブの起点となり、預金金利、貸出金利を通じて金融機関、企業、個人の経済活動の指標となる金利である。

しかし、こうした金利体系が市場原理に基づいて出来上がったのは、戦後も昭和の終わり近くであり、それまで金利は、国や日銀の規制の下にあった。高度成長期には資金が地方で余り、都会で不足したので、恒常的に地域金融機関がコールを放出し、都市銀行がコールを借り入れる資金偏在があった。さらに本書が書かれた昭和初期は、経済活動が地域から全国での取引へと拡大する時期であり、資金需要が都会で旺盛になり始めた時期であった。

コール市場は東京と大阪が大きかったが、現在のように各地間通信は迅速ではなく（電報などによっていた）、福岡県の門司など各地方にもコール市場が成り立っていた。このためコールは拡大を続けていたが、金融恐慌のため、金融機関は信用があるものという前提に疑問符がついた時期であり、実際にも銀行破綻でコールが焦げ付くケースもあった。本章はこうした背景の下、資金偏在のためコールが無担保で、しかも長期にロールされている状況に警告を発し、第一に、コールは資金需給のずれを解消する支払準備のためのものであり短期であるべき、第二に、金融機関の信用が成り立たないなら有担保であるべき、という原則に戻ることを述べたものである。

今日の無担保、短期が原則となっている状態からみれば、信用があるのだから無担保でよいし、著者の言うように短期が中心で問題はないとも考えられる。しかし、不良債権問題が深刻化する中、１９９７年に三洋証券がコール市場でデフォルトした直後は、コール市場が信用リスクを警戒して取引が成立せず、また相手方によっては信用リスクプレミアムが高くつくケース、有担保コール以外は受け入れないケースもまま見られた。

著者の主張は歴史的状況の下での主張であることを理解しつつ、一方で、バブル期には資金需要が急拡大し、インターバンク預金残高が増大、バブル崩壊で金融機関に信用不安が起き、無担保のコール市場が真っ先に出来高が減少、流動性が不足する事態になった変化は、著者が指摘したとおりの状況の再現であったことを忘れてはなるまい。

さらに、リーマンショック直後には、銀行が企業に対して融資姿勢が慎重になったことからすると、これは、信用不安が生じる際には常に起こる問題である。

第十二章　商品担保

本章のポイント

商品を担保とする内国取引や外国貿易の金融は、商業銀行としては健全な取引であり、拡大を図るべきである。商品の裏付けがあるので、商業手形に準じる決済の確実性がある。もっとも、商品を過信してはならず、究極的には代金支払をする主体の信用力、人物、事業の状況などをよく見極める必要がある。特に外国貿易などでは、仕組みが複雑だけに関係者が結託して金融機関から与信を引き出すこともあり、金融機関は仕組みの理解はもちろん、関係者の信用力の調査を怠ってはならない。

商品担保金融、貿易金融をめぐる問題　集語第十二章一〜一九

ここでのメッセージ　商品担保金融、船荷証券・信用状、為替手形を活用

した貿易金融は、経済発展のため、一層発展させるべきである。しかしそこには、現状把握の難しさなど特有の問題がある。

一、　わが国には、少なくない商品があり、また、現金払いは必ずしも多くない。そうした状況を考えるとき、手形の確実で円滑な流通が十分でないことは、経済のため、まことに遺憾なことである。

二、　商業銀行としては、商品に対する資金供給を主たるものにしないわけにはいかない。したがって倉庫証券※を引き受ける貸付は、最も歓迎すべきはずである。ところが実際には、左の不安と困難があるのは残念なことである。これに対しては道徳の進歩および取扱いの改善を待つほかない。

イ、貸付の当初においては、包装および箱入りのものに対し、調査が困難であって、したがって価格もまた正確でないこと。

ロ、商品に対し、時価の六、七掛を貸し付けるとしても、これを処分する場合に当たっては、その売却価額はほとんど債権額を充たしたことはないと言ってもいいこと。

倉庫証券…倉庫業者に対する寄託物の返還請求権を表章する有価証券。倉荷証券とも言うハ、商品処分の際は、既に多額の倉庫料がかさんでいること、かつ保険料まで立て替えざるを得ないこと。

ニ、商品に不正品があること、あるいは残品または端物等が混ざっていること。

ホ、同じ銘柄であっても、その内容は似ても似つかない著しい劣悪品があること。

へ、虫喰い、品質の悪化、数量の減少、気候の変化、季節の需給関係、流行遅れ、値下り、品質の不揃、その他何らかの不利があること。

ト、取引範囲の狭い特別品、すなわちマーケッタブルでない商品があること。

チ、処分の際は、その筋の人の自由に任すほかないこと。

リ、有価証券のように、一時処分を見合わせておき、時期到来を待つといったやり方に適さないこと。

三、倉庫証券面に、品傷み、不揃の旨、あるいは、火災保険金額は寄託主の申出による旨を特記したものがある。また、品名の記載方法についても、往々にして、荷主の注文により、不親切かつ免責的な漠然とした名称を付していることがある、これらは特に注意を要する。また、保税倉庫※に入庫してあるものは、その火災保険金額には、未払の関税が含まれていることに注意する必要がある。

四、　したがって倉庫会社において、商品の内容について、また、更に進んで価格について証明を行い、その責任を負うようになれば、商品担保金融は活性化できる一面を開くことができると考える。もし、現在の倉庫会社が協定上取扱い困難であるとするならば、別に専門の倉庫会社を設立することもできるのではないか。もっとも、その新会社は、一般的保管と内容証明保管とを併営することとするべきである。

五、　倉庫会社と銀行とは、極めて連絡が密である必要がある。これは相互に利益があることであって、したがって商人もまた利便を受けることが多い。

六、　商品に対する貸付を、再三継続することは、深い注意が必要である。必ず何らかの欠陥に触れることがあるに違いない。また、特に物的以外の要件、借り手の人物、営業振りおよび資力いかんも深く注意すべきである。

※保税倉庫…税関での輸入手続きが済む前の外国貨物を、関税の徴収を一時留保して保管する倉庫

七、担保商品の評価は、時価によるべきことに異論はない。そうであるけれども、世間には往々にして、保険金額を基礎とする傾向があるため、その保険金額を故意に、実価以上に付す奸商《かんしょう》※がいる。そのために損失を招いた実例は少なくない。

八、商品の処分は、商人の破綻の直後に行うのが有利である。日を経るに従い、面倒が増え、値下がりと倉庫料、金利等により不利になっていく。

九、世に金融用の（いわくつき）「商品」というものがあって、劣等品により、銀行を欺き、貸出担保に供するものがある、ゆえに銀行は、絶対に商品の実査をゆるがせ※にしてはいけない。

一〇、元来、銀行員は商品の集散状態、または商品の銘柄、品質、斤量※の取扱等につき、研究を疎《おろそ》かにする傾向がある。

一一、荷為替※においても、商品に対しては、商品の不正または運送屋の空券※がある。あるいは指定によらない荷物先渡し等の実例が少なくない。このために紛擾《ふんじょう》※問題が起こることをしばしば見る。かつ薄資《はくし》※または不良の運送屋があり、金融業者が完全に安心して利便を供することが

奸商…よこしまな商売人

ゆるがせ…おろそか
斤量…秤で量った重さ
荷為替…荷為替手形。代金取立のために振り出す為替手形に、船積書類が添付されたもの
空券…荷物等を受け取っていないにもかかわらず、発行された受取証
紛擾…紛争
薄資…資本が小さいこと

難しい事情がある。むしろ倉庫証券に対する貸出よりも、一層危険が多い。ゆえに取組依頼人のもともとの信用いかんは、常に念頭においておかなければならない。

一二、　荷為替手形は、本来、いわば、商業手形と同一性質のものである。そうであるけれども実際の取扱通念からすれば、むしろ荷物に重きをおくことを慣例とするため、全額取り組んで与信をしないほうがよい。もし先方に対する取立上、やむを得ないときも、頭金分は必ず留保して取り組まないでおくべきである。もっとも、商品の性質、取引の原因、依頼人および引受人の信用いかんにより、自らその取扱いを変えることはもちろんである。

一三、　外国為替においては、信用状に基づいて荷為替に取り組むことを本則とするので、ほとんど丸為替※として全額与信をするのが常である。もっともＤＡ※もしくはＤＰ※取扱いとするなど、いろいろな場合がある。

一四、　他所売り商品、すなわち荷為替の場合、注文品と注文以外の品を送る場合との区別がある。これらは取引の原因を異にしているので、その結果において差異を生じる。大いに注意を要する。

丸為替…額面金額を商品代金の全額にした為替

DA…Deliver the documents against Acceptance、手形引受と同時に船積書類を渡すこと。輸入業者は、船積書類を引受と同時に受け取れるので、当該書類を提示して貨物を引き取り、その後の手形期日を決済することができる。いわば代金支払よりモノを先に受け取れる

DP…Deliver the documents against Payment、手形支払後に船積書類を渡すこと、輸入業者は、船積書類を手形決済（Payment）と同時に受け取れるので、まず、手形を決済して、船積書類を受け取り、当該書類を提示して貨物も引き取ることになる。いわばモノを受け取る前に代金支払が

一五、荷為替のＢＬ※到着前の貨物の前渡については、従来から船会社と保証銀行との間において、いろいろと面倒を生じた例がある。特に周到な注意を要する。

一六、荷為替手形の期日が長いものは、注意を払う必要がある。

一七、荷受人と荷出人とで、共謀して悪事をするものがある。ＤＡまたはハウスビル※の場合には、特に注意を要する。

一八、新規取引先が、荷受人の信用が明確でない先への荷為替に取り組むときや、または継続的に絶えず同一人に対して荷為替取組を求めに来る先には、注意の必要がある。ゆえに疑いがある依頼人には、荷物付ということに釣り込まれず、平素よりあらかじめ取引を回避するのがよい。

一九、荷為替を一つの与信を受ける道具として、各地に連絡をとって転々往還《おうかん》※して裏書により流通させる場合がある。こうしたことから、荷物があるかないかよりも、要は依頼人の信用および、その時の商況いかんを注視することが肝要である。

必要

ＢＬ…Bill of Lading、船荷証券

ハウスビル…同一会社内の本支店間で資金決済のために振り出される手形

往還…行き来すること

解題

明治初期の、生糸、絹、米、その他鉱物以外に主たる輸出品がなかった時代から、殖産興業が進み、大正末期から昭和初期は、第一次世界大戦を経て、繊維製品、軽工業品などの輸出が著増した時期である。当然、貿易金融のニーズが出てきたし、同時に所得が増え、原材料のみならず消費財の輸入も拡大し、この方面からも輸入の貿易金融の需要が拡大した。それ以前にも国内の遠隔地との物流も拡大し、金融以上に財の国内物流が拡大するに至った。

このことが、そうした産業勃興以前には土地や会社の株式、さらには個人保証しかなかった与信のための担保に、取引されるもの＝商品が加わり、担保目的物が拡大することにつながった。さらに、商品を保管した倉庫内の商品引渡しを求める権利や、商品を船で輸送し、船内の商品の引渡しを求める権利などを有価証券に化体させ、倉庫証券や船荷証券とし、証券を転々流通させることで金融をつけることが広がりを持ち始めたことが本文の背景にある。

もっとも商品担保は、不動産担保と異なり、商品ごとの個別性が強く、同種のものであっても、工業製品ですら不良品などもありうるし、まして時間と共に劣化するような生鮮品であればその質を金融機関職員が確認することは容易ではなく、担保価値の把握は注意を要する。特に外国との取引では、関係者も多くなり、そうした傾向が強かった。

著者は、そうしたことを踏まえたうえで、第一に貿易金融は商業手形割引同様に実取引の裏付けがあるものなので、商業銀行は積極的に対応すべきであり、第二に、商品そのものがあることを過信せず、関係者、特に支払人の信用力を見極めるという通常の与信取引と同じ基本を守ることが大事だと主張している。

第十三章　調査

本章のポイント

信用調査は、与信の前提として不可欠である。その調査は、企業の財務計数だけでは十分でなく、結局は経営者の人に帰着する。このため調査担当には、若い新卒者だけでなく、学歴にかかわらず、熟練の見巧者が必要になる。調査のためには現地調査が不可欠。しかし、そこで何を知るかもまた重要である。

与信先調査の要諦

隻語第十三章　一～三五

ここでのメッセージ
金融機関は、与信を求める者に対して、その紹介者との義理を考えたり、借り手の巧言にそのまま乗ることなく、自らの目で調査する必要がある。調査の最終目的は、その人が信用に足るかどうかの

判断。そのためにも人を識る目を持つことが必要であり、実地調査で何をみるかが大事である。

一、 近ごろ、権勢や利益を増すことに汲々《きゅうきゅう》とする余り、真摯でない画策をするものがだんだんと多くなっている。銀行はそうしたトラブルの渦中に巻き込まれないように注意すべきでる。かの政商のような、また、職業的名誉職とも言うべき人々※に対しては、最も油断すべきでない。

二、 英国人は、すべてにおいて堅実性から物事を考える。たとえば百万円の資産あれば、五十万円の商業をする。わが国民は全くこれに反している。

三、 関東震災後は、臥薪嘗胆《がしんしょうたん》※の意気を持ち、堅忍不抜《けんにんふばつ》※の勇気を養うべきにもかかわらず、かえって自暴自棄に陥り、義務を重んじない風潮があるのは、慨嘆《がいたん》※すべきことではないか。

四、 将来を考えず、義務を重んじず、その日その日を危ない橋渡りをして暮らすもの、これらもまた同様である。これらは虚偽が多く行われる理由である。

職業的名誉職とも言うべき人々…政治家のこと

臥薪嘗胆…たきぎの上に寝て、熊の苦い肝をなめるようなつらい経験をあえてして、復活を誓うこと。また、その気持ちを忘れないようにすること

堅忍不抜…よく耐えて、意志を固く持つこと

慨嘆…嘆き、憤ること

五、　外国では、取引先は銀行に対し真実を述べなければ、金融を得ることはできない。わが国の現状はこれに反し、努めて嘘をならべなければ金融を得ることができない。これが多く場合の真相である。

六、　商店の支配人など中枢人物に異動があった時は注意すべきである。合資、合名の会社組織を変更した時もまた同じである。

七、　個人事業的な株式会社に貸出をするときは、必ずその主たる者の、個人保証を取っておくべきである。

八、　銀行は、とかく自分の正直な心をもって人を信じ過ぎる癖がある。

九、　私は、銀行というものは、預金者と借手との差別なく、いずれも顧客に対し一視同仁《いっしどうじん》※、終始誠意をもって、懇切丁寧に接することを希望してやまないと同時に、顧客もまた誠意を持ち、銀行が安心して取引できるようにすることを望む。

一〇、　盛んに各種の商売を行い、あるいは先物、あるいは投機的取引にわたり、手広く営業をしている半面に、空手形※が潜んでいる例がある。甚だしいのは、関係会社の帳簿に記載がないことすらある。正直は商売の最良策である、との格言どおりの商売が実際に行われる一方で、この

一視同仁…どんな人に対しても、分け隔てなく平等に愛し、接すること

空手形…実際には取引がないのに、資金の調達を目的に発行される手形

ような徒輩《とはい》※が跋扈《ばっこ》し、百方※銀行を欺瞞《ぎまん》※、籠絡《ろうらく》※することに腐心※している。あたかも百鬼横行《ひゃっきおうこう》※の感がある、銀行商売も危《あや》ういことだ。しかも、銀行が少しでも真面目《まじめ》※な取扱いに出ようものなら、質屋営業とか、国家的営業に反するとか、あるいは無能であるとか、はたまた、わからず屋であるとか、たちまち攻撃を受けるのが常である。おそらくこうした言葉は、攻撃する資格のない人の常套語《じょうとうご》に違いない。銀行家たるものは、毅然として心中深く期するところがなくてはならない。

一一、　銀行家はこの強敵に対して、善戦する勇気がある必要がある。そうでなければ、首脳者たる資格はない。

一二、　嘘上手は、かりに俗人は欺くことができても、識者は唾棄するのみである。

一三、　銀行から、むりやり借入をしようとするに当たり、銀行は国家的事業であると言って攻撃する人があるが、これらはむしろ国家的機関に迷惑を及ぼす人であると知るべきである。

一四、　銀行家は、智の人、情の人であると同時に、意の人※でなくてはならない。

徒輩…やから。仲間
百方…あらゆる手段で
欺瞞…だますこと。あざむくこと
籠絡…人を言いくるめて、手なづけること
腐心…心をくだくこと
百鬼横行…百鬼夜行に同じ。得体のしれないものがうろうろすること
真面目な…ここでは、「厳格な」くらいの意味か
意の人…意志を持った人。意志の強い人

一五、　玉石混淆《ぎょくせきこんこう》※を戒め、まず相手方の人物技量およびその経営振りいかんを査覈《さかく》※し、真に信用がおけるものに対しては、力を尽くすのに吝《りん》※でない必要がある。ただし、このあたりの要領は、千差万別であって、ひとえに当事者の練達※なる手腕を待つほかなく、いちいち具体的に述べることが難しいのは残念なことだ。

一六、　調査を活用するには、まずその真相を得ることを必要とし、真相を得るためには、調査部の完全な発達を待たねばならない。そのため調査部員は、学校出身の者に限らず、更に十分な経験者と、十分なる活眼達識者※を配置するのでなければ、結局、死物《しぶつ》※に終わってしまう。

一七、　興信所の調査に重きを置くのはもちろん、さらには興信所が正確迅速に調査ができるように、銀行側からも協力する必要がある。また興信所も、調査を誤ったときは相当の責任を負うべきである。

一八、　興信所に他人の調査を依頼するというよりも、各自が進んで興信所、もしくは計理士※に自分の説明をするようになることを望む。

一九、　興信所に保険会社のようなものを併置すべきであると説くものもある。

玉石混淆…優れたものと劣ったものが入り混じり、区別がつかないこと
査覈…詳しく調べること
吝…物惜しみをすること
練達…熟練し、その道に通じていること
活眼達識者…物事の道理を見分ける目（活眼）と、物事を広く見渡せる見識（達識）を持った人
死物…役に立たないもの
計理士…公認会計士

二〇、　正味身代《しょうみしんだい》※何万円、もしくは何十万円と称しているものであっても、明日たちまち破綻を暴露する実例が乏しくないのは、そもそも何に起因するのか。

二一、　取引先を実地調査することは必ず最初にするべきことである。往々にして、貸出債権の回収が危険に瀕し、初めてその家を視察するといった遠回りを演じてしまうことがある。

二二、　信用を多く与えるのは危険である、信用を多く受けるのもまた危険である、戒慎《かいしん》※しなくてはならない、信用の拡大は破壊の基となる。

二三、　手形の発行数と、生産の数とが不均衡なことが多い。実況の調査を忽《ゆるが》※せにしてはならない。

二四、　あるいは、こうも言う。手形の裏書や、または保証をすることは、恐るべき暗礁《あんしょう》※である、もし、これらの保証をするときは、必ずそれだけの損失を覚悟し、あらかじめ準備しておく心掛けがなくてはならないと。まことにその通りであり、銀行および信託会社が、他に手形または社債の保証、信用状発行の保証をする等の場合もまた同じである。

二五、　大官※名士※を介して、融通※を求めに来るものは、多くは難物《なんぶつ》※で

正味身代…資本

戒慎…いましめ、つつしむこと

忽せ…いい加減。なおざり

暗礁…急に現れる困難

大官…高い官職にある人
名士…著名な人
融通…与信
難物…やっかいな人

ある。心すべきである。

二六、　学友および郷友の事業に対し、金融を与える場合は、更に一段慎重な用意を欠いてはならない。

二七、　その銀行の役員、またはある有力者に関係あることを笠にきて、金融を求めに来るものには、近づくべきでない。

二八、　ある筋で徳義上※、責任を負うべきであると言って、役目を笠にきて、貸金を斡旋することがあっても、当該者の更迭によって、その効力を全く失うことも多い。ゆえにこの場合には必ず、後日にわたって効力がある、責任ある的確な書面を徴求しておくことが必要である。そうでなければ応諾することはない。

二九、　素人に工場を一覧させて、金融を求めに来るものには戒心※すべきである。工場の良否を鑑識する頭脳があるものであって、はじめて実地調査の資格がある。要は相手方の真意と、その人の流儀がどうであるかに注意すべきである。外国においても、金融業者は工場を一覧するべきであるとする一方で、同時に、一覧しただけで十分とすべきでないと戒めている。

徳義…人として行うべき道徳上の義務

戒心…用心

三〇、銀行家は、事業家に対し、注意を与えることはあっても、事業に関与すべきでない。

三一、とかく外観を飾る癖がある人は、常に無理な借金が絶えない人と知るべきである。また、口先の上手な人には、つねに警戒を怠ってはならない。

三二、常に銀行に来て、儲けた話のみをして、損失したことを打ち明けない人がある。これまた注視を怠ってはならない。

三三、人に接する間に、その人の性質の善悪を看破する眼識※がなくてはならない。

三四、取引先および支払人について、営業状態のみならず、家計状況についての報告も受けることは、英米銀行が夙《つと》に※実行していることである。

三五、事業会社は結局、経営者その人に終始する。ゆえに、その人を視《み》ることが肝要である。

眼識…識見。物事の良し悪しを見分ける能力

夙に…早くから

解題

当時は、日本全体として企業の資本蓄積や個人の資金の蓄えも十分でなく、一方で金融機関から資金を借りることは、現在ほど容易でなかった。また金融恐慌後であり、金融機関の与信態度が厳しくなっていたこともあろう。このため、金融を得るために、有力者からの紹介を使ったり、自らの業績を過大に説明して、借入をしようとすることがよくあったと見られる。こうした背景から本章では、金融機関が紹介や縁故によらず、自らの目で信用調査を行う必要性が説かれている。

しかし、ここで書かれていることは昭和初期にのみ当てはまることではなく、古今東西に通用する信用調査の要諦といえる。自ら調査すること。財務計数のみならず、現地調査を行い、経営者の人となりを知ること。事業だけでなく、家計の状況も知ること。中小企業においては、企業と個人が分離していない例がほとんどであることは今も変わらない。

一時期、金融機関の信用調査が計数に偏して、財務諸表だけをみて融資したことで、大きな信用コストを負ったことを忘れてはなるまい。いくらＡＩなどが発達しても、企業の本当の姿や事業のくせを理解するには、結局は「人を知る」ことが欠かせない。

最近では、マクロ経済状況、該当業種の産業の状況、アパート・マンションローンであれば事業の継続性をみるための地域の賃貸需給の状況など、調査の範囲と手法は広がっている。しかし、住宅ローンなど、与信の返済財源、額、期限、担保など態様が比較的粒が揃っているものでも人を知ることは重要である。

信用調査はこれでいいということはなく、きりをどこでつけるかは、コストとの関係で難しい面がある。ただ大事なことは、最後は、企業や人を見る目を養うことであり、著者は、その技量はここに書ききれない練達者の技だと書いている。それは定型的ではなく、相手に応じて可塑的なものであり、そしてそれこそが、信用を極めるという金融機関の存在意義、付加価値の根源である。

第十四章　銀行の検査

本章のポイント

当局検査は、金融機関の経営の大きな方向性をチェックすることで、経営が破綻し、預金者、取引先を困らせないようにすることに最大の眼目がある。それ以外は、自主自治に任せ、重箱の隅をつつくようなことがないことを願う。金融機関側も、検査あっての金融機関ではなく、自主的に経営の方向性を定め、自ら内部検査、自店検査で点検することが重要である。その意味で、改正銀行法（旧銀行法。昭和2年制定）は従来より取締色が強まり、残念だが、金融恐慌や銀行の経営実態を見ると、それもやむを得ない面がある。

金融機関検査と経営の自主独立　隻語第十四章　一〜一一

〈ここでのメッセージ〉当局検査は、経営の大きな方向性をチェックすることで、預金者を保護することを眼目としている。検査員は、事務に通暁し、秘密を守り、大勢を洞察できる人でありたい。

一、　銀行の検査は、今の時代にもっとも必要である。しかし、元来、検査あっての銀行ではなく、経営そのものが本題である。ゆえにこれらの消極的な取締に先立って、都市銀行の経営、地方銀行の積極的に順守すべき根本方針の確立こそが、もっとも緊要※である。たとえば都会においては、商業銀行、為替銀行、不動産銀行のいずれによるべきか、また、地方においては、その土地の状況に応じ、商業銀行とするか、農工銀行的にするか、はたまた貯蓄銀行的にするか、のようなことである。十分な研究の価値があるに違いない。

二、　公的検査、すなわち外部検査を待たず、自発的検査が必要であることは論を待たない。また、時々行員の異動を行うことは、完全な内部

※緊要…非常に重要なこと

検査の最良の方法である。自発的検査は更に進んで、各店の自店検査を励行させるところに妙味がある。

三、　検査には、総括的検査があり、部分的検査があり、また、縦断的もしくは横断的検査があり、更に分けて定期と臨時とがあり、あるいは形而上※と形而下※がある。要するに、鋭敏に、かつ合理的頭脳により実施しなければならない。

四、　検査を忽《ゆるが》せ※にすべきでないことはもちろん、多々《たた》益々《ますます》※、厳重に施行すべきである。ただ、そうではあるが、検査があるために、不正をしないというのは実は嘘である。自由な営業、独立した営業、進取的な営業があったとしても、経営者の精神が誠実でない以上は、百千の検査があっても徒労に帰することが多いに違いない。現に英国では、米国のような検査はなく、何ら政府の干渉なく、全く自由自治に任せている。仏、独も、またそのようである。

五、　検査にも二種類ある。内部的検査と外部的検査である。内部的検査はあくまで内容の細目に干渉することを必要とするが、外部的検査は公的監督に基づき、銀行の基礎に関すること、および不正行為の取締に

形而上…形式や数字に現れない、経営姿勢、法令順守姿勢、取引先との関係などについての検査
形而下…形に現れる事務記録などの検査
忽せ…いい加減。なおざり
多々益々…多ければ多いほど

関する程度に止め、もっぱら預金の主である公衆に迷惑を及ぼさないことを監視することを主眼とする。一方向に密であるよりは、むしろその取締は全般的に広く、かつ速やかに行き渡るほうが銀行休業の不祥事を見ることは少ないに違いない。忌憚なく言えば、大門を開いて庭の隅を探るようなことがないことを願う老婆心にほかならない。

六、　率直に言えば、公衆が要望する検査とは、些細なる事項を指摘することではなく、取締の大綱《たいこう》※をおさえ、全局※に注視して、銀行の破綻を予防することにある。たとえば、

イ、法規に違反していることがないかどうか。
ロ、経営方針の誤っていることがないかどうか。
ハ、当事者は誠意をもって専心従事しているか。また、人格や経歴はどうか。
ニ、積立金または資本金にまで影響する欠損金があるかないか。
ホ、更に進んで公衆預金にまで迷惑を及ぼすことがないか。
へ、詐欺不正の行為がないか。
ト、自社と同系の事業に融通していることがないか。

大綱…基本となるもの。大要
全局…全体的な局面

チ、以上の事実があるとすれば、これを処理すべき最善策はなにか。

等の類である。これは自分の私言にあらず、実は銀行の同僚の声である。

七、　外的検査は、監督官庁のほか、日本銀行に調査させるのが適切であると唱えるものがある。

八、　一般地方庁においても、書面の取次やその細目の調査に煩わされるだけでなく、適切に眼力を限界まで広げ、その管下に定評がある札付の経営者がいないかどうかに注意すれば、恐らく銀行の破綻を未然に防止し、もって預金者を救い得るに違いない。また、看破《かんぱ》※すべき相当の金融機関があると信じる。そうであってこそ、地方庁を煩わす意義が一層深さを加えたものになると言える。そうでなければ、徒《いたず》らに繁雑さを増すだけに終わってしまう。

九、　検査員は事務に通暁《つうぎょう》※し、秘密を尊び、なお、また大勢を洞察する人であることが必要である。

一〇、　監査役の実際的独立問題は、大いに議論のあるところである。今日の慣習的な観念の改善は、ひとり銀行にのみ迫るべきものではない。

看破…見破ること

通暁…詳しく知っていること。その道に通じていること

二一、世はますます煩雑となり、これに伴って経費はまたますます多くなっている。ゆえに官庁はなるべく大綱を握り、小事は国民の自制自由にまかせるのがよい。もっぱら消極的取締※を主とした改正銀行法※も、この意味においては社会全般の進歩と逆行する観がないとも言えない。ただ、いかんせん、過去の事実をみると、まことにやむを得ないものがあるのは悲しいことだ。

解題

昭和初期の金融恐慌、昭和2年の旧銀行法制定により、当局による金融機関の健全性への監督・検査が強化され、さらには一県一行主義への働きかけを検査官が行っていたということが本章の背景にある。

検査と監督の一体化、原則が大事で些事にこだわらない検査を望むなど、歴史は繰り返している。金融危機があると規制・監督や検査が厳しくなり、時間が立つと、それは金融の発展を阻害するものとして緩める動きが出る。リーマンショック後のボルカールールの設定と最近の緩和議論、BIS規制の強化と最近の見直し議論などもその例で

消極的取締…法令違反に対して注意、是正を事後的に求める一方、経営判断など経営者の自主性には介入しない取締のこと

改正銀行法…他章には新銀行法という表記で出てくる。昭和2年に、銀行条例に代えて制定された銀行法。昭和56年に制定された現在の銀行法に対し、現在、旧銀行法と呼ばれているもの

ある。

しかし、留意すべきことは、経営の自主と自由と、その行き過ぎの抑止が金融システム、経済の発展のためには共に極めて重要だということである。そして著者はそのバランスをとるものとして経営者の誠実を置いている。どのような規制があろうとも、不誠実な経営では金融危機はなくならないということである。

バブルも、非合理な強気がどこかで止められなくなるということに他ならない。歴史は必ず繰り返すが、それは別の顔でやってくる。こうしたことからすると、検査や考査も視点を変えることなく、預金を預かる預金取扱金融機関には、愚直で慎重な（プルーデント）経営を訴えるのがよい。そうでなければ、当局は金融の波を増幅することになる。このことを知ることが、本書を読み、そのメッセージを時代に合わせて考える意味である。

第十五章　公債および日銀

本章のポイント

公債、国債は、国内で最も信用力のある債券だけに、金融機関の余裕資金運用の対象であるとともに、その発行、流通は、財政政策、金融政策と密接な関係がある。それだけに、財政への金融面からの歯止め、日銀の公開市場操作の対象拡充、基準となるイールドカーブの形成など、金融市場の健全な発展のために制度面からの整備を進める必要がある。

金融機関の公債保有と財政金融政策 隻語第十五章　一～八

ここでのメッセージ　国債、公債について、個別金融機関における価格変動への備えとともに、安定的な市中消化のための工夫が必要である。

一、　銀行が公債を所有するのはよいが、金融緩和の際はその時価が高いので、後に下落する時の損失を考慮しなくてはならない。もっとも、短期公債※であればよいであろうが、政府は発行の原則として長期債を望み、その間には相容《あいい》れない点がある。あるいは、銀行は毎年内部に償却のための基金を積むべきか。そもそも国債の本質より言えば、わが国のように価格が甚《はなは》だしく上下するべき筋合のものではない。これは別に、公債保護策について研究する必要がある。

二、　公債を多く所有する金融機関では、（いずれも国債の需給に影響があるため）月末期末のインターバンクや日銀からの国債を担保とした一時借入および政府の国債発行量を決める公債政策、ならびに日銀の国債保有高に直接影響する日本銀行券※発行の保証準備拡張について考究する必要がある。おそらく日銀の（国債を買い増す結果となる）増資、または（国債を買い増す結果となる）準備拡張および（国債の買い増しなどによる利息収入増分の政府への）納付金問題は、（軍備拡大や景気対策の観点からの国債増発ニーズに対して民間で引受ができないとすると、

短期公債…発行期間の短い債券

日本銀行券…当時の日本銀行券は、金と交換ができる兌換券である

日銀がどの程度買うかが問題になるので）ある時機には相当討議されるに至るに違いない。

三、　金融機関の余裕資金の調節法としては、短期公債、または大蔵省証券[※]類を発行し、金融機関の余裕資金がなくなる月末には一定の割引歩合により、日本銀行がこれを買い上げ（資金を供給し）、月初に更に再び売却（資金を吸収する）を行うべきか。それらの方法について、日本銀行と普通銀行との間で研究する必要がある。もっとも月末に一時的な借入金があるからといって、世の中の人が金融機関の信用をいろいろ言うのは適切でない。

四、　日本銀行に対する公債売買の希望は、一見、勝手な注文に思えるが、証券市場の発達が十分でないわが国としては当然と考える。要するに大小銀行の金融が円滑となり、同時に営業を確実に遂行する上で大きな助けとなる。もっとも、これは必ずしも日本銀行に限ったことではなく、たとえば日銀を背景とする有力なジョッパー[※]制度を設けるのも、また一策に違いない。わが国の証券取引の幼稚なことは、ブローカーとジョッパーとが混合していることである。

大蔵省証券…現在の財務省証券

ジョッパー…英国の取引所や短期金融市場で自己勘定によりブローカー（仲介による手数料のみを収益源とする仲介業者）と取引する業者のこと。1908年以来、自己売買を業とするジョバーと委託売買を業とするブローカーの職能を厳格に分離する単一資格（シングルキャパシティ）制度がとられてきた。一般投資家との直接取引は禁止されていたが、1986年10月の証券市場制度改革（ビッグバン）で撤廃され、自己売買業務と委託売買業務の兼業を認める二重資格（デュアルキャパシティ）制度へと移行した

五、　銀行が公社債類を所有することは永久的であって、証券会社がこれを所有することとはその目的を異にしているため、時価変動に当たり、世の中の人がこれを視《み》る点もまた自ら異なるべきである。

六、　さらに国債の評価については、いちいち市場の変動を脅威を感じることなく、泰然※としていることができる方法を講じる必要がある。

七、　決算期に公債価格の釣り上げをするよりは、国債に限り、買入価格によって計算できることにしてはどうか。事実、大差がないであろう。

八、　所有証券類の価格が騰貴する時は、余裕資金を生じるが、むしろいったん売却するのがよい。

泰然…落ち着いている様子

解題

この本が書かれた昭和初期は、戦争の足音が近づく中、日銀の引き受けにより国債が発行され、その消化に金融機関が巻き込まれて財政と金融が融合、大政翼賛が財政金融面でも進んでいく過程の入口の時期であった。

井上準之助の金解禁の挫折、暗殺（文京区の駒本小学校で被弾、その時に井上が着ていた被弾した穴のあいたコートが生家である大分県日田市の井上酒造には大事に飾られている)。高橋是清の財政拡張、景気回復。しかし、景気回復の下で財政健全化をあくまでも忘れなかった高橋は、昭和11年に二・二六事件で暗殺される。

現在のように国債流通市場がレポ取引も含め整備され、十分とは言えないものの先物市場もあり、TBや国債の日銀オペも行われ、またイールドカーブの変動に伴う国債価格の変動やボラテリティがリスク管理、収益管理上も重視されている状況からみれば、本章に書かれたことは大昔の話のように読める。また、会計規制面でも、国債の時価評価を保有目的別に行う会計基準や、自己資本規制も導入された現在からみると隔世の感がある。

逆に言えば、著者が展望していたことは、戦後の高度成長期、バブル期を経て、ほぼ実現したと言える。昭和初期の、ある意味で資本主義が徹底し、預金保険制度などセーフティネットもない中で金融破綻が日常的に起こり、取り付け騒ぎが頻発した時代から、戦争遂行のための統制経済、敗戦、再び経済成長のための為替管理、統制経済、それがバブル期前後に自由化され、不良債権問題を経て、各種規制の自由化、会計・市場制度の整備が行われた現在がある。

しかし、当時の財政と金融の不可分一体化、財政のとめどない拡張、軍備拡張から戦争への流れについては、現在克服したと言えるのか、まだ答えは出ていない。

日銀特融とモラルハザード

隻語第十五章　九〜二〇

〈ここでのメッセージ〉特融による緩和は、日銀の公債買入で吸収すべきである。日銀の公債買入価格、担保価格、掛目などは、金融の繁閑に関係が深く、検討の余地がある。円と金との為替レートも同様である。

九、　日本銀行の貸出額制限および利率の適用方法ならびに割引形式等については、相当に改定の必要がある。

一〇、　日本銀行の固定貸出増加※のため、金融の統制力が減殺され、日

※日本銀行の固定貸出増加…震災特例や金融危機に際した特融の著増を指す

銀本来の機能を発揮しにくいという説が、ようやく世上※に喧《かまびす》しく※なってきた。思うにこれらの貸出は、通貨縮小の政策の観点からみても、政府またはこの種の固定貸出を担う特殊銀行※に移し替えをするのがよい。

一一、もっとも、特殊銀行にこの肩替りをさせるためには、政府は日銀に与えたのと同様の特典を与えないわけにはいかない。

一二、たとえ現在のままとしても、特融期限が長いのと、利率が低いのとは、かえって整理を遅滞させるおそれがあるとの説がある、まさしく正論であるが、返済能力の程度いかんに係る問題である。

一三、特別融資の結果、通貨膨脹になるので、これを調節するには、貸金回収に努めること、および公債の売出等が差し当たり必要な施策である。

一四、特融が実施された場合には、世間は安心するが、事実は取付と同一の状態であって、安心させるだけで、かえって後患《こうかん》※を包んで見えなくしていると言う人がいる。もっともな観察と言うべきである。

一五、以上、公債の整理、特別融資の回収、余裕資金の処理、保証準備金制度のような中央銀行や政府の債務に関する事項は、金解禁問題に

世上…世間
喧し…うるさくなること
この種の固定貸出を担う特殊銀行…長期信用銀行などを指す
後患…後の残る憂い。後で起こる災い

関連して、大いに考究する必要がある。

一六、 中央銀行は、普通銀行を株主とする連合組織にするべきであると説くものがある。

一七、 英米とも、中央銀行は率先して、市場引受手形の発達を助けている。

一八、 英国の五大銀行は、英蘭銀行※に借入れ、または再割引を求めることは絶対にない。

一九、 わが国の正貨基準※は、各国の比率から見て多すぎる（金1gに対する円が多すぎる、円安過ぎる）と論じるものがある。また、わが国は外国と異なり、世界の金融センターから離れているので、同一に律することはできないと駁《ばく》するもの※もある。共に研究を要する。

二〇、 地方金融逼迫《ひっぱく》の声が喧《かまびす》しい※状態になると、ある筋から貸出の緩和および担保価格の寛大を訓諭《くんゆ》※されることがある。そうなれば、まず日銀において、国債の担保価格を時価によらず、額面により取り扱われてはどうかと唱えるものがある。一応もっともであると思う。

英蘭銀行…イングランド銀行。イギリスの中央銀行
正貨基準…金1gと円の交換レート
駁する…反論する
喧しい…やかましく言うこと
訓諭…そうするように上からさとすこと

解題

ここで論じられた特融のモラルハザード防止、日銀オペによる金融調節、調節の際の買入価格、貸出の担保価格などは、戦後になって仕組みが整備された。特融に伴う余剰資金回収も、不良債権問題のときには実体経済と物価を見ながら調節のための回収や緩和が行われた。その意味で、著者の描いていた問題はほとんど解決したかのように見える。例えば、特融について日銀は、以下の四原則によることを公表して、こうした問題に答えている。

原則1：システミック・リスクが顕現化する惧れがあること

原則2：日本銀行の資金供与が必要不可欠であること

原則3：モラルハザード防止の観点から、関係者の責任の明確化が図られるなど適切な対応が講じられること

原則4：日本銀行自身の財務の健全性維持に配慮すること

中央銀行の役割である経済や物価の安定には、その前提として、金融システムや金融機関経営が全体として安定していることが不可欠で

あるという理解は、日銀法の中にも明確に位置付けられている。しかしながら、量的質的緩和やマイナス金利という未曽有の事態を迎え、国債管理政策との出口における緊張関係、財政の日銀によるマネタイゼーション（ファイナンス）という根本的な問題は、まだまだ今後の展開に予断を許さない面がある。

このため著者の問題提起は、市場整備や中央銀行の政策の透明化、位置づけの明確化においては実現したが、財政政策、対外レートと中央銀行などについては、今なお研究が継続している。そうした過程で、日銀オペの条件、担保条件なども不断に検討研究が続いている。

中央銀行と民間金融機関

雋語第十五章　二一一〜二一九

ここでのメッセージ　ＴＢ（大蔵省証券。現在の財務省証券）の償還と財政資金の流れ、民間債務と政府債務の流通市場整備なども検討改善の余地は大きい。

二一、　一会社または一個人が振り出した手形であっても、百円は百円として通用するものがあるのに反し、いやしくも政府の発行した公債が、百円は百円として通用する価値がないとは、随分妙ではないか。もっとも期限の長さも関係あるが、一面にはこの対策を講ずることが必要である。

二二、　中央銀行と市中銀行との間に、金融調節上、実際的機能の発達と連絡が必要であるのはもちろん、平素の談笑の間に、意見の交換、意志の疎通を行い、または取扱方法等について互いに研究する必要がある。外国では中央銀行内に、そのための一室を常設していると聞く。思うに兌換券発行銀行である日本銀行は、大いに市中銀行を統制指導する責務があると同時に、市中銀行も共に、市場や金融機能について協働している点を大いに自覚すべきである。

二三、　米国は、戦時※に大金満家となり、また、その大膨脹を整理し、現時の金融の緩漫を見ると準備銀行は所有する有価証券を売り放ち、またコールの低下と投機の兆候を見れば、金利の引上げを行う等、よく内

戦時…第一次世界大戦時

外経済の実相《じっそう》※を看取《かんしゅ》※して、巧みに政策を運用している。真に称賛すべきことである。（日本のように市中銀行が）中央銀行にのみ依存して、固定的な不動産担保借入を中央銀行から行い、金融統制を鈍くしている現状と比べれば、もとより同次元として論じることなどできない。

二四、　今や欧米においては、中央銀行は銀行の銀行ではなく、金融市場の調節を図ることを唯一の任務とし、金融市場に直面する傾向が出てきている。わが国においても、大いに考究せねばならない。

二五、　大蔵省証券※は、これを善用すれば財政運用上の調節と同時に、民間金融の調節に便利であることは論をまたない。現に英国の市場では、割引手形中に大蔵省証券を多額に包含している。しかしわが国の今日のように、国庫剰余高が過多であって、日本銀行に常に多額の政府預金がある場合においては、到底、発行の機会はない。もっともこの剰余金問題は、すでに議論がある所であって、全部これを国債の償還に充当すべきとの議論がある。現に英国では、国民の負担還元の意味において、剰余さえあれば、これを毎月国債の償還に充てつつある。対して、わが国では、会計法の決算方法や、一年一回だけの議会の開会が、これらの整

実相…事情。ありのままの様子
看取…見て、それと知ること
大蔵省証券…現在の財務省証券

理に不便を与えることが少なくない。

二六、 剰余金をもって責任支出※に充当することは、予算を蹂躙《じゅうりん》し、また公債整理の趣旨に背反すると論じるものがある。

二七、 しかし、金解禁後には、緊縮時代となり、このような剰余金を生じざるを得ないかもしれない。

二八、 また一方において、今後国債市場、証券市場、割引市場、コール市場をいかに発展させるべきであろうか。必然的に起こる研究課題である。もっとも割引市場は、手形の信用を今日以上、大いに高めることを前提とすべきである。

二九、 特に商業銀行および手形引受会社における手形引受業務は、今後大いに講究《こうきゅう》※すべき実際的な問題である。

解題

公的債務と民間債務の流通市場を作ることは、債務者である政府や民間企業にとってはファイナンスを受けやすくなるという利点があるほか、市場の流動性が高ければ、日銀がこれを売買（オペレーション

責任支出…使途について議会の決議を経ず支出すること

講究…調べて解明すること

という）することで、金融調節にも利用できる。

このため現在では、政府債務であるＴＢ（国庫短期証券：平成21年3月から従来のＴＢ（割引短期国庫債券）とＦＢ（政府短期証券）と期間1年以内の短期国債が統合して発行されたもの。うち政府短期証券ＦＢには、一般会計の資金の一時的不足を補う蔵券、為替介入原資となる為券、米の買い上げ資金となる糧券などがあった）の流通量に影響する償還と財政資金の資金繰りとの関係は、財政面からだけでなく、金融市場の育成、維持、金融政策の円滑な実施の観点からも調整が図られている。

昭和初期と比べた現在の金融の特色は、こうした金融市場の整備が格段に進んだことと、取引決済に必要なシステム投資、ＩＴ投資が行われ、価格管理、リスク管理、資金証券決済の迅速化が進んだことである。しかしながら、世界とのインフラ競争や、前のパラグラフにあった財政・金融の融合など課題は続いている。今日からみると著者の問題意識は、こうした１００年近い後の現在の姿を、明確ではないが思い描いていたものではないか。

第十六章　銀行の合併

本章のポイント

金融機関の合併は、手段であって目的ではない。合併それ自体は目的ではなく、目的は合併後の経営により、金融機関としての付加価値を高めることにある。手段である以上、十分な資産の有無など相手方についての調査が必要である。

経営統合の前提

隻語第十六章　一～四

ここでのメッセージ　合併は歓迎すべきことだが、それには周到なデューデリジェンスと、合併後の経営の質の改善が必要である。金融機関は、大局に立って、状況を判断することが必要だ。

一、銀行の合併は、時勢柄、必要な問題であって、今や絶好の機会に違いなく、多々益々《たたますます》※、歓迎すべきである。しかし、以下について考慮を要する。

イ、合併は数の整理よりも、質の改良を目的とすべきものであって、合併は形ではなく、これによって経営がより堅実強固となるという精神を忘れてはならない。似たもの夫婦の合併、その他無理な合併は、却って従前よりも不良貸出が増加することとなり、他日に再び整理の時期が来る。

ロ、都鄙《とひ》※の銀行の縦なる合併の得失はどうか。むしろ地方同士の横の合同こそ、現実に適するものではないだろうか。もっとも資金移動関係※から見れば、これにも相当の議論があるに違いない。そう考えると、地方合同銀行※と、大都市銀行とが互助同盟関係を結ぶのが良いのではないか。その優劣はどうか。また、方法はどのようにすればよいであろうか。

ハ、合併の方法は、存続銀行側から言えば、買収する合併がよい。なぜなら普通の対等合併により資本金を増加させるよりは、不良貸出を

多々益々…多ければ多いほど

都鄙…都市と田舎

資金移動関係…地方の余剰資金を都市部に回して、資金不足を補うこと

地方合同銀行…県内など一定の地方内に本店が所在する銀行同士が合併した銀行。山陰合同銀行はその名称がそのまま使われている。

清算人に引き渡して引き継がないのがよい。もっとも、徹底的に整理して合併する場合にはこの限りでないが、従来の例によれば、合併するほどの場合には、整理が完全でないのが通常だからである。ゆえに整理未了の休業銀行をそのまま合併するのは、なおさら困難であると言える。

ニ、ありていに言えば、合併よりも自ら資本を増加し、切実枢要※な場所に支店を設置し、自行の主義方針により徐々に開拓するほうが、経済的な本質から見て、真に強固な金融機関を築けると言える。英国ではしきりに多数の合併をしたのに反し、米国のナショナル・シチー・バンク※は、わずかに2行を合併したほかは、自行の拡張増資によって今の規模となった。大いに深く考えるべきことである。

ホ、無理な合併をするよりは、むしろおもむろに※処分清算する方が、世上※全般から見て将来のためになると唱える人がいる。

へ、合併には種々の不便を伴う。たとえば、

(1)新旧経営方針が異なり得ること。(2)都鄙で経済、金融状態が異なっていること。(3)交通通信が不便になること。(4)すべての慣習、行風、

切実…身にしみて
枢要…最も重要

ナショナル・シチー・バンク
…現在のシティ・バンク

おもむろに…ゆっくり

世上…世間

気分が異なっていること。⑸役員やその派閥などの問題。⑹行員およびその待遇の差異の問題。⑺貸出欠損の切捨方法、引継後の不良貸出の責任および整理の問題。⑻その他合併についての資本金、即ち株式交換比率の算定法および法律関係等、種々のわずらわしいこと。⑼証券および備品等の動産ならびに不動産の見積価格の相違。⑽不用不動産を背負い込むこと。⑾預金の整理。⑿支店の過多およびその整理、等が主なる点である。

ト、ゆえに、合併は大いによいが、単に銀行の数の整理、または被合併銀行の整理に止まらず、同時に今後の存続銀行自体を堅実にすることをも顧慮しなければならない。そうでなければ、合併はかえって無意味となり、害となる場合がないとは言えない。合併には他の条件は第二として、資産負債の確実な査定を第一条件としなければならないことには異論はない。

チ、もし合併の成立を急ぎ、徹底した整理をせず、不純なものを後者に引き継ぐことがあれば、これは本来の精神に背反《はいはん》※するものであって、後日の禍《わざわい》を胎する※ものである。

背反…そむく
胎する…原因を抱え込むこと

リ、合併するに当たっては、一般に、貸出を調査すると同時に、預金中にはいかなる利率の契約があるか、また、振替勘定に属するものがあるか否かを、調査する必要がある。必ずや預金額の何割かは、引き継ぐことができないものもあって、むしろ預金の整理をも必要とする場合が少なくないことだろう。

ヌ、被合併銀行が案外不良であったため、合併銀行の一大禍根となり、長く整理に苦しみ、最後には再び蹉跌《さてつ》※した実例がある。初めに、厳密な査定をすることが必要である。

ル、合併の際は、一切の情実を去り、断然※、不良分子の切り捨てを決行し、禍根を後日に残さないことが第一要義である。

ヲ、小銀行を大銀行に合併するときは、産業分布状態との調和を欠き、中小商工業者の金融機関を失うとの懸念を抱くものが少なくない。これは経営方針が異なっているためであって、小組織の企業が多い我が国の現状では、緊切《きんせつ》※な問題であることは間違いない。

ワ、ここにおいて銀行も合併し、また中小商工業者も合併を図るべきである。あるいは、連合もまたよい。目下しきりに百貨店が事業を拡

蹉跌…破綻

断然…きっぱりと

緊切…差し迫って大切なこと

張しているのは際殊《さいしゅ》※に同様である。ドイツでは、各種企業の連合、即ちカルテル運動が盛んに行われつつある。

カ、小銀行同士の合併も、もとより問題ない。ここにおいて大銀行同士が更に合併を敢行すれば、大いによいのではないか。恐らく、その時代が到来するに違いない。ただし不純な合併よりも、一貫した方針に向かい、一歩一歩自力での発展を待つのが本来である。いたずらに目前の規模拡大を急いではならない。「鹿を逐《お》う猟師は、山を見ず」※。

ヨ、ドイツでは、横綱級の大きな銀行の合併を敢行している。また米国における大産業の金融には、大銀行の出現が必要であると言える。

タ、合併は万難を排して決行しなければ実現しがたい、このため有力な媒介者を必要とする。しかし、その態度は誤解に陥らないように慎重でなければならない。

レ、ただ、ここで注意すべき一点は、従来合併を勧誘するものの多くが、合併後の困難な実情に対して経験がない素人が多いことである。ゆえに利害の根本を外れて、合併の速成を強いる傾向を免れない。

ソ、ゆえに合併後の業績について、合併を強要したことの非難が少な

際殊に…特に

「鹿を逐う猟師は、山を見ず」…利益を求めることに熱中している者には、周囲の情勢が見えないことのたとえ。出典は『准南子』。

くない例がある。
ツ、しかしこれは、外部からの観察によるものであり、既に合併した当事者自体においても、不良部分が除去されていない例があるためである。
ネ、要するに合同そのものは、決して不可ではない。ただ、その合併方法および合併後の経営いかんが問題である。ゆえに各金融機関が、目前の立場を本位《ほんい》※とすることなく、本来の大局から静かに正視判断することが必要である。

二、米国では、ギャランティー・トラスト・カンパニーとナショナル・バンク・オブ・コマースとが合併して、二十億ドルの大資産の世界第一の銀行となった例がある。なお、他にもより大きな合併計画あると聞いた。

三、わが国においても、近ごろ目立って合併が行われているのは、甚《はなは》だ喜ばしい現象である。更に進んで、ここに第二段として大いに胸襟を開き、大銀行の各地支店を相互交換的に整理することができれば、競争を避けることができ、なおかつ経費の節約ができること大であろう。

本位…判断や行動の基本

四、　かつて英国の一銀行バンク・オブ・リバプール・アンド・マルティンス・リミテッドがランカシャー・アンド・ヨークシャー・バンクと合併したとき、銀行のタイトル※をどうすべきかを評議し、被合併銀行からマルティンス・バンク・リミテッドとすることを主張したところ、合併銀行は自分の旧名称を弊履《へいり》※のごとく捨てることに直ちに同意した。その襟度《えりど》※の大きさをよく考えるべきである。

銀行のタイトル…行名
弊履…やぶれた履物
襟度…人を受け入れる心の広さ。度量

解題

近時、日本では金融機関の経営統合が相次いでいる。人口減少が確実で、地域経済における廃業が増え、低金利が続く中、地域金融機関が収益を確保して生き残るためには、コストを抑制するほか、店舗統合やシステム統合でそのための時間を買うことが考えられる。

このような規模の利益を狙った経営統合のほか、経済学的には、相互の不得意を補い合う範囲の経済を目指す経営統合も考えられる。こうした経営統合は、昭和初期の産業拡大期、人口拡大期において、企業が大規模投資を行うための大規模資金需要に応える規模拡大・資本拡大を目的とした合併や、さらには戦争遂行のための大政翼賛的な一県一行主義的考えに基づく、当局指導による合併とは異なるものである。

しかしながら、合併が手段であって目的ではないという著者の主張は、現代にもあてはまる。人口増加・経済拡大期と人口減少・経済縮小期でその目的は異なるが、より効率化して顧客が求めるサービスをより安く提供するという、合併後に目指すべき経営内容は今昔で変わらない。

フィンテック投資などを考えるのであれば、大規模資本を求める合併も現代でもあり得る。そうした統合後の経営により生まれる付加価値、特に顧客への前向きなサービス提供について、その地域または他の地域でどのように行うのか、それが地域経済の発展にどのように資するのか、明確な志と方法を持つことが、経営統合の大前提になる。

一方、当時は独占禁止法はなく、競争阻害による経済厚生の低下についてはあまり理解が進んでいなかった可能性はある。一方現在でも、人口減少・経済縮小期において競争が最後まで行き着くと共倒れになる可能性もあり、こうした時期における競争政策の在り方も、金融機関のみならず、あらゆる産業で未曽有のこととして国民的な議論が必要である。

第十七章　雑感一束

本章のポイント

金融恐慌直後であることを背景に、著者が金融界について改善すべきと思う事項がアトランダムに書かれている。金融機関の破綻原因（天下りの存在、特殊銀行の民業圧迫、不動産ファイナンスの未発達）、スムーズな問題処理の遅延（不動産担保処分の法的手続の遅さ、税務債権の優越性）、役員の私財提供と株主の責任の優劣、などである。

天下りの是非、金融と不動産

雋語第十七章 一〜七

ここでのメッセージ　地域の在り方に理解がなく、コミットする気持ちもない人物が金融機関役員に天下りしても失敗に終わる。それよりも、地域から都市銀行、特殊銀行、官庁への人材の流れをつくることが重要だ。特

殊銀行の民業圧迫についての改善や、地域の不動産について流動化、証券化など金融につなげるための工夫研究にも余地は大きい。

一、　従来、わが国銀行の首脳と言えば、多くは官吏、または日銀から天下ることを不文律※としているかのようである。これについては意見がある。就職難の今日、地方においても高等学府の出身者を採用して、その後、その人格、技量、成績が優秀なものは、反対に彼らを中央の要路※に抜擢する途を開くべきであると。これは、弁護士から裁判官を登用するのと等しく、人物の経済上から見て、まことに幸福の至りである。あえて、実現を要望してやまない。

二、　金融機関の役員への天下りは必ずしも不可ではない、そうではあるが、銀行の衰運挽回策としては適当でない。即ち、その結果が失敗に終わった実例が余りに多い。

三、　試みに地方銀行の役員に対して、銀行設立の目的は何か、その土地の商業機関なのか、まさに産業開発のためなのか、いかなる経営方針なのか、いかなる設立準備組織なのかを問えば、明答することができな

不文律…暗黙のうちに了解されている決まり事

要路…重要な地位。要職

いものが少なくない。かえって、ただ、名誉なことだからと心得て、幾十年を空しく過ごし、今日に至って初めて銀行業の大変さを知り、一日も早く脱退したいと願うと言う。これは、真相の告白でなくて何であろうか。

四、 米国においてすら、地方銀行の倒産が頻繁にあって、これも皆、銀行の本義を理解していない人が経営しているためであると言う。

五、 特殊銀行※でありながら、本来の任務を守らず、分業と競争が行き過ぎ、体系の混同をうみだしている先がある。そしてその損失は結局、国民が負担せざるをえないような不条理なことは、速かに改善する必要がある。思うに、特殊銀行はわが国独特のものであって、過渡期の産物と言うべきではないか。

六、 全国の銀行貸出金百十八億円のうち、不動産関係貸出は五十七億円であると言う。仮にこれに所有不動産を加えれば、更に相当な多額となる。即ち、地方の資金逼迫は不動産の資金化流動が困難であることが大きな原因となっている。そうであるならば、不動産の資金化の方法をどうすべきか。大いに勧業および農工銀行の営業を拡張させ、もしくは

特殊銀行…戦前、長期投資、対外貿易金融、植民地政策などの理由から特別法により設立された銀行。日本興業銀行・日本勧業銀行・横浜正金銀行・北海道拓殖銀行・朝鮮銀行・朝鮮殖産銀行・台湾銀行などを指す。なお、全国各県におかれた農工銀行は昭和19年（1944年）までに日本勧業銀行に吸収合併された

純然と不動産関係融資に特化した不動産銀行を設立し、その機能を発揮させ、かつ、その取扱については、あるいはその銀行の債券を発行し、あるいは昔の地券のようなもの、たとえば登記をすれば登記所から不動産抵当証券を発行し、これを担保として与信に使えるようにするなど、その他種々の方法を研究する必要がある。

七、　銀行、または信託会社において、不動産に金融の便を与えることは、不動産の騰貴を促すものであると説くものがある。別途研究すべきところだろう。

解題

人口減少や低金利の継続により、地域金融機関の収益力は、次第に低下をしてきている。低金利も、日本各地の成長力低下と密接な関係を持っている。

暦がもう一度回る60年後には、標準的な推計でも日本の人口は7000万人弱まで減少するという。全国平均で46〜47％程度、地方で50％程度の減少となる。どのように地域経済を維持するのか、維持できるのか以前の問題として、そうした中で人が住み続けられるのか。全部の地域に今のように人が住むことは、人口が半分になるとなれば難しいことは自明である。

こうなると、そうした人を相手にしている商店や事業所は今の半分でいいことになる。当面の人手不足や後継者不足は、人口減少下で今までどおりの事業を続けようとすることの反映という側面もある。こうなると、地域間で住む人の選択が起こることは確実であろうし、域外（海外を含む）需要を取り込む企業の育成、または域外から人が来る観光への対処が重要になる。何も特色がないので観光は無理かもしれないというなら、どういう地域にしていくのかについて、住民、自治体とのコンセンサスが必要になる。

当時の地方には、地域自体の在り方に対する志やマインドがない天下りなどの金融機関経営者も多かった。天下り経営者がすべてそうとは限らないが、仮に地域経済や地域の形にコミットできないような金融機関経営者では経営は容易ではない。

60年後の7000万人という人口は、実は昭和5~10年と同じ数である。当時、山手線の外側は田んぼと畑ばかりであったという。我々はそういう問題に直面している。当時は、戦争という重しはあったものの、人口増加、産業勃興の未来があった。今の課題は、人口減少下での産業の維持である。

当時は、東京など都会が日本全体を引っ張る構図があったかもしれない。地方は、開発が遅れているがゆえに不動産に金融がつかなかった。そうしたところで、主たる地方の資産である不動産についてファイナンスの工夫が求められた。もとより不動産は何に利用するかが問題で、不動産そのものに価値があるのは、東京の銀座のように、どうなっても人が来そうな土地に限られている。

地域の不動産は、地域経済の維持にめどが立つか、地域の形にコミットできないと、どんどん価値が下がるであろう、いや現実にもう下がっている。固定資産税も本来ならどんどん取れなくなるはずである。担保価値もなくなる、リバースモーゲージの前提すら成り立たなくなる地方が多い。

歴史は繰り返す。著者が指摘する問題も、当時とはまた違った形で繰り返される可能性が高い。地域金融機関は、何がその存立の目的なのかを改めて考える時期にある。

債権回収と法律の運用　雙語第十七章　八〜十八

ここでのメッセージ　債権回収をスムーズに行っていくうえで、現在の法律には不都合な点が多い。不動産抵当権者には、法律上、絶対安全な保護を与えるべきだ。税務債権の優越についても改善を望む。法律の字句の末節にとらわれるべきではない。法の活用は人如何《いかん》にかかっている。

八、　不動産抵当権者には、法律上絶対安全な保護を与える必要がある。そうでなければ十分な与信を行うことができない。現在では、不動産貸出に対する競売法その他、法律上の不便不安な点がすこぶる多い。加えて、条理※を離れた末節の法律論が多く、実際、法律はかえって債務者を保護することが少なくない。即ち債務者の不注意は利益となり、債権者

条理…物事の筋道や道理

の不注意は救われることがない。これは法治国家が陥りやすい弊害である。こうした場合にもグレシャムの法則※は当てはまるのだろうか。

九、 債権者の過失怠慢を責めることは致し方ないが、債務者の不履行、もしくは不当利得をより大いに責めないわけにはいかない、弁護においてもまたそうである。前後本末を顚倒《てんとう》し、いたずらに欠点探しを得意とし、みだりに紛糾を作り出すようなことの罪は浅くない、社会に害毒を与えるものである。ましてや不利、不徳、不純が潜在している事例でそうしたことをするなら、なおさら害が大きい。正義正道の立場において、権利の擁護に努めるべき職掌※にありながら、不義不正にくみし、私欲を得ようとするものがあるに至っては、自分は憤慨せざるを得ない。

一〇、 一番抵当権を完全に設定しているにもかかわらず、滞納税金、しかも抵当物に関係ない他の滞納税金、もしくは、法律上優先権がないものに対しても、差押を受けることがある。この場合、債権者は進んで競売申請をなさざるを得ず、にもかかわらず税務署は公売もせず、債権者に立替納税をさせる手段として袖手傍観《しょうしゅぼうかん》※する態度に出て、債権者は完全に、泣く泣く不利に陥ることを免れない。差押は、競売の一著手《いちちゃくしゅ》※

グレシャムの法則…「悪貨は良貨を駆逐する」という言葉で有名な法則。材質の良い貨幣と悪い貨幣が同じ価値で流通する場合、良い貨幣は貯蔵されたり、溶かされたり、外国に持ち出されたりして市場から消え、悪い通貨だけが流通するようになるというもの。ここでは比喩として用いられている。グレシャムはイギリスの貿易商で、ロンドンの王立取引所（為替取引所）の設立者

職掌…担当する職務、役割

袖手傍観…自らは動かず、成り行き任せにしていること。拱手（きょうしゅ）傍観に同じ

一著手…著手は着手に同じ。手順の最初

であって、進めるも進めないも法律上は規定がないと言う。哀れなことに債権者は到底助かる方法がない。

一一、そもそも差押については、ある一定期間内に必ず競売に付すよう法律の改正が必要である。とかく法の不備を利用するものが多い。悲しいかな、官庁が既にそうだと言うべきか。

一二、法律はもとより権利義務を明確にし、我々の生命財産を保護する責務がある。決して条理を離れ、字句に拘泥《こうでい》※し、白を黒であると逆用すべきものではない、適切に法の真の精神を活用すべきものと信じる。国の円滑な発達のため、法律と経済とが一致することを望んで止まない。即ち、借りたものは返し、約束したことは履行する。条理に二途※を許すべきでない。字句の末節にとらわれることに私はくみしない。法律万能といっても、それは活用する人いかんにかかっている。裁断※は清き水の流れる如くであるべきである。

一三、また、常識的に見て、当然判断することができる事項においても、証拠調べその他、種々の口実の下に延期に延期を重ね、容易に事件の終結を見ることができないのは、わが国の法の欠点である。新しい訴

拘泥…こだわること

二途…二つの道。二つの方法。ここでは二つの解釈といった意味か

裁断…物事の善悪や、道理にかなっているかどうかについて判断を下すこと

訟法※で、もっぱらこの欠点を防止したのは喜ばしいことだ。

一四、 これをドイツの直截《ちょくせつ》※簡明な即決裁判について見よ、大いに反省するところがあるだろう。

一五、 米国商業会議所は、実業経営に法律を不必要とすべきだと高《こう》唱《しょう》※している。

一六、 紙幣の統一および紙幣の種類については研究を要する。兌換券統一には議論があるべきだが、結局、時機の問題なので、むしろこの際、発行銀行に代償を与えて、整理を速かにするのがよいと唱えるものがある。機会は正に今日ではないかと思うが、どうであろうか。

一七、 英国では、政府紙幣と銀行紙幣を統一する議案を議会に提出し、すでに通過したと聞く。

一八、 米国では、紙幣発行による利益は全部政府に納付する制度となっており、これによって銀行に利益を与えることはない。

解題

著者は、法的処理や債権回収をスムーズに行うため、民事裁判やそ

新しい訴訟法…民事訴訟法は明治23年（1890年）に制定されたが、大正15年（1926年）に訴訟遅延の原因となっている諸規定を改正し、その円滑な進捗と審理の適正を図る改正がなされた

直截…すぐに判断を下すこと。ちょくさいとも読む

高唱…声高に主張すること

の執行が煩雑で遅延しがちであることの改善や、税務債権の優越の再検討を求めている。このうち前者は、民事執行、保全法の制定、裁判や再生手続の迅速化のための各種制度などにより、戦後、特にバブル崩壊後には大いに改善が図られている。一方、税務債権の優越にはあまり大きな変化はない。

それでもなお金融機関は、弁済を履行しない債務者について、法的処理や担保処分は最後の手段として、事前にメインバンクによる支払延滞の許容、債権カット、あるいは私的な整理をして、法的手続きによらないことが多い。

その理由は、第一には法的処理は時間がかかり、その間に取引先などが取引を停止することで企業価値が劣化する可能性が高いこと、第二には、法的処理により取引先などが一斉に取引を見合わせ、また公的部門との取引資格を失うことなどにより、企業価値が段差をもって低下すること、である。また、法的処理が引き金となり、入札や取引の資格を失うことがあるため法的処理は好まれない。

一方、国税債権と他の債権との優劣については、国税徴収法第8条に、「(国税優先の原則) 第八条　国税は、納税者の総財産について、この章に別段の定がある場合を除き、すべての公課その他の債権に先だって徴収する。」とあり、国税が優先する点は変わっていない。もっとも、質権など担保権が国税納付期限以前に設定されていれば、担保権が優先する（同法第15条、16条)。

紙幣の統一については、まず、日本銀行設立前に国立銀行が発行した紙幣については、金などと交換できない不換紙幣として1900年(明治33年）から数年の間にすべて日銀券と交換され、流通が終了している。このためここでは、第一次世界大戦中に発行された小額政府紙幣の回収と、日銀券への紙幣統一のことを述べている。第一次世界大戦中は銀価格が急騰したため、銀貨の発行継続が困難になり50銭、20銭、10銭の政府紙幣が発行された。この措置は戦争終結により銀価格が落ち着いたために解除されたが紙幣が残っており、銀行事務が煩雑になっていることに苦情を書いたものと思われる。

金融機関間の競争と協力

雋語第十七章 一九〜三八

ここでのメッセージ 英米に競争と協力のよい例がある、ただし、学ぶべきは制度そのもののみならず、結局は人であり、その精神である。信用組合や信託会社は銀行との競合が多い。制度見直しの余地はないか。

一九、 預金利率の協定※のみならず、取引先の資産・信用調査、貸出方針、貸出高、またはこれに処する方法、あるいは、世間で問題とされ、またはされそうな商工業者に対する対策等、実際問題について同業者間で十分連絡を図り、意見をそろえて精神的協調をする必要がある。これは、銀行の安全を期するのみならず、商工業者が大事に至らないことにもつながる。自家の災禍を他に転嫁し、得々としているような金融機関があることは、まことに罪悪であると言える。

二〇、 さらに進んで銀行の攻守同盟※を説くものがある。これは銀行側の自衛策であるのみならず、預金者側からも希望するものが少なくない。米国には預金保護のために預金保険の強制、もしくは任意組合の制度が

預金利率の協定…預金金利協定。解題参照（361頁）

攻守同盟…補完的な同盟、提携関係

ある。また、いったん恐慌となれば、手形交換所が救済の任に当り、自助的精神を発揮することができる。米国の連邦準備銀行制度のように、制度上の力が大きいのはあまねく世界が知っている所である。

二一、米国の連邦準備銀行制度を採用しなくとも、精神をこれにとり、銀行業者間で連絡をとり、常に相互扶助をする必要がある。また、同制度のように、事前に監督を適切に行う必要がある。

二二、これと同時に、銀行から商工業者に向かって、攻守同盟あるいは、合同の注文を発することもよい。その他商工業者もまた、欧米先進国にならって自分自身が改善すべきことが多々あるに違いない。

二三、一にも欧米、二にも泰西※と、彼らに陶酔せよと言っているのではなく、わが国にはわが国の国情があるので、彼らの長所を適切に採り、我らの短所を補うべきであると言っているのにほかならない。また、形式のみ欧米を模倣し、これに伴う思慮が足りないのは、自分は採らない所である。

二四、幾度か外国の銀行を視察研究したが、分かったのは、定石は動かしてはならないということだ。踏むべき道は踏み、守るべきを守らな

※泰西…西洋

ければ、その視察も徒労に帰し、結局、銀行は破綻の外ないのである。ゆえに「銀行の経営は人にあり」と言う。

二五、今日、わが国の弊害は、法律、規則、制度、文物等の形のみを欧米より輸入し、これに伴う精神と気魄《きみ》※を学んでいないことである。この心は即ち、銀行間の協定に違反が多く、わずかも実行されない理由である。

二六、外国人は概して、華を去り実を求め、※永遠に亘る計画をたて、粘り強く、底力を有する。特に英国においてはそうである。翻《ひるがえ》ってわが国の現状を見れば、あたかも浮木の上において、その日暮らしの刹那的仕事をしているに異ならない、ますます痛嘆※に堪えないものがある。

二七、米国が旺盛なのは、ひとり天然資源が豊富であるためのみではなく、精神文化の結晶があるためである。天恵《てんけい》※が比較的薄いドイツにおいては、特にその通りであるのがわかる。

二八、もし天恵にのみよるのだとしたら、支那※は果たしてどうか。またアフリカはどうか。

二九、すなわち知る。米国は天然富源※に加え、能力と精力をもって今

気魄…マインド、心構え

華を去り実を求め…見かけの華やかさを求めるのをやめて、堅実な生き方を選び

痛嘆…痛切な嘆き。ものすごい嘆き悲しみ

天恵…天が与える恵み

支那…第二次世界大戦終了時まで用いられた中国に対する呼称

天然富源…富を生む天然資源。富源は、富を生み出す資源という意味

や長い間繁栄し、世界を征服しようとしているのだ。まことに所以《ゆえん》※がないことではない。

三〇、顧《かえり》みてわが国のように、原材料生産が乏しい上に、さらに精神文化を欠くに至っては、大いに考えなければならない。実に国運の分かれる大問題である。

三一、英国は商工業に重きを置き、農業を極めてはいないが、米国は農商工業の三者に等しく力を注ぎ、合理的、科学的産業に意を傾け、更に科学的管理法に成功している。米国の今日の旺盛は、全くその賜《たまもの》※であると言える。

三二、ただし、米国に金が多く偏在していることと、関税の障壁が高いことは、やがて米国自身にとって災いとなるに違いない。

三三、信用組合の現状は、あたかも小銀行の乱立と同一の結果に陥るおそれがないか。監督上注意する必要がある。

三四、銀行と、信託会社と、また信託会社相互間において互に協調する必要がある。現状のように、これらの競争が止まない状況においては、信託会社といえども、何年か後には、あたかも今回の災禍《さいか》※を、再び見る

所以…理由

賜…成果

災禍…ここでは金融恐慌のこと

ことになるかもしれない。

三五、 銀行の預金額を見るのと同じく、信託財産の数字を、会社の良否を判別する唯一の資料とする風潮がある。これまた、不当な競争の原因とならないかを憂う。

三六、 そもそも信託会社が、金銭信託を主な営業とし、資金放出についても銀行と競争している現状では、社会奉仕の高調《こうちょう》※に反するのみならず、銀行と分立した趣旨を没却《ぼっきゃく》※し、かつて官民共に唱えた堅実方針および預金協定の精神と、全く矛盾していると言わざるをえない。結局は銀行と合同※すべきものである。

三七、 現に米国においては、本来の信託業務だけでは利益がなく、結局、銀行業に蚕食《さんしょく》※しているではないか。同国では今や、銀行と信託会社とは、二者全く同一のものと言ってよい。

三八、 英国では、銀行に信託部があって、遺産の管理、遺言執行等の世話をしている。別に設けた信託会社は、主として証券の売出等をつかさどっている。

高調…気運の高まり
没却…無視すること。捨て去ること
合同…一つになる
蚕食…蚕が桑の葉を食べるように、他の領域を片端から侵していくこと

解題

金融機関も民間企業である以上は、市場で競争するのは当然である。しかし、金融には相互依存関係が多く、特に決済や市場間取引を通じて金融機関同士の取引は日常多い。また一社の破綻は取引関係や風評を通じて他社や一国の金融機関全体に及び、金融システム全体の問題になることもありうる。

こうした問題について、現代ではセーフティネットを整備し、モラルハザードを防ぎつつ競争をするという方法がとられているが、戦前には、金融機関経営の悪化を防ぐために、各県では日銀支店などが音頭をとり、預金金利協定を結ぶことが行われた。独占禁止法がある現在では隔世の感があるが、当時は、当局や日銀が音頭を取ることでこうした協定が盛んに行われ、本文はこうした事情を背景にしている。

一方で、現在では、セーフティネットは個別金融機関を守るのではなく、金融市場やその機能、金融システム全体を守るという観点からいろいろな形で整備がなされている。具体的には、金融機関の間の決済慣行（レポ市場におけるフェイル、資金決済におけるリアルタイムグロス決済＝ＲＴＧＳなど）や預金保険制度、当局による事前事後の監視など様々なセーフティネットが設けられている。

一方で、効率化の観点から決済システムの共同運用もなされている（全銀システム、信金共同センターなど）。こうした制度は、当時は存在せず、個々の銀行同士のコルレスにより決済がなされ、各銀行同士も手形交換などでの協力がなされていた。

金融恐慌による金融機関の破綻時には、こうした制度がなかったことについていろいろな議論があった。欧米の例などを著者は引いて注意を喚起しているが、大事なことは制度ではなく、その精神であり、運用する人であるとも述べている。決済システムが国内でつながり、また世界とつながることは効率性の向上を意味するが、逆に、どこかでデフォルトが起こると、その連鎖を断ち切ることが必要になる。つながる便利さが、逆に決済を通じて、また風評を通じて伝播につながる。

こうした知見が蓄積されるには、オイルショック、バブル崩壊、リーマンショック……、こうしたことを経る必要があったし、また、次の世界的な金融危機が、別の形で来る可能性はまだまだあると言わざるを得まい。

このパラグラフでは、信用組合や信託会社の問題についても言及されている。

信用組合については、明治33年（1900年）に産業組合法が成立し、大正6年（1917年）には中小企業に対する金融、特に都市部における商工業者の金融のために同法が改正され、都市の産業組合は、中小商工業者のための「市街地信用組合」と、従来の産業組合法に基づく「準市街地信用組合」に分かれた。

このうち「市街地信用組合」は資金需要が多く、昭和18年（1943年）には産業組合法から独立した市街地信用組合法が成立して、戦後は信用金庫と信用組合に分化していく流れができた。

一方、信託会社は、明治から大正初期には自由に設立でき、第一次大戦中には乱立した。大正11年（1922年）に信託法と信託業法が制定され、信託業は免許性となり、政府の厳選方針から、信託会社の数は大正13年（1924年）末には27社に激減した。

いずれにせよ、当時は信用組合、信託会社の勃興期であり、銀行との競合について筆者は懸念をしていたとみられる。

その後の経緯をみると、信用金庫や信用組合は戦後、地域、職域などで大きな発展を遂げた一方、信託業務は事実上、信託業を兼営する銀行や信託銀行が金融、不動産に関してほぼ独占する形になっていった。その後、平成16年（2004年）の信託業法改正により、信託財産の範囲が財産権一般に拡大され、信託業を営む信託会社も認められたほか、平成18年（2006年）の信託法改正により信託にかかる規定の明確化、整備が図られた。少子高齢化、人口減少時代における顧客の財産管理のツールとして、金融機関が信託に取り組むことは喫緊の課題になっている。

金融機関破綻時の取扱い　雋語第十七章　三九

〈ここでのメッセージ〉破綻金融機関の役員の私財提供が株主責任より先に

求められること、預金がインターバンク債務より保護されること、特殊銀行に対する当局の監督責任が問われていないこと、ステイクホルダーの責任が問われていないことなど、金融機関破綻時の取扱いには問題が多い。

三九、　近時不可解なもの、ならびに研究を要すべきもの数点を挙げれば、

イ、金融機関の破綻時に、法律上、払込義務がある未払込株金の徴収をせずに、まず有限責任の役員に対し、私財提供を強要することである。もっとも、当該役員が誠意を示すために自発的に提供する場合や、または違法および非行をした場合は全く別である。

ロ、特殊銀行※の役員は、幾億円の損失を生んでも私財提供を要せず、国民がこれを負担すること。

ハ、私財提供に対し、受け手金融機関に所得税を賦課するのは不思議な現象であること。

ニ、今もし、学校において有限責任、無限責任の講義をしたとしよう。前者は半強制的私財提供であって、後者は強制的私財提供であると説か

特殊銀行…346ページの脚注参照。ここでは、破綻した台湾銀行に対する監督責任について述べている

ざるを得ないことになる、これがどうして不思議でないことがあろうか。
ホ、一方に合併を奨励している反面において、合併財産の差額に対し、その移動に乗じて更に再び収益税を課する矛盾があること、ならびに合併増資に対して高率の登録税を徴すること。
へ、株主が多年、蛸配当※を受け取って来たことは不問に付し、かえって他を責めようとする傾向があること、なお、蛸配当については、平取締役においてすら深くその意味を十分考えず、ただ、目前の利益の高率を欲して止まないことがあると言う。
ト、未払込株金を徴収せずに、休業銀行自ら預金債務を切り捨てようとし、株主はまた払込の減免を運動する等のこと。
チ、普通銀行においては、預金の切り捨て、または払戻しに対し、預金の大小をもって、貧富の差別をすることができない。そうではあるが、これは単に事務的便法に止まり、理論的には道理に合わないとの説がある。もとより和議法または破産法から見れば、問題とすることもなくなってしまう。
リ、預金を保護するのはよいが、休業銀行の中には、名目は預金である

蛸配当…蛸が自らの足を食べるように、会社が自分の財産の一部を収益に代えて配当して目先の業績を繕うこと

が、その実質は借入金と同一視すべきものが混じっていないか。もしこれがあるなら、借入金との保護の差別化はいかにすべきか。

ヌ、また、救済に際し、預金に重きをおく結果、同業者に対しても、預金名義であるときはこれを第一順位におき、一方で預金支払の財源であるコールマネーは、同業者預金と性質が同じで、もしくはそれ以上の重さがあるにもかかわらず、第二順位とすることは、財界の救済上、緩急を誤ったものではないか。これは実際の問題である。

ル、休業銀行が、預金者に重きをおくのはよいが、これに対して他の債権者に対し、何か尽くし足りないものがある感じはないだろうか。

ヲ、一概に休業銀行と言うが、実は金銭の出入その他、取立など一切の休業ではなく、むしろ、単に支払を停止しているだけではないか。更に開店休業銀行と言う新語もある。

ワ、預金切り捨てが不当であると叫ぶものの中には、高率利息に迷い、もしくはむしろこれを貪《むさぼ》り、自らその厄に陥ったものも少なくない。あたかも火蛾《ひが》※が燈※に焼かれたようなものだ。

カ、利害関係の大きな大株主の平時の監視状況はいかがだったたであろう

火蛾…灯火に集まってくる虫。蛾以外の虫も含む
燈…灯火

か。また株主総会での側面観察はいかがだったであろうか。本来からすれば、これら自ら破綻金融機関の経営状態を監視、観察できたはずの関係者が救済を求めるのは、むしろ奇異の観があると言うべきである。

ヨ、株主総会において、蛸配当の決議をなすときは、小株主のみの賛成をもって行い、休業などの事件が起きれば、初めて大株主が騒ぐ幕となることが多い。あえて問う。一般株主の責任観はどうなのか。また、真に自社を思う気持ちはどうなのか。また、銀行の株主は、社会に対する銀行業の使命に省《かえり》み、他の会社株主のように、営利一方にのみ走るべきでない。

タ、一般に（当局による）監督は、とかく区々《くく》※とした形式および理屈に拘泥《こうでい》して、大局を逸する嫌いがないとは言えない、もしそうならば、その原因および改善の方法はどこにあるのか。もともと、監督と干渉とは、往々にして履き違いを生じやすいようだ。

レ、特殊銀行に対しては特殊な監督があるにもかかわらず、かえって蛸配当をしているようなおかしな事態はないか。監査役の責任を加重するといった新施策と同時に、特殊銀行の管理官に対する責任の加重はどう

※区々…些細なこと

なるのだと問うものがある。

ソ、不良債権を償却した場合、税務署は所得税の減少を喜ばない。特に担保がある場合、苦情を言うことが多い。しかし、後に担保を処分して利益となれば、その際必ず課税は免れないので、あえて徴税を急ぐ必要はない。

ツ、その他、同じ大蔵省所管でも、主税局と銀行局では、相反する例が少なくないとの非難は、往々にして耳にする所である。

ネ、株式の時価は、銀行会社の真相を物語ると言うがそうではない。市場の売買価格と、株そのものの真価とは、一致しないことが多い。これは蛸配当によって株価を保つ例もあるほか、または株式の売買禁止、もしくは取締役会の同意を要すると規定する譲渡禁止株式があり、こうした例では株価は意味がない。市場における売買商品とはほとんどならない株式もある、または、銀行による少量の自社株買入で相場を釣上げられるものもある。ここにおいて時価は、市場だけの相場となる。また、個人的会社の株式は、配当落ちによっても時価に変動がないものが多い。これらのことは、市場では事実上売買がないことの証拠である。

ナ、休業に際しては、役員全部が赤誠《せきせい》※を尽くし、その結果、なお資本が足りないところを、初めて他に援助を求めるべきであるにもかかわらず、これに反し役員が第二順位に立つ印象がある。自分の身体に出来た腫物《はれもの》は、自分で切開するだけの勇気があるべきである。

ラ、法律上および道徳上、義務あるものがつとめて犠牲を回避するに汲々《きゅうきゅう》としていること。

ム、債務の棒引の思想が、漸次《ぜんじ》※増大の傾向があること。

ウ、わが国民は何事に限らず、社会的制裁の考えが乏しく、淡泊かつ寛容で、思い切りが余りにもよすぎる観がないか。

ヰ、コール市場の動揺に端を発し、脆弱《ぜいじゃく》な金融界が危機に瀕した時、これに関する重要法案を議論する議員が、コール取引を十分理解していたであろうか。したがって金融界の現実状態を透し見る能力があるか、疑うものがある。

ノ、経済問題は微妙であり、かつ広汎である。救済の時機を逸すれば、損害は幾層倍《そうばい》※となる。当時、いわゆる理屈倒れの観がなかったであろうか、政府もまた他に良案がなかっただろうか。

赤誠…こころからの誠実

漸次…だんだんと

層倍…倍を強めた言い方

オ、何人も言うは易《やす》く、行うは難《かた》し。現に大蔵省預金部※すら貸出の固定※を生じ、制度を改革したのではなかったか、また、政府任命の監督官がいて、監事がいる特殊銀行においてもまた同じことである。まして一般民間銀行の監査役においてはなおさらそう言える。官民共に、行うことを先にして、言うことを後にする心掛けが肝要である。

解題

金融恐慌直後の感想として、著者は、株主、預金者、役員、当局、さらには処理法案を議論した議員など各種ステイクホルダーについて、責任の取り方、その順序、事態への対処が十分であったかなど、疑問を呈している。そのうえで、事後には言えるが、事前やその只中《ただなか》には難しい面もあったと理解を示し、「言うは易く、行うは難し」と述懐している。

一貫しているのは、破綻金融機関により利益を得ていた高金利預金者、高配当株主などの責任が追及されていないのではないか、役員の私財提供ばかりが先行していないか、という疑問である。

大蔵省預金部…郵便貯金や公的年金の預託を受け、その管理運用を行っていた。1951年から資金運用部に改組されたあと、2001年4月に廃止され、財政投融資資金に引き継がれた

貸出の固定…不良債権化すること

当時、役員の私財提供が行われることが多かったことが背景にある。取締役の責任追及は、当時は道義的な観点からなされたとみられるが、戦後のバブル崩壊期の不良債権処理では、あくまで会社法における取締役の善管注意義務違反、忠実義務違反、特別背任などの根拠を持って追及された。透明性やガバナンスの観点から大きな前進がみられたと言える。

もっとも、著者が指摘する救済時機の適切性の問題については、問題は今でも残っていて、必ずしも決して解決されていない。もっと早く気づいて対処していれば国民全体の損失は小さかったということは今でも起こり得る。戦後のバブルとその崩壊期にも同じような問題が繰り返された。いわれなき土地神話、不動産担保貸出の収益へのビルトインによる撤退の困難、自己資本比率は健全性の必要条件だが十分条件でないことへの無理解、会計や償却基準、ディスクロージャー制度の不十分さ、金融機関のガバナンスの機能不全、当局と金融界の接待などによる癒着など、平成版の『銀行業務改善隻語』が書けるくらいに材料には事欠かない。

そのうえで、「言うは易く、行うは難し」もまた当てはまる。同じことはリーマンショック前のCDS（クレジットデフォルトスワップ）取引、証券化商品の累積的組成などにも言える。行き過ぎは人類が解決できていない資本主義の課題である。システミックリスクの発生に対して、いかにより賢く備えることができるか。金融機関のステイクホルダー皆が問われていることである。

今日の人口減少、低金利の下での地域経済の縮小、地域金融機関の収益力低下についても事態は明らかであるが、地域経済の維持と地域金融機関の収益確保を全地域で達成できるのか、それができないなら、どのようにして秩序だった縮小、または少なくとも現状維持を実現していくのか、その道筋はまだ見えていない。

後から振り返ると、あの時に手を打っていれば……ということは今でも現在進行形の話として起こっている。そう考えれば、歴史に学ぶことの必要性を叫ぶには、いくら声を大きくしてもしすぎることはない。

金融機関の破綻と自己責任　隻語第十七章　四〇～六八

ここでのメッセージ　取引先も銀行も、無理を言うべきでないし、銀行破綻後に救済を求めてばかりいるのも不適切である。自主独立こそ経営、ひいては国家確立の道である。

四〇、　昔から、預金者は金利について無理を言い、借主は無理な借入を言い、無理でない借主は利子に無理を言う、商業手形は悪用され、銀行を詐術《さじゅつ》※の道具とする。嘆かざるを得ない。ましてや銀行を脅迫して、金銭を貪《むさぼ》る徒輩《とはい》※がいるなら、なおさらだ。また、ましてや内部に不純分子が潜在する場合には一層嘆かざるを得ない。

四一、　およそ世の中においては、正直な国民、正直な株主、正直な預金者、正直な銀行業者ほど、人の後始末を引き受けるものはない。しかし、これを高い場所から見てみると、やはり悪者は、自業自得の天理※に背《そむ》かず（罰せられるし）、正直な者が必ずしも馬鹿を見るものではない

詐術…人をだます手段
徒輩…やから、仲間
天理…万物に通じる天の道理

ことがわかる。

四二、　資産家に敬意を表すべきはもちろんであるが、資産家もまた銀行に対して、不合理な強要をすべきでない。このことを休業銀行の行員に聞くと、真面目に稼いだものを不労の※資産家に横奪され、高い所の土地保有者に苦しめられ、蛸配当の一因となったものが少なくないと言う。思うに高利の預金および低利の貸出金、並びに片務的貸出を暗示したものではないか。果たして、そうであるならば、このようなことが、遂には社会問題の一因となることがないとは言えない。慎むべきことである。

四三、　ある人が言う。利益という汁は、かくれた資産家に吸い取られ、元金は仮装資産家に奪われると。真相に触れた実際の経験談と察せられる。そうして現れた無産者は、決して銀行を倒すことはない。また、たとえ銀行が迷惑を被ることがあったとしても、その額は極めて僅少《きんしょう》である。

四四、　個人と言わず会社と言わず、銀行に対し、程度を越えた取引条件を強要するのは、結局、自分の取引銀行を窮地に陥れ、衰運に導くものである、適切に互扶互助※の精神を失わないことを望んで止まない。

不労の…働かない

互扶互助…互いに支え合い、助け合うこと

四五、　銀行は信用をもって資金を預かり、これを確実有利な先へ貸付け、そのことで商工業者の金融のための機関となり、何にでも相通じる公共的使命を果たし、その間に利鞘を得て営業するものである。そうであるが、周囲の環境は前述のように銀行に無理を言うものも多い。銀行家たるもの、絶大無比の自信があるのでなければ、どうして、その任を全うすることができようか。

四六、　昔は、家主の中に強欲なものが少なくなかった。今は、借家人が家賃を払わない上に、かつ莫大な立退料を強要することが常となっている。しかも裁判官や調停人は、ややもすると借主に同情する傾向がある。小作農争議もまたそうである。そうなると、借入金で貸家営業を行っているものはどうなるのだろう。また、貸家営業収益税の返還はどうするのか。これでどうして善良な社会となろうか。このようなことでは、やがては汽車電車に乗って運賃を支払わず、かえって乗客から降車料を要求されることになってしまうだろう。天下にどうしてこのような道理があるだろうか。しかし、世相はこのような状況である。銀行が憂い、かつ迷う理由は、実はここにある。農村の疲弊はだんだんと増してくる。

これは物的経済を離れ、金銭経済に変化したためであろう。

四七、　今後モラトリアム※のようなことは断じて施行すべきでない。また、天変地異以外では、人為的にそれが必要となるような事変やその原因そのものを作らないようにせねばならない。（こうしたことに慣れると）、悪習慣を助長し、かつ信用を内外両方で失うからである。

四八、　天変地異と言えば、昔、イタリアのポンペイ※は、市民が遊惰放《ゆうだほう》逸《いつ》※に堕して、驕奢《きょうしゃ》※や淫蕩《いんとう》※を極めていた際に、火山噴火により全市埋没することになった。恐るべきことだが、関東大震災もまた、何等かの天意※が存在したのではないかと。心すべきである。

四九、　外為相場の高低に、種々な一時的原因が存在しているのはもちろんであるが、結局、わが国の財政経済の実力いかんの反映でないことはあり得ない。このことはもとより、貿易関係を無視する意味ではない（むしろ経済実態の反映として重要に思うのである）。

五〇、　特殊銀行制度に改善を加え、役員を役所が推薦して選ぶことや過重な保護を避けること、および兌換券発行銀行※が、普通銀行と同様の営業を兼ね、同コースの競争をすることの利害はどうであろうか。自他

モラトリアム…緊急時の一斉の支払猶予命令。日本では、1923年（大正12年）年9月1日関東大震災に際し、30日まで実施したほか、1927年（昭和2年）4月22日、大蔵大臣の高橋是清が、昭和金融恐慌に際し、金銭債務の21日間の支払猶予令を預金者の取付け騒ぎを鎮めるため実施した

ポンペイ…古代に、イタリアのナポリ近郊にあった都市

遊惰放逸…仕事もせず、勝手気ままに遊びほうけること

驕奢…ぜいたく

淫蕩…酒や女性との遊びにおぼれ、生活が乱れること

天意…天の意志

兌換券発行銀行…日本銀行以外の通貨発行銀行

のためにも根本的研究が必要である。

五一、 どれほどの実益があるのか、わが国には政府が選んだ銀行役員が少なくないが、英蘭銀行※の役員は世の中に知られているように前途有望な実業家から選任して、その総裁には役員中の最年長者を充てている。総裁は即ち、一番豊富な経験を持っているものである、彼我《ひが》を比較し、顧みるところがなくてどうするのか。

五二、 英蘭銀行総裁は、何ら政府の干渉を受けず、しかも政府と連絡協調を失わない所に妙味がある。今や欧米各国とも、中央銀行は政府を離れて全く独立の地位にある。注目すべき現象である。

五三、 たとえ全国の銀行が真面目に経営するとしても、一特殊銀行に放漫経営があることで、国家と国民に大損害を与えた実績にかえりみると、特殊銀行が自主独立の精神に背反し、創業時代を終えた今日においてなお、過大な保護を継続することが適切でないことを悟るべきである。特殊会社においても同じことが言える。

五四、 識者がいう。特殊という保護があるがゆえに、ある向き※から食指が動き、その結果、利益よりは祟《たた》り※のほうがはるかに多大となると。

英蘭銀行…英国の中央銀行であるイングランド銀行のこと

ある向き…政治家など
祟り…行為の報いとして受ける災難

やはりそういうこともあるのではないか。英米人は特殊銀行を理解しない。

五五、　今や国際経済会議において、保護貿易の弊害に耐えられず、自由通商（リバティ・オブ・トレード）を唱え、弾力ある為替レート運用を唱えるに至った。

五六、　この考え方によって事態を観察すると、一に補助金、二にも保護と他力本願の運動を策動するものは、その結果、自他共に害があって益はない。国民は不羈《ふき》※独立、自彊《じきょう》※の精神を養うべきである。自らを重んじるものは、人もこれを侮らない。ここに初めて健全な国家を形成することができる。大詔《たいしょう》※に「国家興隆の本は国民精神の剛健に在り」とある。

五七、　産業の合理化も、まずは保護の撤廃が手始めであるという説がある。そうであるにもかかわらず、かえって保護救済を叫ぶ声が多いのはどういうことであろうか。

五八、　日本銀行には別に大きな任務がある、銀行救済は本務ではない。かつ既に救済もピークに達し、今後は行き詰まりになるに違いない。ゆ

不羈…他人に頼らないこと
自彊…自ら鍛えること
大詔…天皇の言葉。天皇の命令を記した文書。みことのり

えに普通銀行は、今後いよいよ自主自存※、独立経営の覚悟がなければならない。

五九、自己を守るのはよいが、単に自己だけよければ、他人の迷惑を顧みなくてもよいということでは、共存共栄の精神に反するものと言うべきである。

六〇、共存共栄というと、すぐに物資の援助を受けるもののように誤解し、または悪用するものがある。要は平素から公徳※を重んじ、平和を保ち、感孚《かんぷ》※相通じ、互扶互助の共同的、自治的精神を発揮できるかどうかにかかっている。

六一、多くのことで自己の利欲に対してのみ忠実で、よって他人が損をするのは気にしないと心得るものがある。まことに不条理であって、これはわが国が健全な発達をしていない理由である。

六二、自己中心主義によって個人競争をするのは社会の道義に反している。銀行は社会と相関性を有し、また、人間は団体生活を離れて生きているものではない。

六三、社会は和協謙譲《わきょうけんじょう》※によって維持される。たとえば、将棋で強

自主自存…他の力に頼らず、自らの力で生きていくこと

公徳…社会生活を送るうえで守るべき道徳

感孚…まごころ

和協…仲良く力を合わせること

謙譲…へりくだり、相手や他人を立てること

者が弱者に対して一、二枚の駒を落とし、対等として相接するのと同じである。よく考えないといけない。

六四、　わが国民は、節制が足りないため喧争※する弊害がある。すなわち、みんなが少しずつ犠牲を払って辛抱すれば、結局、みんなの利益となる。つまるところ、人を利することは己れを利する根基《こんき》※である。

六五、　世の中は巴《ともえ》※のようであって、おのおのが活動しながら、相寄り相助けて、もって円満に発達すべきものである。

六六、　何事も自己中心に考え、同性相食《あいは》む※ような狭量短見※が、いわゆる島国根性であって、わが国が世界で大を成す※に至っていない理由は、実にここにある。思うに、その更生は百年河清《かせい》をまつ※の類《たぐい》ではないか。どうして嘆かないでいられれようか。

六七、　情けは人のためならず。およそ、人のため、社会のため、国のために利益を図るものは、結局、己れの利益となって酬いられる。

六八、　ゆえに、かの我利我利《がりがり》※主義、即ち、己れだけが存在していると思って他人を顧みないようなこと、もしくは人の膏血《こうけつ》※を絞って、なお遠慮のないようなものは、まさに自他をそこなう害物と言うべきである。

喧争…やかましく争うこと

根基…根もと。大もと

巴…水が渦巻くような模様

同性相食む…性質の同じものが互いに争うこと

狭量…心が狭いこと。異なる意見を受け入れられないこと

短見…目先しか見ていない考え

大を成す…大成する

百年河清をまつ…いつまで経っても埒があかないこと

我利我利…自分の利益しか考えないこと

膏血…あぶらと血

解題

金融恐慌、銀行破綻について、取引先や株主が銀行に無理な条件での貸出などを依頼したことを挙げ、また、破綻後は自らの救済のみを求めていることを厳しく批判している。

さらに、政府系の特殊銀行の保護についても批判は厳しい。日銀による特別融通（特融。金融システムを維持するため、日銀が個別金融機関に対し、市場より安い金利や無担保など通常より緩和された条件で行う貸出などの与信）も、原則ではなく例外で、その規模も縮小すべきであると説く。

そこでは一貫して、経営の自主独立、破綻時の自己責任が説かれており、取引先や株主のモラルハザードを懸念する自由主義的な姿勢が貫かれている。

今日の理解では、個別金融機関の破綻自体については筆者の述べるとおりであるが、金融システム全体の維持のためには、日銀の特融、最後の貸し手機能（lender of last resort機能）が必要なときもある。

この場合、関係者の責任は法律により厳正に対処されるべきことは言うまでもない。

しかし、より大事なことは、そうした事態を招かないように普段から行政や日銀が、マクロ的なリスク拡大や、個別金融機関のリスクとリスク管理のバランスの崩れについて調査・モニタリングし、警告を発することである。またそのためには、システミックなリスクが何かを調査したうえで、不断に規制、監督、ディスクロージャー・会計基準等の制度整備など、未然段階の危機予防を充実させる必要がある。

これが現代の考え方である。

必要なのは精神の改善

隻語第十七章　六九〜九二

〈ここでのメッセージ〉他行の経営状態を中傷し、自らを利するような行為は言語道断である。銀行経営の改善には、行員の志、精神面の改善と、実務に即した研究、改善が不可欠だ。金銭教育もまた重要である。

六九、銀行集会所※においては、自由に意見を交換し、表裏なく打合せをして、相互に協調して改良進歩に資する気風が必要である。論語に「君子は和して同ぜず、小人は同じて和せず」※とある。

七〇、銀行集会所において、各銀行の実務を掌握している中心的な人物によって研究調査機関を組織して、幹部と連絡を取ることにすれば、銀行実務の改良進歩に資する所が少なくないに違いない。

七一、銀行集会所には、銀行員養成のため、子弟の訓練学校を設け、卒業生には相当の待遇を与えることも一案である。現にそれを実施している所もある。英国では、各組合銀行の出資による銀行員養成所があって、甲種商業学校※、または高等商業学校※程度の学習をしている。

七二、経済界が動揺している際に、流言蜚語《りゅうげんひご》※を放つことは大いに戒めるべきである。しかも銀行の同業者がするに至っては、火事場泥棒と同様に、その罪を許すことはできない。同時に新聞記事についても、執筆態度の慎重を望むところ大である。

七三、もし、同業者間において、人に迷惑を与え、もしくは他を中傷

銀行集会所…各地銀行協会の前身

「君子は和して同ぜず、小人は同じて和せず」…できた人間は誰とでも仲良くなれるが、自らの信念を捨ててまで人に合わせることはしない。つまらない人間はすぐ相手や周囲に同調するが、本当に仲良くなることはないという意味

甲種商業学校…明治32年の実業学校令により設置された商業学校。入学年齢・資格により甲種と乙種があり、甲種は14歳以上の高等小学校卒業程度が入学資格となっていた

高等商業学校…戦前の旧制専門学校のうち、商業・商学教育を行っていた学校。戦後は新制大学に移行

流言蜚語…根拠のないうわさ

するものがあれば、やがてその報いは自分に落ちて来るに違いない。即ち「汝に出でたるものは汝に還る」。

七四、　ここに一つの実話がある。今回の取付け騒ぎに際して、甲銀行は預け入れに来た者に対して、どこの銀行から引き出してきたのかを訊《たず》ねたうえで、自行が保証するので、その銀行に預け戻しをするべきと勧めた。一方、乙銀行は、預金引出者に対し、当行は天下の大銀行である、当行を危《あやぶ》む前に、まず隣りの銀行を考えよと言ったとか。その結果、これを聞いたものは、全くこれと反対の感想を抱くことになったと。二者の美醜は、今なお話題となっている。

七五、　平素においても、同業者間の批評は大いに慎むべきである。不測の影響を及ぼすことがある。

七六、　己《おの》れの銀行に過ちがあるから、そのときには他行の非を求めて友にする。自行に過ちがないものは、他行の非を友として語る必要がない。他人を見るよりも自分を見るべきである。「物言えば唇寒し秋の風」※。

七七、　かつて関西銀行大会において、銀行の決算期を三月、九月もし

「物言えば唇寒し秋の風」…人の悪く口を言った後には寒々しい気持ちになる。転じて、余計なことを言うと災いを招くという意味

くは五月、十一月に改正することを希望するとの決議をしたことがあった。是非、採択されることを望む。今や信託会社その他の諸会社の多くは五月、十一月の決算である。殊《こと》に政府の会計年度は四月に始まり三月に終わるではないか。必ずしも、銀行だけが六月、十二月に限る必要はないだろう。この改正は実に多数の実務家の希望するところである。

七八、 営業報告書の記載方法を改良すること、および毎月内容を公示すること等、研究が必要である。同時に、数字が実態をどう反映しているのかについての研究が必要である。数字の表面的観察は、とかく錯覚に陥ることがある。これは装飾に欺かれるためである。米国の政府および手形交換所の検査は、すこぶる厳密なものがある。

七九、 営業成績の糊塗《こと》※や粉飾、すなわちその虚偽が不当であることは論をまたない。しかし、責めるべきはその形式的な結果ではなく、そうした粉飾をせざるを得なかった根本原因である不正行為そのものである。結局、そのもとをたどれば、方針を誤り、遂に仕方なく粉飾する破目に陥ったことにある。

八〇、 その他、本支店間の事務統一、部課組織の適否、為替取引上の

糊塗…ごまかして、その場を取りつくろうこと

改善、行員訓練方法、書類の整理法等、研究改善すべきことを列挙すればなお多々あるが、要するに新銀行法※の趣旨に従い、形式や事務的なことよりも、その根本精神の革新こそが第一要義※である。

八一、　単に形のみの改善に努めるのは、あたかも蝿《はえ》を追うようなものである。自分はこの本で幾度か繰り返し、主義方針が根本であって、形は末葉である、と言っている。日本は形式の国として笑われているのではないか。思うに精神が伴っていないからである。

八二、　これを食物にたとえると、西洋料理は滋養と経済とを主とするのに反し、日本は専ら体裁を主とするようなものである。よく考えるべきである。

八三、　わが国の迷える状況は、あたかも文字を横書きで書くにあたり、あるときは右から始め、あるときは左から書き始めているようなものである。

八四、　今日わが国で改善の必要があるのは、制度様式ではない。必要なのは、これを運用する人の心の改善である。

八五、　そもそも、わが国の今日の喫緊事※は、日本という大船に優秀な

新銀行法…昭和2年に、銀行条例に代えて制定された銀行法。昭和56年に制定された現在の銀行法に対し、旧銀行法と呼ばれているもの

第一要義…最も重要な意義

喫緊事…急を要する差し迫った課題

船長をのせ、何れの方向に進むべきかを確実に示し、その目的方針に向いて、船員が一致して真剣に努力することにある。

八六、 金融制度調査会の議論が、形式手続事項の末節にわたるものが多いのは遺憾である。金融政策の大局からみて、その機関組織の整備と、銀行業務の改善の根本政策とを主眼とすべきである。

八七、 世の銀行制度を論じる者の中には、銀行論または外国の制度は知っていても、わが国金融の実際的運行を知らないものが少なくない。ましてや商品の取引状況を知っているものはもっと少ない。

八八、 わが国民の経済思想は不十分である。外国では少女ですら小切手の話をすると聞く。わが国の初等教育で、銀行に関する知識は、小学読本※巻十の小記事に過ぎない。更に進んで普及の方法を講ずるべきである。

八九、 政府の施策は、国民の経済に関する意見を基調とするよう、その意見は有力で強力なものとして受け止めなくてはならない。

九〇、 社会の進歩は社会全体での共同的なものであるが、結局、各自が進歩を自覚する必要がある。

※小学読本…小学校で使われる国定教科書

九一、　わが国の財政力は足りないと言うが、全体の富力は増進しているのではないかと説くものもある。一理あるが、借金による国家財政の膨張は、さまざまな祟《たた》り※となるものであって、禍根《かこん》※はここにある。英米においては、（第一次世界大戦の）戦後財政の整理縮小に鋭意努力した点、さすがに嘆賞《たんしょう》※に値する。

九二、　理化学研究と言わず、社会研究と言わず、むしろ、実際に即した役立つ権威ある経済研究機関の設置こそが、わが国の現在の緊急事ではないか。無駄に会員の多いもの、または名誉的な調査会員を作るようなものは、無いよりましという程度のものとして、自分は賛成しないものである。

祟り…行為の報いとして受ける災難
禍根…災いのもと。原因
嘆賞…感心して、褒め讃えること

解題

著者は一貫して、金融機関経営や国全体の改善には、その志や精神の改善が必要であることを説いており、ここでも繰り返し述べられている。加えて、それを実現するためにも、著者は金融機関実務に即した研究、それも外国事例の研究、それに基づく実務改善を行う必要性も主張している。志なくして実務改善なく、実務改善を伴わない理屈だけでは、経営全般の改善もない。これはいつの時代にもあてはまることである。

注目すべきは、金融機関実務のための基礎研究の必要性、子ども時代からの金銭教育の必要性、加えて、銀行集会所（銀行協会の前身）での金融機関職員の育成のための職業的訓練学校の必要性を説いていることである。今の時代、金銭教育の必要性が社会で言われるようになっており、筆者の先見性がうかがわれる。

ただし、重要なことは、金銭教育は金融の技術を学ぶことが大事なのではなく、お金とは何か、その道具性を学びつつ、人の役に立つことがお金の流通を促進するのであり、お金を人生の目的としてはいけないという本質を学ぶことを忘れてはなるまい。

またここでは、危機時における金融機関の利己的な態度を強く戒めている。前述の文脈では、精神面の悪い例となる。危機に陥った金融機関の弱みにつけこんで、悪い噂を流す。預金の自行への預け替えをささやく。そうした行為は、結局は自らの墓穴を掘ることになる。

昭和金融恐慌時に起こったことは、平成のバブル崩壊期にも起こった。ある銀行の破綻時に、他の銀行が破綻銀行の顧客を乗せたバスで乗り付けて、破綻銀行から預金を引き出させ、自行に預けさせたことがあったという。破綻銀行の役職員の胸底に刻まれた光景は、その銀行に対する大きな反感を残すことになった。金融機関職員に収益動機があるのは当然だが、人の道を越えた収益獲得は本末が転倒している。このことはいくら言っても言いすぎることはない。

第十八章　金解禁問題

本章のポイント

本書が書かれた昭和2年（1927年）頃、日本は、その年に起こった金融恐慌の影響や、さらには大正末期の関東大震災の影響もあり、世界の中でも景気回復が遅れている状況にあった。そんな中で盛んに議論されていたのが、第一次世界大戦で停止された金輸出の再開（金解禁）、つまりは金本位制度に復帰することが、為替安定による経済の安定に必要かどうかということだった。著者は再解禁賛成の立場からその必要性を説きつつ、そのための最重要事項は、金解禁による景気悪化に耐えるだけの国民の覚悟であると述べている。

金解禁のための条件

雋語第十八章一～一九

ここでのメッセージ **金解禁は、いずれ実施すべきだが、そのための準備が必要で、国民の覚悟の養成が重要となる。**

一、金の輸出解禁※は、金本位制※を常道※に戻し、それにより貨幣の価値を引き上げ、経済の基調を整正※し、対内的、対外的に為替相場を安定させ、物価および賃金を下落に導き、人心に緊張を与え、経済を安定させて産業を堅実に促進させ、結果として輸出増加への転換となることを企図したものである。このため金解禁は、適当な時機と方法によって早晩実現すべきものであり、ついにそれが実現した暁《あかつき》には、金融業者はもとより、国民こぞって、金本位制を守る努力をする大きな覚悟が必要である。

二、そもそも輸入超過によって流出した金貨を、人為的にせき止めることが不自然であることは論ずるまでもない。まして、わが国より何倍も金輸出禁止の必要に迫られた世界の交戦国が、今日、皆、再解禁し、

金の輸出解禁…金輸出は、第一次世界大戦中、為替レートの急騰や金の輸送のリスク回避のために禁止されていた

金本位制…中央銀行が、発行紙幣と同額の金を保有し、いつでも金と紙幣の交換を可能とする制度

常道…原則にかなった普通のやり方

整正…正しく整えること

金を価格尺度の世界共通の基礎としているにもかかわらず、一等国と自ら任じて、しかも交戦の影響が薄かったわが国が、ひとり未だ再解禁に至っていないのは、むしろ不思議であって、はなはだ遺憾な所である。もとより、これに対する準備が必要であることに議論の余地はなく、結局、時期の問題であるが、今日まで解禁の好機を逸したことで、金輸出禁止のため、直接間接に受けた損害の総和は決して少なくない。経済界で経営破綻企業などの整理が遅れたのもその主な例である。思うに、金解禁を行わずに、為替相場の回復や、将来における真の好景気は果たして実現できるであろうか。

三、　一方で、金解禁はこのような単純なものではなく、種々の準備を必要とし、またその準備を進めるにあたっても、相当の影響を受けるものが少なくないと説くものもある。もちろんそれに相違ないかもしれないが、いたずらに空論にのみ走って、準備は川向うからの掛声にとどまり、本気でその実を進行しないようでは、解禁を促進できない。また、一面から見れば、準備による影響そのものも、解禁の効果であると言うことができるに違いない。

四、　日本の富は、一人当り千七百円であると言うが、その中には実質的に中身のない富が少なくない。ゆえに金解禁後には、富の収縮を見るのは当然である。

五、　金解禁は、結局、通貨の縮小につながるので、経済界への衝動を少なくする準備として、あらかじめ日銀の保証準備の額を拡張して通貨発行を増加させる余地を作るべきであると説くものがあるが、これは矛盾する策である。国家のことを考えると、加勢することはできない。

六、　今や英国を除き、欧米各国はほとんどが比例準備制度※を採っている。わが国でも準備制度の根本問題を議論するのはよいが、金解禁に際して、比例準備制度に改めようとする議論は、その出発点において、いささか不純な動機があるのではないか。

七、　英国を除いた各国が、比例準備制を採ったのは、要するに、世界の金産出額が経済の膨張に伴わない結果から考えた方法であって、本当は金準備が多い方がよいのである。

八、　世界はだんだんと金が遍在しつつある。このため金銀両本位制度※または為替説※を唱える人も出るに至っている。

比例準備制度…中央銀行の銀行券発行残高に対して、一定比率の金（正貨）準備を必要とする制度。中央銀行が保有する金に対して比例的倍数（3分の1など）を超える部分は、信用度が高く流動性のある商業手形、国債などの保証準備を持つ必要があるが、正貨準備額により通貨発行に上限を設け、インフレを抑制して通貨の対外対内価値を維持するところに制度の眼目があった。1913年にアメリカで採用され、第一次世界大戦後に広く普及した。

金銀両本位制度…金と銀の間に一定の比価を設け、その両方を貨幣制度の基準とする制度

為替説…金本位でなく、直接通貨同士の為替レートを変動

九、　今やゴールド・デレゲーション※は、世界各国協調して金準備縮小の必要を力説している。

一〇、　金解禁の一つの準備方法として、目下、わが国における余裕資金を別途に積み立てるべきであるとの説もある。これもまた一策であり、その方法も種々ある。

一一、　また、わが国通貨の平価※の切り下げを主張する論に至っては、容易に左袒《さたん》※することはできない。独、白※、仏、伊等、各国が甚《はなは》だしい通貨価値の下落およびその他の事情による窮余により、やむなくこの犠牲を払っている現状と、わが国における1割程度の為替相場の低下、また、なすべき努力を尽していない状況とは、もとより同日に論じられない※。ただし、金解禁を延期する場合には、後に平価切下げが止むを得なくなる可能性もある。

一二、　覚悟がなく準備もないものに対し、金解禁を叫んでも、いたずらに水禽《すいきん》の驚き※を重ねるだけである。そこで、ことなかれ主義の立場から、平価切下げ論の台頭がみられるが、これは根本的な対策ではなく、変則的な現状維持の便宜策である。

制にする、または固定化する説

ゴールド・デレゲーション…金本位制など通貨制度にかかる各国政府代表

平価…金と通貨との交換レート

左袒…賛成すること

白…白耳義の頭文字で、ベルギーのこと

同日に論じられない…違いや差がありすぎて、比較する（同じ日に論じる）ことができないということ

水禽の驚き…水鳥の羽音に驚くことで、根拠なく不安を持ったり、驚いたり狼狽することのたとえ

一三、　要するに、金解禁の準備とは、挙国一致して、その覚悟をすることによって実現し、その実現は政府並びに一流の富豪および一流の会社が、進んで節約の英断を行うことによって、はじめて効果が現われるものである。

一四、　国の繁栄は、国内消費を盛んにすることにあり、節約は不景気を招き、国の衰亡を来たすものであるという議論があるが、これは米国において通用するもので、ドイツには通用しないように、わが国の現状に照らせば、迷論※であると言わざるを得ない。かつ、消費にも生産的なものもあれば、非生産的なものもあり、一概に消費として論じ去ることはできない。ましてや、米国といえども、国内消費は早晩行き詰まりの時期が到来するに違いない、また、関税を引き上げて輸入を減らすとしても、行き詰まりはもっと早く来る。

一五、　米国において、一九二〇年前後にわたり、全国的に消費節約に努力した素晴しさは、今なお記憶に新しい所である。

一六、　震災手形損失保証および処理法案※は、金解禁の前提として議会に提出され、いわゆる経済界の癌を除去する当然の施策であった。しか

迷論…不合理な議論

震災手形損失保証および処理法案…関東大震災後の経済の混乱を収拾するための法案。決済不能となった被災地の銀行保有の手形（震災手形）を、日本銀行が一億円を限度とする政府保証を条件として再割引する等の内容

しながら、経済界は既に慢性的病体であったため、荒療治に耐えられず、はからずも経済界が波乱となる原因となり、金解禁はおろか、このために対外的な信用が失墜した面が少なくない。今後、職務に当る為政者は、必ず、現実の活きた社会の実情に精通し、慎重に慎重を加え、決して一方的な意見のみを過信することがないことを望む。

一七、 一方で金解禁の方針をとりながら、一方で公債を増発するのは、矛盾と言うべきである。

一八、 在外正貨※を補充することが行き詰まると、為替決済をしようとしてできず、為替相場の下落を来たして、金解禁の障害となるに違いない。これもまた（金解禁しようとするが、金を補充できないと、円安となり、高いレートでの金輸出の解禁ができなくなるという点で）矛盾ではないか。

一九、 また支払準備として在外正貨をおくのは、国際間の信用取引は国内と異なり、意のままにはならない結果であり、各国が借金国となっていることに原因がある。その証拠は、もし輸出国ならば（輸出代金の受取超過なので）準備を持つ必要がないからである。

在外正貨…国外に日本銀行や日本政府が保有する金。イングランド銀行、ニューヨーク連邦準備銀行などに寄託保管していた

解題

最初に、金解禁をめぐる当時の動きを概観しておく。

第一次大戦より前、主要国の通貨制度は金本位制であったが、戦争により正貨準備である金の現物輸送が危険で困難になったことや、戦争による通貨発行需要の高まりなどから、各国は相次いで金本位制を一時停止、金輸出禁止の措置をとった。

金本位制は、輸出超過→外国から代金としての金流入→金保有量が増大→通貨増発→国内物価上昇→輸出減→輸入増→輸出入がバランスという自動安定機能を企図したものである。各国が金本位制をとれば、各国経済が世界経済と有機的に結ばれ、国内物価と国際物価が連動、自動的に国際経済のバランスが取れる。そのため、第一次大戦後、1919年に復帰した米国をはじめとして金本位復帰の動きが広まり、1928年の時点で未復帰はスペインと日本だけとなっていた。

日本では、関東大震災や第一次大戦後の不況などの影響で金本位復帰は実現せず、懸案となっていた。本書が書かれた昭和2年（192

7年）は昭和金融恐慌の直後で、金解禁の議論が盛んになされた時期であると同時に、国内外で政治、経済が不安定な時期で、金解禁による金の流出、旧平価（戦争前の円と金の交換レート）による復帰か、新平価（戦争後のレート）による復帰か、通貨発行制度とも関連して議論が多かった。

昭和4年（1929年）7月には、田中義一内閣が張作霖爆殺事件の責めで総辞職した後、立憲民政党の浜口雄幸が組閣、大蔵大臣には前日銀総裁の井上準之助が任命された。内閣の課題は財政の再建と経済の再興、軍縮の実行であったが、12年間、8代の内閣が手つかずであった金解禁が難問としてあった。同年10月にはウォール街で株価大暴落があり世界経済は不安定化していた。そうした中、昭和5年（1930年）1月、浜口雄幸内閣、井上準之助蔵相が、戦争前の旧平価で解禁に踏み切った。

解禁前の日本経済は、通貨安定装置を持たないことから、為替相場は国内外の思惑で乱高下し、為替差益を狙う投機筋が暗躍、地道な生産や貿易に従事するものは痛手を受け、倒産するなど経済は低迷していた。一方で、金解禁を特に円高となる旧平価で行えば、金が国外に出ないような政策、即ち大胆なデフレ政策が必要で、そのため財政の緊縮や軍縮などを断行し、国内物価も引き下げておく必要がある。当然ながら、これは多くの人々に痛みが生ずる不人気な政策でもあった。

このときの最大の難敵は軍部と右翼であった。これをあえて踏み切った経緯は、小説のかたちではあるものの城山三郎氏の『男子の本懐』に詳しい。結局、浜口も井上も凶弾に倒れる。政治家の売り物は常に好景気で、古来「デフレ政策を行い、命を全うした政治家はいない」とも言われていたことが現実になったのである。

本章で著者は、昭和5年（1930年）の金解禁を前に、金本位制による経済の自動安定メカニズムの重要性を支持し、解禁後の景気悪化緩和のための通貨増発や財政出動に対しては、金解禁の目的を損なうという立場から反対している。国民の節約と覚悟により、難局を乗り切ることが重要だとの立場である。この策は、井上準之助蔵相に近く、これに反対した高橋是清や、高橋亀吉（東洋経済新報社を経て経済評論家）の立場とは異なる。財政政策や金融政策が大きな景気変動の影響を緩和するというケインズ的な立場からすると、より自由主義的な自主自立を重んじる立場と言える。

もっとも、著者は、金解禁には周到な準備が必要と説いており、金解禁による金の流出、為替相場の円高、それによる輸出減少、景気悪化を十分見通したうえで、政府、企業のみならず国民の覚悟が必要であること、そしてその苦しい時期を乗り切れば、金本位による為替の安定や貿易収支の安定化が図られるとみていたことである。

しかし現実は、著者が願った国民の覚悟がないままに金解禁が行われ、高橋財政がとってかわり、軍部に妥協的に財政支出が行われ、ずるずると財政が膨張、満州事変などで財政に歯止めが利かなくなり、国家と国民の運命を変えていった。著者の正論が証明されていくことになったと言える。

第十九章　昭和二年の恐慌

本章のポイント

昭和2年の金融恐慌では、銀行が相次いで破綻、取付け騒ぎが拡大した。支払猶予令（21日間の債務支払い猶予、モラトリアム）、銀行の3日間の休業、日銀の緊急融資、裏が白い銀行券の印刷と銀行店頭への積み上げなどにより取り付けやパニックは収まったが、その後、日銀特融の貸倒れ、政府による損失補てんが社会問題となった。金融恐慌の経済的原因は、第一次大戦中の一部企業の放漫経営にあり、それを拡大させたのが、戦後不況期や震災後に、財政・金融の過度な緩和により、そうした企業を延命させたことであった。

取付け騒ぎの真因

隻語第十九章 一～二〇

ここでのメッセージ 昭和金融恐慌の真の原因は、銀行破綻時よりももっと前の企業の放漫経営、それを延命させた第一次世界大戦後、関東大震災後の財政の拡大と金融緩和の行き過ぎにある。その場しのぎで不採算事業を残し、結局傷が深くなった反省を忘れてはならない。

一、　今回のように、全国の銀行が一斉に取付け騒ぎとなり、また、全国の銀行が一斉に休業するようなことは、世界の金融史上、ほとんどかつて見たことがない。

二、　この結果、経済界の混乱がこのように急激に拡大したのは、わが国金融機関の相互の連絡※が十分でなかったことによるが、その引き金は金融問題を政争の具に供したことによる。本当に恐るべきことではないか。

三、　もとより党人※の党争※は、一国を暗黒にする。統一した行動ができる政府は、国の威信と正比例する。政党の浄化は、真にわが国の現在の

わが国金融機関の相互の連絡…具体的には、調整（資金のやり取り）による流動性の補完

党人…政党人

党争…党派間の争い

緊急課題である。

四、　今やわが国の現状は、政党派閥の情実因縁にとらわれるような狭量な考えで、政治を料理※すべきときではない。万里一碧《ばんりいっぺき》※、国家のため、真に国民の総意に基き、事に当たらなければならない。これは実に、国家を安泰にする唯一の道であるに違いない。

五、　朝堂※に明るい政治家がいて、野※に独立奮闘の民衆がいて、上下こぞって、真摯剛健《しんしごうけん》、一致協力すれば国家は勃興して、生活は安定する。かの主義者のようなものは（主義を唱えるだけで現実を知らず）、自ら裸足で逃げるだけである、どうしてそうした者を気にして、思想面での国難を叫ぶ必要があろうか。また、どうして経済面での国難を憂える必要があろうか。

六、　休業銀行の救済方法として、整理銀行を創設するのは時宜《じぎ》を得た処置である。これ以上の名案はないに違いないが、その銀行に対する日銀による特別融資の回収、およびその銀行の今後の活動継続にはすこぶる努力を必要とし、その任は重いと言うべきである。そのようであるから、つらつらと世間の心理状態を察すると、誠意を欠き、独立不羈《ふき》※の精

料理…物事を処理、対応すること
万里一碧…万里にわたって紺碧（あおみどり）一色の空のように誠意一貫していること
朝堂…政治の場
野…在野
独立不羈…他からの束縛を受けず、自分の思いに従って行動すること

神に乏しく、国を挙げて奢侈《しゃし》※放漫、借金政策に流れて、財政経済は百年の大計を忘れ、生活の安定を失い、思想は滔々《とうとう》として※悪化し、道徳は日を追って頽廃《たいはい》し、隆々たるわが国古来の精華をそこなう等、感慨無量な面がある。これは、単に金融界だけでなく、はたまた政治界と言わず、昭和一新、国民精神の作興《さっこう》※に努め、目前の小策に走らず、私を去り、真に堂々たる国家永遠の根本的政策に思いを凝《こ》らし、今こそ一大覚醒をしなければ、思うに遠くない将来において、一国の隆替《りゅうたい》※に関して心配なことになるにちがいない、問題はどうして銀行界の革新のみにとどまろうか。自分は「窮すれば通ず」※という一転機を待つには忍びないものがある。天を仰いで偉人の出現を望もうか。

七、　今、仮に、日本を一つの株式会社と見なしたとして、果たして蛸配当※をしていないか、という疑問がある、杞憂に過ぎなければ幸いである。

八、　有名な米国人が言う。日本の財政は収支が一致していない。なぜならば、借金を加えて辻褄を合せているからではないかと。まさにその通りである。しかも、年々国債は増加する一方であって、目的が別々の

奢侈…贅沢

滔々として…一貫して

作興…奮い立たせること

隆替…隆盛になることと衰退すること

窮すれば通ず…行き詰まってどうにもならなくなると、かえって思いがけない活路が見つかる

蛸配当…蛸が自らの足を食べるように、会社が自分の財産の一部を収益に代えて配当して目先の業績を繕うこと

減債基金※制度のほかに、償却していくための資金をためる策もない。どうして心配しないでいられようか。

九、　過去十年間に十億円以上の正貨※を（金本位制を維持するために）海外流出で失い、在外正貨※もまた一億円を下回っている、このほか、他の名目で約十億円の正貨を支払ったことに思いが至れば、金輸出禁止は事実上、破綻しているのではないか。また、国債残高の増加によって富を夢見るのは痴人であり、どうしてわが国の信用を誇揚《こよう》※するものであろうか。こうした根本に対して、鋭利な刃物で切るように問題点をえぐり、解決策を講じるのを急ぐ必要がある。

一〇、　欧州大戦※で得た賠償金約二十二億円の正貨は、実に千載一遇のチャンスであった。米国が金解禁を断行し、一方で経済緊縮を強制した大正八年におけるわが国の在外正貨は実に十三億四千万円を超え、対外為替相場は平均（百円＝）五十一ドル（1ドル＝2円）であったことを思えば、（第一次世界大戦後の不況、関東大震災、昭和金融恐慌に対して財政出動、金融緩和が続き、通貨が膨張したこともあって、現在は百円＝38ドル程度（新平価1ドル＝3円弱）の円安になっているので、通

減債基金…公債を毎年確実に償還していくために積み立てる基金

正貨…金のこと

在外正貨…外国で保管している政府、日銀保有の金

誇揚…誇りとして宣伝すること

欧州大戦…第一次世界大戦

貨膨張を我慢すれば、旧平価である1ドル＝2円による復帰も、そう痛みはないと見込まれるという点で）いかにわが国民の思慮が足りなかったかを悔いて止まない。

一一、ドイツのような国は、挙国一致し、よく精力と努力とにより、不断の勤倹力行《きんけんりっこう》※に励み、産業の合理化を努め、燃えるような意気をもって復興の途上にあり、また、これを大成できる国民性を有している。ツェッペリン伯号※の竣工は、その一例である。

一二、また、第一次世界大戦が終わるや、幾万の兵を秩序をもって整然と引上げ、直ちにこれを経済生活に再編成したようなことは、驚異に値するものがある。

一三、世間は言う。今次の恐怖※は、事業界の恐怖ではなく、金融界に対する恐怖騒ぎであると。誠にその通りである。そうではあるが、更に遡ってこれを考えると、禍いの原因は、遠く戦後好況時代に胚胎《はいたい》※し、その反動期における事業界の蹉跌《さてつ》※が根源であって、加えて関東大震災があり、これらの損失の最後の引受け場所である銀行の根本的な不良債権の整理が遅れて、その結果が遂に今回の爆発となったに過ぎない。ゆ

勤倹力行…仕事に励み、倹約・努力すること

ツェッペリン伯号…当時の世界最大の飛行船。日本にも来船

今次の恐怖…昭和二年の金融恐慌のことを指す

胚胎…原因が生まれること

蹉跌…失敗

えに、ある意味からすれば、金融恐慌は、新たに創痍《そうい》※が増加したのではなく、従来の暗黒から光明へ、財界の浄化回復を促進したものとも言える。

一四、 すなわち今回の恐慌は、各方面において弥縫《びほう》※に弥縫を重ねてきた報いであって、たとえ、某銀行の不始末※がなかったとしても、早晩免れることはできなかったという見方がある。恐らく何人もこの見方に反対抗弁する勇気はないに違いない。誠に痛心※の至りではないか。国家将来のため、自分は深く思いをここに到さざるを得ない。

一五、 従って今回の恐慌は、単に原因を銀行界にのみ求めるのでなく、社会全般への一大警鐘として、国民が互いに一致協力し、前代未曽有の不祥事を再び繰り返す愚を犯さないよう、深くその原因を究め、容易に得られない活きた教訓であると心得、感奮興起《かんぷんこうき》※、それによって転禍為《てんかい》福《ふく》※を図らねばならない。

一六、 米国においては、一九〇七年の恐慌に鑑みて、将来再びこのような不祥事を惹起《じゃっき》しないことを誓い、根本的な大改善を行ったことは、世間の人たちがあまねく知っている所であり、それが一九一四年施行の

創痍…手ひどく受けた損害

弥縫…根本的な解決を避け取り繕うこと

某銀行の不始末…台湾銀行の破綻のこと

痛心…心を痛めること

感奮興起…心に強く感じて奮い立つこと

転禍為福…わざわい転じて福となす。災難を逆に利用して、良い状況に変えること

ウィルソン大統領のフェデラル・リザーブ・バンク※の建設である。

一七、ニューヨーク連邦準備銀行の会議室には、一九〇七年の恐慌の際に、各銀行家委員の凝議《ぎょうぎ》※している苦衷《くちゅう》※の写真が掲げられており、戒慎《かいしん》※の一具《いちぐ》※に供されている。

一八、なるほど米国は今や世界金融市場の主権を掌握しているのみならず、銀行その他各事業の組織において、その模範となる栄誉を担えるようになっている。

一九、もともと、わが国民はややもすれば健忘症に陥りやすく、かの震災の戦慄すべき気分すら漸《ようや》く忘れ、人心は年を追うごとに弛緩しようとしている。あるいは今後の金融状勢は、表面的に緩和しているのかどうか測り難い。その根底に至っては、依然として容易に楽観を許さず、今や臥薪嘗胆《がしんしょうたん》※して、根本的対策を講ずることが必要なときである。ゆめゆめ油断があってはならない。喉元すぎて熱さを忘れてはならない。

二〇、あるいは、悲雨惨風《ひうさんぷう》※が最も激しさを極めた四月二十一日※を毎年の記念日として、財界の鑑《かがみ》※とすべきという人もいる。大いによいことではないか。

フェデラル・リザーブ・バンク…FRB。米国の中央銀行である連邦準備銀行
凝議…人々が集まり、熱心に相談、議論すること
苦衷…苦しい心のうち
戒慎…言動を戒め、慎むこと
一具…ひとそろえ
臥薪嘗胆…痛い薪の上に寝て、苦い熊の胆をなめるような苦労に耐えて、成功を期すこと
悲雨惨風…金融恐慌の嵐をこうたとえている
四月二十一日…昭和二年のこの日、当時の六大銀行の一つで、宮内庁の本金庫でもあった東京の十五銀行が休業し、ここから銀行取り付けが全国に拡大した
鑑…戒め。反省の材料

解題

著者は、昭和金融恐慌を金融だけの問題とはとらえず、日本経済全体が、第一次大戦後の不況期、関東大震災後の復興期に、財政出動、金融緩和で、不採算な放漫経営をした企業を温存したことに真の原因があるとみている。また、そうした発生のメカニズムを研究し、忘れないようにすることが重要だと繰り返し説いている。

一方で、金融恐慌もこれに学べれば無駄ではなかったことになると述べている。果たしてそれが現在、十分実践されているかどうか、よく考えてみる必要がありそうである。

バブルやその崩壊、金融危機は、同じようなかたちでやってくるとは限らない。現在の危機は、人口縮小、金融の緩和期における地域金融機関の収益力の連続的な低下である。明治以来の爆発的な人口増加が、いまや逆回転して、爆発的に人口が減っていく。こうした中で、地域社会、内需型企業はどのように縮小均衡していくのか。現在もやはり、未曽有の難問に日本は直面していることに変わりはない。シス

テミックな問題が何かよく調査研究して、国全体で対応を考えること
が重要である。

第二十章　結論

本章のポイント

最後に、不況、金融恐慌という経済難からの脱却には、「国民総動員」といったことや、あるいは制度的な対策ではなく、国民全体の精神の改善が必要であることを説く。また、精神に加えて、金融機関やそのステイクホルダーによる研究および実践が十分でないことも指摘。そのうえで、未来に金融機関経営が失敗するとすれば、それはこの本にあるどこかの項目に反することによると述べ、本書の熟読玩味を勧めている。

困難からの脱却に必要なこと　　雋語第二十章 一～五

ここでのメッセージ

金融機関自身はもちろん、株主、経営者、預金主、借主などの利害関係者は、金融機関の本質を踏まえて、金融実務をより深

く研究し、実践する必要がある。今後、金融機関で働く人たちが失敗を犯さないためにも、この本を熟読玩味いただくことを望む。

一、要するに、わが国を経済的困難から救うには、一時的国民の総動員というような、はたまた法律制度等の形の上の対策ではなく、根本は人間精神の立て直し、即ち国民性の改善いかんが重要となる。制度は必ずしも人を制しない、人こそがよく制度を制する。

二、今日、明治維新の改革の意気、日露戦争当時、もしくは関東震災当時の緊張気分と同じ気持ちになって、上下一致して※真剣に勇往邁進《ゆうおうまいしん》※したとしよう。そうすれば、必ずしも日暮れて道遠し、※と言うわけではない。

三、自分はこの本の終わりに臨んで、まさに絶叫しようとしている、日本は国を挙げて真面目に立ち直れよ、と。更に再び絶叫しようとしている、まず自らを改善せよと。

四、以上、要するに、銀行はもちろん、株主、商工業者、預金主、借主等、およそ銀行に利害を有するものは、いづれも真の研究、真の了解、

上下一致して…ここでは「政府や経済界から一般の国民までが一つになって」といった意味

勇往邁進…目的に向かって、ひたすら進むこと

日暮れて道遠し…やるべきことが多々あるのに、一向に仕事などが進まないことのたとえ

真の踏むべき本道に対し、未《いま》だやり尽くせていないところがある。この欠点から遂には銀行の困難を招き、自他共に損害をこうむるに至っている。すなわち、共に無理を避け、不純を捨て去り、本領を守り、確立した営業方針に向かって奮励努力し、原理原則に従い、崇高な理想と、最も清廉に、最も公明に、至誠一貫※によりよくその責にあたり、いやしくも目前の功利を追い求めることなく、永遠の大局に着眼して、信用の基礎を強固にし、それによって万全を期し、小は一人、一銀行、一会社、大は一国の福祉を増進することをこい願うにほかならない。重ねて言う。これは結局、経営者その人と、その人が実行できるかどうかにかかっている。これ以上多くのことを言う必要はない。孜々営々《ししえいえい》※、真に光彩陸《こうさいりく》離《り》※とした理想の銀行を築き上げることをもって、信念とされることを願う。

五、　自分は最後に断言する。今後、もし銀行業に従事する者が失敗することがあるとすれば、それは必ず本冊子のいずれかの項に背反したためであることを。本書の文章は簡潔であるが、十分にその意のあるところを汲んで熟読玩味されることを願い、あえてそのことを大いなる望み

至誠一貫…誠意を持って、最後までやり通すこと

孜々営々…精を出して、せっせと仕事に取り組むこと

光彩陸離…光輝き、美しい様子をいう

とする。

平凡な道理は何人もこれを知る、しかし、これを実行するものに至っては、真に非凡の人と言うべきである。

"Speak, act and serve together!"

—Woodrow Wilson※

（終）

Woodrow Wilson…ウッドロウ・ウィルソン第28代米国大統領。第一次世界大戦時、パリ講和時の大統領

解題

著者の各章での主張が、改めて繰り返される。金融は、制度だけでなく、運用する人、その人の志、精神が一番大事であること。その精神を実現するために金融機関実務の研究を怠りなく行い、実践することが大切であること。精神と実務が相まって、優れた金融機関となれること――を全体のまとめとして説いている。

将来、金融機関が経営を間違えるとすれば、そのときはこの本のどこかの条項に違反しているはずだ、という著者の言葉は重い。平成の

バブルでも、まさにそのことが起こった。これから先にもそういうことはきっと起こるだろう。歴史に学び、今日の状態を深く考察し、未来へ向けて主体的に手を打っていくこと。この地道な努力こそが、エラーを最小とするものであり、金融が人々に貢献するための基本的な態度である。

ウイルソン大統領の言葉は、１９１７年４月15日、米国が第一次世界大戦に参戦した直後の、米国民へ向けた演説からの引用で、原文は、“The supreme test of the nation has come. We must all speak, act, and serve together!”（国家のもっとも厳しい試練の時が来た、我々国民すべては、共に語り、行動し、尽くさねばならない）である。

特別寄稿

『銀行業務改善隻語』とその時代

甲南大学経済学部教授　永廣　顕

『銀行業務改善隻語』に込められたメッセージについて理解を深めるには、本書が書かれた時代とはどんな時代だったのか、どんな時代背景の中でこの本は書かれたのかを知っておくことが欠かせない。本書の最後に、「その時代」を改めて概観しておく。

●

一瀬粂吉翁が本書を執筆したのは、「緒言」にもあるように、「昭和二年五月　金融界大動乱の直後」である。すなわち、昭和2年の金融恐慌がようやく鎮静化したまさにその時であるが、この金融恐慌は偶然に発生したものではない。第一次世界大戦後の日本経済が、大正9年の戦後恐慌以降、慢性的不況に陥る中で、前近代的な内容かつ性格であった銀行の経営はすでに不安定な状況にあった。このことが、金融恐慌が発生した根底にあったのである。

第一次世界大戦中、日本経済はかつてない発展をとげた。戦争の長期化により、ヨーロッパ諸国が撤退したアジア市場には綿糸・綿織物などを、またアメリカ市場には生糸などを輸出し、繊維産業をはじめとする軽工業が飛躍的に発展した。

しかし、そのような経済の発展に対し、当時の日本の銀行制度は依然として前近代的な内容、性格であり、多くの欠陥を有していた。

その主な内容を挙げれば、第一に、事業家が事業資金の調達を目的として銀行を経営する、あるいは銀行経営者が他の事業に直接関係したり自ら投機を行ったりして、銀行が銀行経営者の事業または投機のための金融機関となっていた。

第二に、銀行は情実によって貸出を行うことが多く、一企業、一個人もしくは同一事業に対して多額の貸出を行い、銀行の多くが特定の企業の資金調達のための銀行である「機関銀行」となっていた。大戦中の好況、戦後のブームに乗じて巨額の利益を稼いだ新興成金が商品や株式等への思惑的な投機に走り、そのための資金を銀行に求めるようになると、機関銀行もこうした資金需要に対応し、成金と結託して放漫な貸出を行った。

第三に、銀行経営者と政治との結びつきが強かったことから、銀行経営が政治的関係によって容易に左右され、銀行の信用が動揺することが多かった。

また当時は、現在と比べて銀行数が非常に多く、その多くは公称資本金が100万円に満たない小規模銀行だった。大正10年末の普通銀行数は1835行で、そのうち1370行が公称資本金100万円未満。その後、合同もしくは休業等により整理が多少進んだ昭和元年末の数字を見ても、銀行数は1420行で、うち944行が公称資本金100万円未満だった。

国家予算の規模や大卒国家公務員の初任給などから当時と現在の物価を比較すると、当時の100万円は現在の25億円から60億円に相当するとみられるが、現在、資本金が60億円を下回る普通銀行は1行もない。したがって、当時は小規模な銀行が非常に多く、そのこともまた、金融恐慌の背景にあったといえる。

第一次世界大戦が終結してヨーロッパ諸国の復興が進んで国際競争力が復活し、その商品がアジア市場に再登場してくると、日本経済は過剰生産状況に陥り、大戦景気の反動から深刻な困難に直面することになる。

大正9年には、3月15日の株価大暴落を口火に戦後恐慌が発生し、4月には大阪の増田ビルブローカー銀行が破綻。これを契機に銀行取付けが拡大し、5月には横浜の茂木商店が綿糸などの価格暴落で甚大な損失を被ると、その機関銀行であった横浜の七十四銀行とその姉妹銀行の横浜貯蓄銀行など、休業銀行が続出した。企業の過度の投機熱を助長し、放漫貸出を行って

規模別休業銀行数（普通銀行）

大正11年中

公称資本金	休業銀行数	大正10年末銀行数	休業率
100万円未満	7	1,370	0.5%
100万円以上　500万円未満	6	371	1.6%
500万円以上1,000万円未満	2	56	3.6%
1,000万円以上	0	38	0.0%
計	15	1,835	0.8%

昭和2年3月15日～4月30日

公称資本金	休業銀行数	昭和元年末銀行数	休業率
100万円未満	13	944	1.4%
100万円以上　500万円未満	7	373	1.9%
500万円以上1,000万円未満	6	50	12.0%
1,000万円以上	4	53	7.5%
計	30	1,420	2.1%

注. (1)寺西重郎『日本の経済発展と金融』岩波書店、昭和57年を参考に作成。
(2)休業率＝休業銀行数÷年末銀行数。

資料. 日本銀行調査局『世界戦争終了後ニ於ケル本邦財界動揺史』、日付不明、日本銀行調査局「関東震災ヨリ昭和二年金融恐慌ニ至ル我財界（未定稿）」、昭和８年（日本銀行調査局編『日本金融史資料 明治大正編　第22巻』大蔵省印刷局、昭和33年、所収）、後藤新一『日本の金融統計』東洋経済新報社、昭和45年より作成。

きた機関銀行の経営が、戦後恐慌で行き詰まったのである。

七十四銀行の破綻は、機関銀行の性格を有した銀行に対する信用不安を高め、全国各地で銀行取付けが頻発した。大正9年4月から7月までの間に普通銀行と貯蓄銀行の21行が休業した。大正11年に入ると、有力仕手であった材木商の石井定七商店の投機失敗による破綻からその機関銀行であった高知商業銀行が3月に休業し、10・11月には京都の日本商工・日本積善銀行が休業した。これらを契機に九州から関東地方の広範囲にわたって銀行取付けが発生し、熊本の九州銀行、大阪銀行、東京の報徳銀行など、休業銀行が続出。大正11年中には15行の普通銀行が休業した。

慢性的不況に陥った日本経済にさらに甚大な打撃を与えたのは、大正12年9月1日に起こった関東大震災であった。銀行も大きな打撃を受け、東京・横浜など被災地の銀行においては、震災による店舗の焼失や損壊だけでなく、営業再開後の銀行取付け、貸出先の被害による貸出の固定化などが懸念された。また、被災地以外においても、交通・通信網が途絶した影響を受けて円滑な金融活動が阻害された。

政府は、30日間の支払延期令（モラトリアム）と「日本銀行震災手形割引損失補償令」を公布し、これにもとづき日銀は、1億円を限度とする政府補償付きの特別融通により、貸出の固定化から決済不能となった被災地の銀行保有の手形である「震災手形」の割引を行い、事態の収拾を図った。この日銀の補償令特融による震災手形の割引高は、割引期限の大正13年3月末には4億3081万円に達した。

しかし、この震災手形の割引にあたっては、震災にともなう貸出の固定化から決済不能となった手形だけでなく、震災とは無関係に、不良貸付にともない震災以前からすでに回収が困難になっていた手形が少なからず混入していた。すなわち、震災以前から経営困難となっていた企業と、それに対する不良債権を抱えて経営危機に陥っていた銀行が、日銀の補償令特融を悪用し、抜本的な整理を引き延ばしていたのである。

震災後も不況が慢性化、深刻化する中で企業の利潤率は大幅に低下し、特に機関銀行の不良貸付は累増して経営内容が著しく悪化した。また、国内の普通銀行数は、明治34年の1890行をピークに減少に転じていたが、前述のとおり、昭和元年末においても1420行と多く存在し、しかも公称資本金100万円未満の銀行が7割近くを占めていた。こうした小規模銀行では貸出の固定化が増大し、経営危機に陥っているところが少なくなかった。

震災手形の決済は容易に進捗せず、震災手形の割引期限も延長されたが、昭和元年末においても未決済高は2億680万円に及んでいた。政府は、震災手形の割引期限の再延長はさらに経済界の整理を遅延させ、景気回復にもマイナスであると判断。若槻礼次郎憲政会内閣は、震災手形の割引にともなう日銀の損失に対し政府が1億円を限度に損失補償を行う「震災手形損失補償公債法案」、震災手形の保有銀行に対し政府が交付公債を貸し付ける「震災手形善後処理法案」を昭和2年1月に第52回帝国議会に提出し、未決済の震災手形の処理が行われることになった。

だが、政党政治全盛期といわれていた当時、議会では与党の憲政会と野党の政友会の二大政党が鋭く対立し、議会の審議においては、これらの震災手形処理法案が一部の企業や銀行の救済策であるとの非難が野党から強まった。また、審議の過程で、未決済の震災手形の保有銀行が経営危機に陥っている事実や、未決済の震災手形の大部分が震災以前からすでに回収が困難になっていた事実が次々と暴露された。

こうした議会審議の状況下、3月14日の衆議院予算委員会で事件が起こる。片岡直温蔵相が、実際にはまだ休業していなかった東京渡辺銀行について「破綻した」と発言したのだ（いわゆる「片岡失言」）。

これをきっかけに、翌15日に東京渡辺銀行とその姉妹銀行の東京のあかぢ貯蓄銀行が休業。さらに、19日以降は未決済の震災手形を多く保有していた東京の中井・八十四・村井銀行、横浜の左右田銀行などが相次いで休業し、東京では有力銀行を除き、一斉に銀行取付けが発生した。

さらに、台湾銀行は植民地台湾の中央銀行で紙幣発行権を持つ特殊銀行であったが、主要貸出先の鈴木商店が経営危機に陥ったことから、台湾銀行は鈴木商店への新規貸出を打ち切り、4月5日に鈴木商店は新規取引を停止して経営破綻に追い込まれた。このため、不良債権の累積による台湾銀行の経営危機が懸念され、台湾銀行が取り入れていたコールや借入金等が急速に回収された。4月8日には鈴木商店が大株主となっていた神戸の第六十五銀行が休業し、神戸を中心に銀行取付けが発生した。

明治7年に、砂糖引取商として神戸で創業した鈴木商店は、日清戦争後に台湾総督府から樟脳油の販売権を獲得して樟脳事業に進出した。第一次世界大戦時の戦時需要に乗り急成長して総合商社へと発展し、一時は三井物産や三菱商事に肩を並べる勢いとなり、その中で台湾銀行の鈴木商店への貸出が急増した。

しかし、戦後恐慌や関東大震災後の不況の慢性化、深刻化により鈴木商店が経営危機に陥ったことから、台湾銀行に巨額の不良債権が発生。また、未決済の震災手形を最も多く保有していたのは台湾銀行であったが、その大部分は鈴木商店関係のものであった。

若槻内閣は、台湾銀行の救済を図り、「台湾銀行救済緊急勅令案」を閣議決定し、台湾銀行に対して2億円を限度とする政府補償付きの特別融通を日銀に行わせることを提案した。しかし、大日本帝国憲法下における天皇の最高諮問機関であった枢密院が、「財政上の緊急処分を緊急勅令により敢行することは違憲である」として、この緊急勅令案を否決したため、4月18日に台湾銀行は台湾島内の本支店を除く内地および海外の全支店を休業するに至った。台湾銀行が休業した4月18日には大阪の近江銀行も休業。これを契機に銀行取付けが激しくなった関西、中国地方では休業銀行が続出し、大阪の泉陽銀行、滋賀の蒲生銀行、広島の廬品銀行などが休業した。

さらに、4月21日に当時の六大銀行の一つで宮内庁本金庫でもあった東京の十五銀行が休業すると、銀行取付けは全国的に拡大した。

3月15日から4月30日までの間に普通銀行は30行が休業したが、そのうち、公称資本金500万円以上の銀行は10行であった。大正11年中の休業銀行と比べて、休業銀行の範囲が小規模銀行（資本金規模500万円未満）から中規模銀行（資本金規模500万円以上）へと拡大し、中規模銀行の休業率が高くなっていた（421ページの図表参照）。

東京では安田・第百・川崎などの有力銀行においても銀行取付けが発生し、ここに未曾有の金融恐慌が我が国を襲ったのである。

『銀行業務改善隻語』は、こうした時代の流れの中で生まれた。「緒言」に「全編の要旨は、銀行は如何にして堅実なる経営を実行すべきやにあり。」とあるが、まさにこの金融恐慌の経験と反省を踏まえ、いかに堅実な経営を銀行は実現していくべきかを一瀬翁は本書で説き、訴えかけた。そして、第二十章の「結論」の最後に「今後もし銀行業に従事せる者にして失敗することありとせば、それは必ず本冊子の何れかの項に背反せるものなることを。」と断言したのである。

参考文献

大蔵省財政金融研究所財政史室編『大蔵省史―明治・大正・昭和―　第1巻』大蔵財務協会、平成10年
高橋亀吉・森垣淑『昭和金融恐慌史』講談社学術文庫、平成5年（初版刊行は、清明会出版部、昭和43年）
日本銀行百年史編纂委員会編『日本銀行百年史　第3巻』日本銀行、昭和58年

訳注者あとがき

温故知新

この3年間、日本銀行本店で地域金融を担当させていただき、その前の北九州支店、大阪支店勤務時代の5年半を入れると、随分と長い間、全国の多くの地域銀行、信用金庫、信用組合、各種系統団体の皆様、さらには金融機関のみならず、中小企業の経営者の方にもお目にかかり、話をうかがわせていただいた。その後、今夏には弁護士になるための研修に2ヵ月弱参加したが、そこで経験したことは、人口・事業所減少、グローバリゼーション、資産運用ニーズ拡大、フィンテック、という4つの大きな流れの下で、病理が紛争という形で、裁判所などで弱い立場の人々の上に顕れている日本経済社会の実相であった。新聞の社会面もそうした事件であふれかえっている。

これらの流れは成熟した日本経済社会と無関係なものではなく、相互に連関し、特に地域社会に具体的な問題として表れている。地方自治体やNPOの方々の努力、企業のサービスによって部分的な問題解決は図られているように感じるが、システマティックな対応がなされているであろうか。特に、どういう地域社会を作っていくのか、自律的、共生分散的なコミュニティ感覚を持った地域社会を作るための制度、インフラ対応が決定的に遅れている。市民病院の在り方は、人口減少が顕著などの地域社会でも問題になっている。空き家、未登記変更土地、死亡届の出されない戸籍、外国人の激増による医療教育問題、そして地方の地価の中長期的な維持困難などに鑑みると、社会は大きな断崖に来ているのではないか。

金融、特に地域金融機関が地域社会から求められている役割は、明治以来の社会の通奏低音が大きく変化しているなか、未曽有のものとなっているのではないか。メガバンクが地域での活動を縮小するなら、その動きに右顧左眄《うこさべん》せず、地域の活性化や地方創生を引き受けて立ち、地域社会のあり方をお客様と構想し、作っていくときが来ている。それこそが金融の根源である「信用」が今、求められている形ではないか。これはピンチでなくチャンスだと思う。

『銀行業務改善隻語』発刊90年。一瀬翁の至言群は、金融の原点は信用だということを繰り返し語っている。当時と異なり、現代では市場が発達し、ITが進化し、そしてグローバル化が進んでいる。しかし、だからこそ原点を再確認することが、現状の問題解決を図り、世界史的にも未曽有の状況にある中で試行錯誤を続け、かつ志高く、恐れず不安にならないコツとなろう。そのことが今回、同書の訳注をさせていただくことの強い動機になり、また、自分にとっても強い戒めとなった。金融は「信用」というシンプルな人間社会の原理に根差している、そして社会は全部つながっている、そのうえですべての金融機関の役職員、中でも特に若い職員の皆さんや、さらには地域社会に携わる方々が深く自分の頭で考えるヒントになれば望外の喜びである。

なお、訳出にあたり一つ迷ったのは、「銀行」とするか「金融機関」とするかである。内容は銀行のみならず、信用金庫や信用組合、農林漁業協同組合にも当てはまることから「金融機関」が適当とも考えたが、表題との平仄、原文尊重の方針から本文は「銀行」のままとし、ポイントや解題では「金融機関」とさせていただいた。

末筆ながら、訳注を許可いただいた近代セールス社の福地健取締役相談役（前社長）、飛田浩康出版部長、そして日銀幹部の皆様、巻頭の言葉をいただいた金融庁の遠藤俊英監督局長、本書の時代背景について寄稿いただいた甲南大学の永廣顕教授に深く感謝いたします。

平成29年　丁酉年　師走　東京

長野　聡

[編者]
一瀬粂吉（いちのせ・くめきち）
明治２年兵庫県生まれ。東京高等商業学校附属主計専修科卒業。文部省を経て、明治32年、株式会社三十四銀行入行。大正14年同行副頭取。昭和８年12月、三和銀行設立に尽力、取締役に就任。昭和16年６月取締役辞任。昭和18年１月永眠。

[訳注]
長野　聡（ながの・さとし）
昭和37年大阪府生まれ。昭和61年日本銀行入行。ロンドン事務所次長、北九州支店長、大阪支店副支店長などを経て、平成26年金融機構局審議役（地域金融担当）。平成29年金融研究所シニアリサーチフェロー。

現代語訳 銀行業務改善隻語

2018年１月22日　初版発行
2018年２月15日　第２刷

編　者 ── 一瀬粂吉
訳　注 ── 長野　聡
発行者 ── 楠 真一郎
発　行 ── 株式会社近代セールス社
〒164-8640　東京都中野区中央１-13-９
電話（03）3366-5701
FAX（03）3366-2706
装　丁 ── 今東淳雄（maro design）
編　集 ── 飛田浩康
印刷・製本　三松堂株式会社

ISBN978-4-7650-2089-3